디커플링과
공급망 전쟁

디커플링과 공급망 전쟁

초판 1쇄 발행 | 2023년 10월 10일
초판 2쇄 발행 | 2023년 10월 15일

지은이 | 이철
발행인 | 안유석
책임편집 | 고병찬
편집자 | 하나래
내지 디자이너 | 이정빈
표지 디자이너 | 김민지
펴낸곳 | 처음북스
출판등록 | 2011년 1월 12일 제2011-000009호
주소 | 서울특별시 강남구 강남대로364 미왕빌딩 17층
전화 | 070-7018-8812
팩스 | 02-6280-3032
이메일 | cheombooks@cheom.net
홈페이지 | www.cheombooks.net
인스타그램 | @cheombooks
페이스북 | www.facebook.com/cheombooks
ISBN | 979-11-7022-267-5 03340

미중 전쟁과 뉴노멀 그리고 위기의 대한민국

디커플링과 공급망 전쟁

DECOUPLING

이 철 지음

처음북스

디커플링과 위기의 대한민국

원고를 마치고 마지막으로 서문을 쓰려 할 때 한미일 3국 정상이 캠프 데이비드 선언을 채택했다는 뉴스를 보았다. 이로써 한미일 은 미국이 수립한 인도 태평양 전략에 따라 함께 중국에 군사적으 로 대응하는 체계를 구성하였다. 이는 미국의 큰 그림이 완성된 것 이다. 반면에 중국의 시각에서는 한국이 완전히 가상 적국이 되는 쪽을 선택했다고 볼 수 있다.

대부분 우리 국민들이나 기업은 복잡한 국제 관계나 정치, 지정 학적 긴장을 잘 알지 못한다. 그러나 우리는 국민 개개인이 지정학 적 위기를 인식하고 대처해야 하는 상황에 직면했다.

기업 또한, 열심히만 일하고 땀 흘려 생산하면 되는 시대가 아니 다. 미중의 갈등은 수십 년간 세계화로 형성한 하나의 글로벌 시장 을 다시 진영에 따라 두 개의 시장으로 디커플링하고 있다. 그리고 국가가 어느 진영을 선택하는지에 따라 해당 국가의 기업과 국민 은 직접적인 영향을 받는다.

문제는 이미 미중 디커플링과 이에 따른 공급망 분리로 전 세계 경제가 위축되고 있고 그중에서도 특히 한국 경제는 심한 타격을 입고 있다. 하지만, 이에 대한 인식이나 논의 그리고 대처가 보이지 않는다는 것이다. 어쩌면 지금의 대한민국은 일종의 무전략 상태에 있다.

필자는 재야의 글쟁이일 뿐이지만 오랫동안 중국 땅에서 살아온 한국인으로서 필자가 목도하고 있는 이 거대한 변화를 여러분들께 전하고자 펜을 들었다. 원래 2022년 하반기에 출간하기로 처음북스에 약속했었으나 건강 문제와 함께 경제 문제보다 군사 문제를 먼저 경고하고 싶었던 개인의 변덕으로 1년 늦은 2023년에서야 출간하게 되었다. 1년이 넘는 기간을 인내와 이해로 포용해 준 처음북스 여러분과 안유석 대표에게 특별한 감사의 마음을 전한다.

욕심으로는 전 세계를 포괄하고 지정학과 경제 그리고 과학 기술을 관통하여 디커플링과 공급망 분리를 다루고 싶었지만 필자의 한계로 인하여 그저 국제적인 매체의 정보와 중국에 대한 다소의 개인 식견 범위를 벗어나지 못했다. 그러다 보니 진정한 통찰을 여러분에게 말씀드린다고 감히 말할 수가 없다. 언제나 하는 변명이지만 필자의 도서가 각 분야의 진정한 전문가와 대가들을 자극하여 우리 사회에 그들이 가진 훌륭하고 원숙한 통찰을 이야기해 주는 계기가 되기를 감히 바랄 뿐이다.

2023년 8월
수목란정에서 이 철

추천사

중국이 없는 세계 경제를 상상하는 것은 쉽지 않지만, 이를 간과할 수 없는 시점이 도래했다. 우리는 충분히 준비되어 있을까? 이철 박사가 전하는 진짜 중국에 대한 이야기에 대한민국은 귀를 기울일 때다.

— 언더스탠딩, 안승찬 대표

단순히 한국인의 시각으로 중국을 바라보는 것만으로는 중국을 제대로 이해하기 어렵다. 중국이 유발하는 국제적 문제를 탐구할 때도 마찬가지다. 중국의 경제, 군사, 이념을 포괄적으로 이해하며 그들의 전략을 분석하는 광범위한 시각이 요구된다. 이철 박사는 적어도 그런 통찰을 제공해 줄 수 있는 몇 안 되는 한국인이다.

— 삼프로TV, 이진우 프로

이 책은 방대한 자료와 함께 중국 현지 전문가의 깊이 있는 분석을 바탕으로 세계 경제의 핵심 이슈를 다룬다. 디커플링의 원인부터 결과 그리고 그것이 국제 공급망에 미치는 영향까지, 명쾌한 논리와 흥미진진한 이야기로 풀어낸다. 또한, 디리스킹을 위한 우리나라의 국가 및 기업 차원의 전략도 구체적으로 소개한다. 글로벌 경제의 변화를 선제적으로 이해하려는 독자들에게 이 책은 귀중한 지침서가 될 것이다.

— 동국대 산업시스템공학과, 박준영 교수

오랜 기간 동안 '이박사의 중국 뉴스'를 애청하며 중국을 외부의 시각이 아닌, 내부에서 객관적으로 바라본 중국의 실상을 살펴보는 것이 흥미로웠다. 작년에는 도발적인 제목의 《이미 시작된 전쟁》으로 한국 독자들의 주목을 받았는데,

이번에는 세계적으로 중국 중심의 정치·경제적 이슈들에 대해 신간을 출간한다니, 중국의 미래를 주시하는 경영인으로서 매우 기대된다. 그의 글은 복잡한 주제도 일반 독자가 쉽게 이해할 수 있도록 잘 서술되어 있다.

— (주)영풍, 강성두 부사장

COVID-19, 러-우전쟁, 중국과 미국의 무역 분쟁, 그리고 양안 전쟁의 위기까지…, 지금 우리는 글로벌 공급망 위험에 짧은 시간 동안 노출되었으며, 그 영향은 우리의 일상에까지 깊게 파고들고 있다. 공급망의 붕괴, 정치·경제적 이해관계의 충돌로 인한 디커플링 등, 이 모든 위험 요소를 식별하고 효율적인 대응 전략을 구축해야 한다.

이 책은 미국과 중국의 무역 전쟁을 시작으로 다양한 위험 요인, 이해관계자들의 목표와 의사결정 과정 그리고 상대 국가에 미치는 영향까지 체계적으로 분석하고 있다. 특히 디커플링과 디리스킹의 개념, 각국의 이해관계, 공급망 내 현상들을 전문가의 시각으로 깊게 분석한 내용은 이 책의 큰 가치를 증명한다.

공급망 위험 관리 연구를 하는 나로서, 이 책은 복잡한 내용을 체계적으로 알기 쉽게 정리한 유용한 자료로 활용될 것이다. 마치 첩보 영화를 보는 듯한 흡입력으로 첫 페이지부터 끝까지 몰입해 읽었다. 현재 글로벌 공급 사슬에서 벌어지는 '무기 없는 전쟁'과 앞으로의 변화 그리고 우리가 취해야 할 행동에 대해 궁금하신 분들에게 강력히 추천한다.

— 인천대학교 동북아물류대학원, 신광섭 교수

1장.

글로벌 경제를 뒤흔드는
디커플링

아닌 밤중에
디리스킹?

2023년 8월, 바이든 행정부는 미국의 벤처 캐피털과 사모 펀드가 중국의 민감한 기술 회사, 특히 반도체, 인공 지능 그리고 양자 컴퓨팅 분야에 투자하는 것을 금지했다.[1] 이 결정은 바이든 행정부가 트럼프 행정부의 중국에 대한 보복 관세 정책을 이어받고, 두 나라 간의 경제적 연결을 줄이려는 소위 '디커플링decoupling'의 일환이었다.

이처럼 취임 이후 지금까지 디커플링으로 압박하며 전 세계에 중국과 갈라설 것을 요구하던 바이든은 히로시마 G7 정상 회담 성명에서 중국을 '디커플링'하기보다는 '디리스킹Derisking'하기를 원한다고 밝혔다. 게다가 미중 긴장은 해빙되고 무역이 재개될 것이라고 말했다. 이러한 바이든의 발언에 대중은 혼란스러울 수밖에

글로벌 경제를 뒤흔드는 디커플링

없었다.

　많은 사람들이 의아해했던 이 '미중의 해빙' 발언에 중국은 거북한 심정을 토로했다. 즉, 미중 간 사전에 디리스킹에 관해 협의한 적이 없었기 때문이다. 중국은 바이든이 다른 워싱턴의 정치인처럼 질 낮고 무모한 발언을 하기보다는 국가 원수로서의 진실성을 갖기를 바란다며, 미국의 싸구려 가장무도회에 참여할 의사가 없다고 반응했다.[2] 이어서 중국의 왕원타오王文涛 상무부 부장이 미국에서 열린 APEC 무역 장관 회의에 참석하고 중미 경제 무역 관계와 상호 관심사에 대해 미국 측과 소통했지만[3] 아무런 성과는 없었다.

　여기서 가장 난감해진 것은 대한민국이다. 대한민국 정부는 그간 미국과 일본을 따라 앵무새처럼 중국에 대한 비난을 퍼붓고 있었다. 더불어 중국에 대한 혐오가 커질 대로 커진 대한민국 대중은 정부가 중국을 비난하는 것을 통쾌하게 여겼다. 그런데 중국 압박의 주역인 미국이 태세 전환을 하자 대한민국 정부의 입장이 난처해진 것이다.

　필자는 이런 정세를 지켜보며 여러 의문을 품게 되었다. 과연 우리는 이 상황을 제대로 이해하고 있을까? 디리스킹 이전에 제기되었던 디커플링은 왜 사라지는 것일까? 대한민국 정부는 디커플링에 대한 대책이 있었을까? 디커플링에 대한 대책이 있었다면 현재에도 유지되고 있는 것일까? 아니면 새롭게 제기된 디리스킹을 파악하여 또 다른 대책을 강구한 것일까? 우리는 대체 어디로 가고 있는 것일까?

지금의 상황을 예상해 보자면, 우리나라는 디커플링을 외치던 시점에 멈춰 서 있고 다른 나라들은 디리스킹을 외치며 향해 달려가고 있는 것으로도 보인다. 우리가 멈춰 서 있다는 것은 디커플링은 물론 디리스킹의 잠재 리스크에도 대응할 수 없는 상태에 있다는 의미일지도 모른다.

대한민국 경제 위기의 배후는 디커플링이다

먼저 디커플링과 디리스킹에 대한 개념의 차이를 명확하게 알아 둘 필요가 있다. 디커플링은 사전적으로 탈동조화 현상을 말한다. 이는 미국이 중국과 통합된 자국과 세계의 경제, 공급망, 자본 협력 등을 인위적으로 중국과 분리하려는 것을 의미한다. 반면 디리스 킹은 중국과의 기존 협력 관계는 유지한 채 위험 요소만을 제거하 겠다는 상대적으로 온건한 정책을 말한다. 즉, 디리스킹은 적대적 이지 않은 관계에서 위험 감소를 의미한다. 그렇기에 국제 정치의 맥락에서 '디커플링'에서 '디리스킹'으로의 언어 변화는 그저 단순 한 용어의 전환으로 볼 수 없다. 이러한 변화의 배경에는 더욱 깊 고 복잡한 의미와 상황이 숨겨져 있기 때문이다.

사실, 디리스킹이라는 용어는 바이든이 히로시마 G7 정상 회담에서 처음 사용한 것이 아니라 유럽에서 시작된 것이다. 중국 강경파로 알려져 있는 호세프 보렐Josep Borrell EU 외교안보 대표는 2023년 5월, 유럽정책센터에서 열린 고위급 정책 대화에서 **"서방은 세계 경제에 재앙이 될 중국과의 디커플링을 하려는 것이 아니다."**라고 했다.[4] 그는 중국에 대한 과도한 의존도를 줄이고 싶다며 **"디커플링은 잊어라. 미국을 포함하여 더 이상 아무도 디커플링을 옹호하지 않는다."**라고 말했다.

마찬가지로 중국에 줄곧 강경했던 우르줄라 폰 데어 라이엔Ursula Gertrud von der Leyen EU 집행위원장도 중국과의 경제 관계는 다각적인 접근의 하나로 '탈동조화'가 필요하다고 말했다. 그러면서 '디커플링이 아니라 디리스킹이다.'라고 했다. 디리스킹은 중국 의존 리스크를 제거한다는 뜻으로, 디커플링에 치우쳤던 서방에 대한 대중의 태도를 수정한 것이라 할 수 있다. 사실 폰 데어 라이엔은 줄곧 디커플링이 아닌 디리스킹을 주장해 왔다고 한다.

이렇게 유럽이 '디커플링이 아닌 디리스킹'을 주장하는 배경은 분명했다. 중국을 압박하려는 것은 미국인데 그 여파로 유럽 국가들이 경제에 불이익을 받은 것이었다. 네덜란드는 한 대에 수천억씩 하는 ASML의 장비를 미중 갈등 이전에 주문받았음에도 이제 중국에 보낼 수 없게 되었다. 독일은 발전소와 고속철도, 항공기 등에 들어가는 산업 제품을 중국에 팔 수 없게 되었다. 이렇게 미국의 디커플링 정책은 유럽과 중국 간의 경제 협력에 직접적인 지장을 초래했고 유럽 각국은 이러한 손해를 견딜 수 없었다. 물론 손해를 입은 것은 유럽뿐만이 아니다. 세계은행의 수석 이코노미스트 에르기스 이슬라마지Ergys Islamaj는 미국과 중국 사이에 진행 중인 디커플링 드라마가 양국 기업에 역효과를 미치고 있음을 인정할 때라고 말했다. 그리고 윌슨 센터의 경제학자 마이클 베클리Michael Beckley는 중국이 장기 경제 침체에 빠지면 미국은 더 큰 변동성 위협에 직면하게 된다고 말했다. 또한, 홍콩 아시아 타임스는 미국 정부의 디폴트(채무 불이행) 위기와 중국의 주가 하락은 상호 연관이 되어 있으며 일종의 '상호 확증 경제 파괴'라고까지 말했다.[5]

디리스킹은 디커플링을 말만 바꾼 것이다

그렇다면 현시점의 디리스킹은 디커플링과 무슨 차이가 있을까? 여전히 많은 분석가들은 디커플링과 디리스킹은 같은 내용이라고 생각한다. 아시아 소사이어티 정책 연구소Asia Society Policy Institute 중국 분석 센터Centre for China Analysis의 베이츠 길Bates Gill 소장은 디커플링이 문제가 있다는 것을 부분적으로 인식하고 더 정확한 용어로 바꾼 것은 미국이 보다 현실적인 접근 방식을 취하고 있다는 신호라고 설명했다.[6]

디리스킹이 더 정확한 용어라고 하니 디리스킹이 디커플링과 다른 점을 구체적으로 살펴보자. 포린 어페어스에 따르면 디리스킹 전략은 세 가지 목적이 있다.[7] 국가 안보에 영향을 주는 영역에만 중국의 영향력을 제한하는 것, 특정 핵심 자원 시장에 대한 중국의 독점적 지위를 떨어뜨려 서방에 대한 중국의 영향력을 축소하는 것, 서방과 중국 간에 갑자기 공급망 중단이 발생하였을 때 잠재적 비용을 줄일 수 있도록 기업들의 중국 경제 노출을 보다 광범위하게 분산시키는 것이다.

이러한 서방의 전략을 중국 전문가들은 어떻게 보고 있을까? 베이징 대학의 정치경제학 차다오중查道炯 교수는 미국의 표현이 디리스킹이든 디커플링이든 **다른 어떤 것보다 중국에 더 특화돼 있다는 뜻**이므로 중국의 우려가 커질 것으로 전망했다. 또한, 타이허 싱크탱크太和智库의 세계 경제 전문가 딩이판丁一凡은 미국의 전략적 목표는 변함이 없고 그저 전술적·수사적 변화일 뿐이라고 보았다.

미 하원 중국 특별위원회의 청문회에서 노마 토레스Norma Torres 하원 의원은 디커플링에서 디리스킹으로 바뀐 미국 정부의 대중국 정책에 어떤 차이점이 있는지 크리텐브링크Daniel J. Kritenbrink 동아시아 태평양 담당 국무부 차관보에게 질문했다.[8] 그런데 이 질문에 크리텐브링크는 조금 더 생각해 보고 나중에 대답하겠다고 했다. 이러한 태도를 보면, 심지어 미국 국무부 고관조차도 디커플링과 디리스킹의 차이를 정확히 설명할 수 없다는 것을 알 수 있다.

중국 신화망은 이 당혹스러운 장면이 미국이 디리스킹이라고 말하지만, 실제로는 공급망 디커플링임을 보여 준다고 조소했다. 중국의 이 같은 시각은 셰펑謝鋒 주미 중국 대사가 미중무역전국위원회US-China Business Council, USCBC가 주최한 환영 행사에서 한 기조연설에서 '디리스킹으로 디커플링을 감추려 한다면 양국 관계는 더 악화될 뿐이다.'라고 한 것에서도 잘 드러난다.[9]

결국 중국에 디리스킹은 디커플링 정책에 대한 유럽의 반발을 완화하기 위한 미국의 표면적인 대처이며 미국의 국가 전략은 본질상 변하지 않았음을 의미한다. 그러나 유럽 각국에게 디리스킹은 미국이 적극적으로 개입하지 않는 한 중국과의 경제 협력에 적극적으로 나서도 된다는 분명한 신호이다. 이에 프랑스, 독일 등 유럽의 주요 강국은 중국과의 경제 협력 강화에 나서고 있다.

이렇게 유럽 국가들은 물론 미국까지 디리스킹을 거론하며 중국과의 협력 강화로 태세 전환에 나서고 있는 상황에서 우리 대한민국 정부는 아무런 입장이나 정책을 표명하지 않았다. 그럼 우리나라는 왜 디리스킹에 대응하지 않았을까? 이는 대한민국 정부가 중국을 상대로 '무전략 상태'이기 때문일 가능성이 있다.

우리가 대응책을 찾지 못하고 가만히 있는 동안 2022년 우리나라 1인당 GDP는 전년 대비 8.2% 감소했다.[10] 감소율은 주요 47개국 중 일본(-15.1%), 스웨덴(-8.5%)에 이어 세 번째로 큰 변화였다. 우리나라의 명목 GDP는 1조 6,733억 달러로 전년 대비 1,444억 달러 감소하였다. GDP 감소의 가장 큰 원인으로 지목된 것은 환율이다. 원화 약세로 달러 기준 GDP가 크게 감소한 것이다.

이론상 원화가 약세를 띠면 대한민국의 수출 경쟁력이 향상되어 수출이 증가해야 한다. 그러나 현실은 '반도체 부진에 4월도 대한민국 수출 뒷걸음질, 무역수지 적자 14개월째'[11], '수출 10개월 연속 감소…무역수지는 2개월 연속 불황형 흑자'[12]였다. 원화 약세는 자동차 수출에는 호재였지만 반도체와 석유화학, 디스플레이의 판매 부진을 메우지 못했다. 이러한 제품들은 기본적으로 달러로 거래하는 품목들이며 원화 약세는 이들 기업의 이윤 증가에 기여할지 몰라도 가격 경쟁력에는 크게 기여하지 못한다.

　이처럼 대한민국 경제는 지속적으로 하락세를 보이고 있다. 대한민국 GDP의 20%를 차지한다는 말을 듣고 있는 삼성 그룹도 고전을 면치 못하고 있다. 또한, 우리나라에서 중국으로 수출하는 양은 2023년 7월 기준 전년 대비 25.1% 하락하였다.[13] 무엇보다 가장 큰 문제는 새로운 탈출구나 해법, 희망이 보이지 않는 것이다. 왜일까? 이제 우리는 거듭되는 의문에 대한 해답을 찾아야만 한다.

　　　　　　　　　　　　　　　　　글로벌 경제를 뒤흔드는 디커플링

엄청난 양의 자금이
중국을 빠져나가고 있다

    결론부터 말하면, 대한민국이 현재 직면한 문제의 배후에는 미국이 지금까지 추진해 온 디커플링의 영향이 크다. 이 디커플링은 수년 동안 전 세계에 파급 효과를 가져왔다. 우리나라는 이 문제를 주로 지정학적이나 외교 안보의 정치적 관점에서 접근했으며, 경제나 산업 영향에 대한 인식은 상대적으로 미흡했다. 대한민국 경제의 위기는 미중 디커플링의 국제적인 파급 효과에 크게 영향을 받았다. 그러므로 디커플링에 대한 근본적인 대응 방안을 마련하지 않는다면, 대한민국의 경제 부진 문제는 지속될 것이다.

    대한민국이 디리스킹을 해야 할지에 대한 여부를 논하기 전에, 지금까지 진행된 디커플링의 영향을 파악해야 한다. WTW_{Willis Towers Watson}가 서구 기업 대상으로 한 설문조사 결과를 보면, 2022

년에는 응답자 중 15% 미만이 미중 간의 디커플링이 강화될 것이라 예상했지만, 2023년에는 그 수치가 40% 이상으로 늘어 '미중 간의 디커플링이 크게 강화될 것'이라 예상하는 응답자가 많아졌다.[14]

물론, 가장 큰 타격을 받은 국가는 중국이다. 중국은 2021년부터 2022년까지 2년 동안 호황을 누렸으나, 2023년 첫 두 달 동안에는 상품 수출이 전년 동기 대비 6.8% 감소하였고, 5개월 연속 감소세를 기록했다. 미국이 디커플링 목적으로 중국에 무역 규제를 강화함에 따라 글로벌 공급망이 재편되고 있고, 이로 인해 전 세계 기업들의 비용 및 리스크가 증가하고 있다.[15] 세계 최대의 중간재 수입국인 중국의 수출이 감소하자 반대로 중국을 대상으로 하는 수출도 함께 줄었다. 대한민국을 포함한 아시아 국가들의 재수출 중 3분의 2가 역내 무역을 차지하는 만큼, 대다수의 아시아 국가들이 큰 타격을 입고 있다.

중국 국가통계국의 자료에 따르면, 2023년 2분기 중국의 GDP는 전년 동기 대비 6.3% 성장한 것으로 나타났다. 그러나 2022년 2분기에는 성장률이 +0.4%에 불과했으므로, 기저 효과를 고려하면 이 성장률은 매우 낮은 것으로 판단된다. HSBC의 이코노미스트 에일린 신Aileen Xin은 글로벌 수요의 감소와 중국 내 수요 부진 그리고 수출과 부동산 부문의 약세로 인해 경제 모멘텀이 약화되었다고 분석했다. 더불어 리창李强 중국 총리는 올해 중국의 5% 성장 목표 달성이 어려울 것이라고 경고하였다.[16]

이는 팬데믹이 종료된 후 중국의 경제 활동 재개와 함께 중국이 글로벌 경제의 선봉에 서 있을 것이라는 기대와는 달리, 2023년 6월 중국의 수출은 전년 동기 대비 8.3% 감소하였으며, 총소매 판매 증가율은 전년 대비 3.1%에 불과, 5월의 12.7% 증가율에 비하여 큰 폭으로 줄어들었다. 그리고 상반기 중국의 부동산 개발 투자는 전년 동기 대비 7.9% 감소하였고, 상업용 주택의 매매 면적도 전년 대비 5.3% 감소했다.

피크 차이나와 차이나 런

　이러한 중국의 현 상황은 과거 미국 국방부 차관이었던 조세프 나이Joseph S. Nye, Jr. 하버드 대학교수가 주창하는 '피크 차이나Peak China'라는 말을 떠올리게 한다. 이 말은 어떤 의미로는 마이클 베클리와 할 브렌즈의《중국은 어떻게 실패하는가》의 논지와도 일맥상통한다. 구매력을 기준으로 볼 때, 중국의 경제는 이미 2014년에 미국을 추월했다. 그러나 군사력과 소프트파워 측면에서 중국은 미국에 크게 뒤지며, 상대적인 경제력 또한, 미국보다 낮다. '피크 차이나'는 중국을 과대평가하는 것에 경계하며, 중국의 실질적인 상황을 냉철하게 인식해야 한다는 입장을 보여 준다.

　로위 연구소Lowy Institute가 발표한 2023년 아시아 파워 지수에 따르면, 중국이 미국보다 상대적 우위를 보인 영역은 경제(중국 98.3

---

i 중국이 앞으로 고도의 성장을 보이지 못하고 중진국의 함정에 빠질 것으로 예상되는 상황에서, 중국이 현재 최고점에 도달했거나 이미 그 지점을 지났다는 관점이다.

점, 미국 53.7점)와 외교적 영향력(중국 91.5점, 미국 89.3점)에서 미국을 앞서지만, 군사와 정치 분야에서는 아직도 미국이 우위를 차지하고 있다.[17] 중요한 것은 중국과 미국 사이의 격차가 점점 벌어지고 있다는 점이다. 만약 격차가 줄어든다면 중국이 미국을 추월하는 날이 올 수 있겠지만, 현재의 흐름을 보면 중국이 미국의 국력 성장 속도를 따라잡기 어려울 것으로 보인다.

한편, 대한민국에서 '경제통'으로 불리는 홍성국도 2023년 전망에서 세계는 각자도생의 길로 가고 있다고 예견했다.[18] 또한, 그는 중국 내에서 자금과 기업이 탈출하는 '차이나 런China Run' 현상을 지적하며, 미중 간의 경제적 분리가 가속화될 것이라고 시사했다.

가장 먼저 차이나 런을 할 기업은 당연히 미중 충돌의 당사자인 미국 기업들이다. AmCham China[ii]가 실시한 '중국 비즈니스 환경 조사'에 따르면 응답자의 45%는 중국의 투자 및 비즈니스 환경이 앞으로 악화될 것이라 예상했고, 이 수치는 이전에 비해 두 배 이상 증가한 것이었다. 응답자의 65%는 중국이 외국인 투자에 더 개방할지 불확실하다고 답했으며, 이에 따라 46%는 올해 중국에서의 확장 계획이 없다고 밝혔다. 또한, 9%는 중국에 대한 투자를 줄일 계획이라고 응답했다.

마찬가지로, AmCham China가 900개 이상의 회원사를 대상으로 실시한 연례 설문조사에 따르면, 55%의 미국 기업이 중국을

---

ii 중국 내에서 활동하는 미국 상공회의소. 1987년에 설립되었으며, 미국 기업들이 중국에서 사업을 할 수 있도록 지원하고, 미국과 중국 간의 상업적 관계를 강화하는 데 목적을 둔다. AmCham China는 미국 기업들의 이해관계를 대표하며, 중국 내에서의 무역, 투자, 경제 협력 문제에 대한 정책 제안 및 옹호 활동을 수행한다.

글로벌 경제를 뒤흔드는 디커플링

더 이상 투자 대상 국가로 간주하지 않는다고 응답했다.[19]

이러한 설문 결과를 반영하는 듯한 현상이 중국에서 나타나고 있는데, 가장 먼저 중국을 떠나는 분야는 제조업이다. 심지어 중국과 밀접한 관계를 유지하던 미국의 금융 회사들도 중국을 떠나는 움직임을 보이고 있다.[iii] 골드만삭스는 미중 간 지정학적 긴장을 배경으로 미국에서의 자금 조달 시도를 중단하였다.[20] 이는 미국의 기업들만이 아니라 미국의 자금도 중국을 떠나고 있다는 것을 보여 준다.

홍콩 AmCham의 회원 설문 조사에 따르면, 홍콩을 아시아 태평양 본사로 활용하겠다고 응답한 회원의 비율이 7% 포인트 감소하여 35%로 나타났다. 3년 이내에 홍콩에서 본사의 일부 또는 전체를 철수할 계획을 고려하는 회원의 비율은 18%로 크게 상승하였고, 투자를 줄이려는 미국 기업의 비율도 10% 포인트 증가한 것으로 조사되었다.[21]

여기에 더해, 중국 기업들도 '차이나 런' 현상에 동참하고 있다. 현재 중국에서는 '룬쉐润学'라는 말이 유행하고 있는데, 룬쉐의 '룬'은 윤기가 있다는 뜻이지만 여기서는 영어의 'run', 즉 달린다, 탈출한다, 도망한다는 의미를 발음이 같은 룬으로 빗댄 것이다. 그리고 쉐는 '学' 배운다는 뜻이다. 그래서 '룬쉐'를 영어로 'Runology'라고 한다. 이는 어떻게 중국에서 도망쳐 외국으로 갈 수 있을 것인가를 연구하고 배운다는 것으로, 말하자면 도망학이다.

---

iii 2022년 11월 무디스가 악화된 글로벌 전망을 이유로 중국 본토에서 분석 사업을 중단하고 직원들을 대량 해고했다.

중국인의 차이나 런은 기업뿐만 아니라 사회 전 계층에서 찾아볼 수 있다. 재벌 총수들도 해외 국적을 얻어 국외로 나가려 하고 재벌이 아니더라도 웬만한 재력이 있는 사람들은 이민을 가려 한다. 본인의 이민이 어려우면 자식들이라도 이민을 보내려 애쓴다. 가난한 사람들은 몸만 가지고 탈출하여 남미를 통해 미국에 불법 이민을 시도한다. 이러한 현상이 모두 차이나 런이다.

그리고 엄청난 양의 중국 자금이 해외로 유출되기 시작했다.[22] 로이터 통신에 따르면, 싱가포르의 부동산 가격 상승의 주요 원인 중 하나는 중국인의 높은 수요 때문이라고 한다. 싱가포르의 부동산 회사인 자린 부동산Jalin Realty은 중국인들 사이에서 오랫동안 해외로 재산 일부를 옮기는 습관이 있었다고 전했다. 팬데믹이 종료된 후 국경이 다시 열리자 아시아 부동산에 대한 투자자들의 문의가 두 배 이상 증가했으며, 그중에서도 중국 고객이 가장 많았다고 한다. 선전에 위치한 해외 부동산 중개 회사는, 국경이 개방된 이후에도 많은 중국인이 태국을 방문하여 현지 부동산에 관심을 보이고 있다고 밝혔다.

중국에서 탈출하는
중국 기업

중국 기업들의 차이나 런은 미국을 비롯한 서방뿐만 아니라 중국 기업들도 디커플링에 대처해야 한다는 것을 일깨워 준다. 이에 대한 유력한 대안으로 해외 진출이 강조되고 있다. 중국 기업들은 해외에 법인을 설립함으로써 자신들의 중국 국적을 '세탁'하는 방식을 선택하고 있다.

세계 4대 회계 법인인 언스트앤영Ernst & Youn이 발표한 '중국 해외 투자 개요 2022'를 보면 2022년도 중국의 산업 대외 외국인직접투자FDI는 전년 동기 대비 0.9% 증가한 1,465억 달러, 비금융 대외 FDI는 전년 동기 대비 2.8% 증가한 1,685억 달러였다. 특히, 일대일로 프로젝트에 대한 비금융 FDI는 3.3% 증가한 209억 7천만 달러로, 이는 전체 투자의 17.9%를 차지했다.

이러한 해외 투자 추세는 중국국제무역촉진위원회中国国际贸易促进委员会가 발표한 '2022년 중국 기업의 해외 투자 현황과 의향 조사 보고서'에서도 확인할 수 있다. 보고서에 따르면 조사 대상 기업의 70% 이상이 기존 해외 투자 규모를 유지하거나 확대할 의향이 있고, 80% 이상이 향후 해외 투자 전망에 대해 낙관적이다. 더욱이, 약 90%의 기업은 RCEP Regional Comprehensive Economic Partnership[iv]에 대해 낙관하는 것으로 나타났다. 여기서 '낙관'은 '희망'의 의미로 보아야 할 것이다.

그러나 중국의 민간 해외 투자는 중국 정부의 강력한 제약 때문에 쉽게 실행하기 어렵다. 이에 따라 2021년의 해외 M&A 거래 금액은 사상 최저를 기록했으며, 2022년에는 몇몇 지역과 부문에서만 거래 활동이 회복되었다. 중국 기업이 투자한 상위 10개 국가 중에서 4개는 싱가포르, 일본, 대한민국, 인도네시아와 같은 아시아 국가로, 이 4개 국가가 중국 기업의 아시아 내 M&A 거래 금액의 약 80%를 차지하였다. 한편, 중국 기업의 유럽 지역 M&A 발표 금액은 전년 대비 52% 감소하여 75억 5천만 달러를, 북미 지역 M&A 금액은 33% 감소하여 63억 2천만 달러를 기록하며, 건수와 금액 모두 역대 최저치를 기록했다.

따라서, 71.8%의 중국 기업이 일대일로 연선 국가를 우선으로 선택했고, 산업적 관점에서 보면 48.7%의 기업이 제조업을, 25.2%는 도매 및 소매업을 중심으로 활동했다. 이러한 선택은 국가 지원을

---

iv 아시아·태평양 지역을 하나의 자유무역지대로 통합하는 '아세안+6' FTA로, 동남아시아국가연합(ASEAN) 10개국과 한·중·일 3개국, 호주·뉴질랜드 등 15개국이 참여한 협정이다.

글로벌 경제를 뒤흔드는 디커플링

받을 수 있으며 배척받지 않는 지역을 선호하기 때문이다. 또한, 약 60%의 기업이 해외 시장 개발을 해외 투자의 주요 목적으로 지정한 것은, 중국 기업들이 해외 진출을 통해 서방의 제재를 피하려는 의도를 나타낸다.[23]

　정리하면 중국 기업들도 중국에서의 활동을 줄이려는 움직임을 보이거나 국적을 바꿔서 디커플링에 대응하려는 노력을 하고 있다. 그러나 중국 정부는 이를 자본 유출로 간주하며 강하게 통제하고 있어, 중국 기업들의 이런 노력이 큰 효과를 볼 것으로는 예상되지 않는다.

미중 디커플링으로
위기에 빠진 대한민국

필자는 중국 베이징에 거주하고 있다. 최근 몇 년 사이에 미디어 활동을 조금 하다 보니 중국에 진출한 여러 대한민국 기업들의 소식을 듣는 편인데, 이미 상당수의 중국 진출 대한민국 기업들이 중국을 떠났다는 소식을 직간접적으로 듣고 있다. 대한민국 상품에 대한 중국 소비자들의 선호도가 감소한 영향도 있고 대한민국 기업의 경쟁력 저하에도 원인이 있다. 교민들의 공통된 시각은 떠날 수 있는 기업은 그래도 나은 편이라는 것이다.

대기업에 하청을 받고 있는 중소 기업들은, 대기업이 중국에서 사업을 지속하는 한 중국을 떠나기 어렵다. 대기업의 사업 성과에 따라 협력하는 중소 기업들도 그 영향을 직접적으로 받게 된다. 예를 들면, 현대 자동차의 사례가 대표적이다. 현대차 그룹은 2016년 중국 시장에서 178만 대의 차량을 판매하며 전성기를 누렸으나, 이후로 판매량이 계속 감소해 2018년 116만 대, 2019년 91만 대, 2020년 66만 대, 2021년 48만 대에 이르러, 지난해에는 34만 대까지 줄어들었다.[24] 이러한 상황 속에서 많은 협력 업체들은 더 이상 수익을 내지 못하고 있다. 현대차 외에도 다른 고객을 확보한 기업들은 아직 생존을 위한 길을 찾고 있지만, 현대차를 주요 고객으로 하는 기업들은 더 큰 어려움에 직면하고 있다. 중국에서의 사업을 중단하거나 현대차로부터의 주문을 거부하게 되면, 대한민국뿐만 아니라 다른 지역에서의 현대차와의 협력 관계에도 부정적인 영향을 미칠 수 있다.

그래서 중국에서 완전히 철수하기 어려운 상황인 일부 기업들은 자산이나 지분의 매각을 모색하고 있다. 예를 들면, W사는 전기 자동차 부품을 생산하고 있지만, 리스크 관리를 위해 일부 지분을 팔기로 결정했다. D사는 중국 사모펀드에 자신의 지분을 전부 팔려했으나, 중국 측의 문제로 인해 인수 과정에서 큰 어려움에 직면했다. 이로 인한 피해는 D사가 직접 부담하고 있다.

대기업 또한, 리스크 관리 차원에서 새로운 접근법을 모색하고 있다. G그룹은 그룹 내 리스크 관리 항목에 지정학적 리스크를 추가했고, S그룹은 오너의 지시에 따라 전 계열사에 지정학적 리스크 관리를 확대할 계획이라고 밝혔다. 대한민국 정부가 직접적인 지정학적 리스크에 대한 대응을 하지 않더라도, 기업들은 스스로 그 리스크에 대한 대비책을 세우기 시작한 것으로 보인다.

문제는 지정학적 리스크, 디리스킹의 리스크, 디커플링의 리스크라는 것이 개인이나 개별 기업 차원에서 대응하기에는 벅차다는 점이다. 결국 정부 차원의 정책과 전략이 절실해진다.

2장.

미중 대립으로
파편화된 공급망

중국을 겨냥한
미국의 헤어질 결심

국제전략문제연구소CSIS의 맥스웰 베슬러Maxwell Bessler는 중국과의 디커플링에 대해 미국이 네 가지 태도를 취한다고 분석하였다.[1] 그것은 협력주의, 분리주의, 제한주의, 중도주의이다. 베슬러의 분석 중에 우리는 중도주의 전략에 주목해야 한다. 중도주의는 전략적으로 민감한 분야에서만 중국을 제한하고 기타 분야에서는 비즈니스를 최대한 허용해야 한다는 주장이다. 이런 접근 방식은 많은 사람들이 로버트 게이츠Robert Gates의 '작은 마당, 높은 울타리small yard, high fence'라는 은유를 통해 설명하기도 한다.[2]

중도주의 전략은 일반적으로 첨단 반도체 같은 핵심 기술에 대한 디커플링을 추진하는 동시에 무역, 금융, 레거시 기술, 노동력 및 학생 유입 등 다른 분야에서는 중국의 공정한 경제 참여를 허용하는 것이다. 그리고 이러한 전략은 현재 바이든 행정부의 정책 방향과 일치한다고 볼 수 있다.

미국은 중국을 그대로 둘 수 없다

중국은 미국의 탈산업화에 중요한 역할을 했다. 하지만, 1985년에서 2000년 사이, 미국의 대중 무역 적자는 60억 달러에서 830억 달러로 꾸준히 증가하였고, 2022년에는 약 3,829억 달러에 이르렀다. 미국은 이러한 계속되는 적자에 대응하기 위해 무역 적자 개선 방안을 모색하게 되었다.

트럼프가 이를 위해 중국에 무역 제재와 보복 관세를 부과했을 때 미국은 그야말로 기세등등했다. 2020년 1월에 트럼프와 시진핑은 무역 전쟁의 휴전을 발표했을 때 중국은 2년간 대미 수입을 2천억 달러 늘리기로 약속했다. 하지만, 2021년에도 중국은 트럼프와

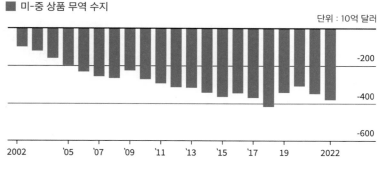

[그림 2-1] 최근 10년간 미국의 대중 상품 무역 적자

미중 대립으로 파편화된 공급망

합의한 미중 1단계 합의 목표인 대미 수입 금액의 57% 정도만 달성할 것으로 보였다.[i] 결국, 미국의 대중국 수출은 무역 전쟁 이전 수준에도 도달하지 못했다.

문제는 미국이 이에 대해 중국을 추궁할 현실적인 수단이 없었다는 점이었다. 베슬러는 중국이 미국과 여러 지정학적 영역에서 동시 협력과 경쟁을 요구하는 복잡한 상호의존 시스템에서 성장했다고 역설했다. 게다가 이 **상호의존성으로 인하여 미국의 대중 제재는 미국 경제에도 타격을 주었다**고 지적하였다.[3] 중국은 미국과의 무역 규모가 큰 만큼 미국 경제에 주는 타격도 컸던 것이다. 그리고 **미국은 이러한 미중의 상호의존성을 탈피하고자 하는 것이며 이것이 디커플링의 본질이다.** 필자는 유럽의 디리스킹도 미국의 디커플링 전략이 허용하는 한도 내에서만 가능하다는 점에서 본질적인 차이를 찾아보기 어렵다고 생각한다.

바이든 행정부의 중도주의 전략

이제 트럼프 행정부에 이어 바이든 행정부가 중도주의 전략을 어떻게 실행해 왔는지 살펴보자. 이 전략을 순서대로 파악하면, 향후 미국이 중국에 취할 경제 및 기술 제재를 예상할 수 있다.

바이든 행정부가 중국의 보조금과 미국 경제에 미치는 피해에

---

i 피터슨연구소(Peterson Institute for International Economics)의 수석 연구원인 채드 보운(Chad Bown)이 수집한 무역 데이터에 따르면 중국은 2021년 11월까지 원래 목표의 약 60%만 달성했다.

대한 새로운 조사를 논의하기 위해 만난 2021년 9월의 비공개회의에는 지나 러먼도Gina Raimondo 미국 상무장관, 캐서린 타이Katherine Chi Tai USTR 대표 등의 관계자들이 참석했다.[4] 이미 이 시점에서 중국이 약속한 대미 수입을 할 수 없게 되었음이 분명해졌다. 또한, 2021년 말에 만료되는 2년간의 미중 1단계 무역 합의에 따른 약속이 이행되지 않자, 미국은 곤란한 상황에 처해졌다. 중국이 약속을 지키지 않았을 때 미국이 아무런 조치를 취하지 않는다면 앞으로 미국은 다른 나라와의 무역 협상이 어려워질 것이다. 그렇다고 뾰족한 대중 제재 방법도 보이지 않았다.

당시 전 세계는 바이든 행정부의 대중 정책에 주목하고 있었다. 그때 중국의 한 교수의 '바이든과 중국은 특수 관계'라는 발언이 논란이 되었다. 이 발언은 바이든의 아들 헌터 바이든에게 중국이 이권을 제공한 것을 암시하는 말이었다. 필자는 이 사건에 대한 내용을 어느 정도 알지만, 여기서는 '헌터 바이든이 중국에서 특권을 받았다.'라는 사실만 언급하겠다. 그리고 바이든은 자신의 결백을 증명하기 위해 예상대로 강한 대응을 택하였다.

이렇게 바이든 행정부의 대중 관계의 시작은 중국이 미국과의 약속을 지키지 않았고, 바이든이 중국에 약점을 잡힌 것이 아니냐는 의혹을 받아 중국을 상대로 강경한 입장을 취할 필요가 있었다. 이는 기존 트럼프 정부의 광범위한 관세 조치로 인해 미국도 피해를 입기 시작한 시점이었다.

그러면 바이든은 어떤 전략을 수립했을까? 당시 슈피겔이 독일 외무부가 작성한 새로운 중국 전략의 초안을 단독으로 폭로하는

미중 대립으로 파편화된 공급망

일이 있었다. 59페이지 분량의 독일 정부 비밀 전략[ii]이라는 문서에는 '**인권 존중이 중국과의 미래 경제 관계를 형성하는 데 결정적인 요소가 되어야 한다.**'라고 명시되어 있었다.[5] 당시에는 '아닌 밤중에 웬 인권?'이라는 의문이 들기도 했지만, 지금 돌이켜보면 바이든 행정부와 유럽의 주요 국가들이 기본적인 대중 전략에 합의를 이뤄나가고 있었던 것으로 보인다. 경제적, 외교적, 군사적으로 중국을 압박하는 명분이 충분하지 않자 도덕적, 이념적 명분이 동원된 것이었다.

2018년과 2019년의 미중 무역 전쟁으로 미국의 대중 수출은 큰 타격을 받았다. 주된 수출 감소의 원인 중 하나는 트럼프가 3천억 달러 이상의 중국 수출품에 관세를 부과했던 것에 대한 중국의 보복 관세였다. 또 다른 이유는 트럼프의 관세 조치로 인해 미국 기업이 필요로 하는 부품과 구성품의 원가가 상승하게 되어 미국 제품의 경쟁력이 약화된 것이었다.

그러나 정작 관세 제재를 꺼내 든 트럼프는 효과가 없다는 사실이 명백해지기 전에 퇴임했고, 뒤를 이은 바이든이 관세 제재를 철회하기에는 중국을 제재해야 한다는 미국 내 여론이 너무나 강했다. 이 시점부터 미중 갈등은 단순한 무역 문제에서 지정학적 차원으로 확대되기 시작했다.

피터슨연구소의 바운Bown과 이린 왕Yilin Wang에 따르면[6] 미국의

---

ii 이 초안에는 미래 투자 보장의 상한선이 기업 및 국가당 30억 유로로 명시되어 있다고 한다. 그렇다면 독일의 대중국 투자는 약 4조 3천억 유로 정도를 상한으로 보는 셈이었다. 중국 외교부는 중국을 경쟁자이자 제도적 적대국으로 거론하는 것은 '냉전적 사고방식의 유산'이라고 분노했다.

대중국 수출은 계속해서 어려움을 겪고 있었다. 또한, 중국이 일부 상품의 구매처를 미국에서 다른 국가로 변경한 것이 그 원인 중 하나로 지적되었다. 미중 양국은 모두 상대방이 안보 문제를 명분으로 무역을 갑작스럽게 차단할 가능성을 우려하였다. 디커플링에 대한 인식은 우리에게 한참 후에야 드러났지만, 이미 그 시기에 미중 양국은 공급망 다각화를 추진하는 중이었다.

결국 미국은 중국이 미중 합의를 지키지 않았다는 이유로 중국에 대한 무역 제재를 해제하지 않았다. 오히려 2021년 11월에는 미국과 EU가 중국으로부터의 강철 수입 제한을 예정한다고 발표하였다. 이러한 결정은 미국이 유럽의 철강 및 알루미늄에 대한 관세를 인하하는 2년간 협정의 일부였으며[7] 미국이 대중 무역 제재에 가장 강력한 동맹인 EU를 끌어들인 것이다.

결과적으로 2021년 중국의 무역액은 이전 수준에 미치지 못했다.[8] 이는 미국이 의도했던 중국으로부터의 공급망 디커플링이 팬데믹으로 인한 중국의 셧다운 효과와 결합되어 실제로 효력을 나타내고 있음을 의미한다. 2021년 당시 주미 대사였던 친강秦剛은 미중 간의 어려움이 중국에서 시작된 것이 아니라, 미국이 900개 이상의 중국 기업을 제재하는 등 중국을 억압함으로써 발생했다고 지적했다.

이어서 12월의 미국-유럽 고위 외교 회의에서 웬디 셔먼Wendy Sherman 미 국무부 차관보와 EU 외교장관 스테파노 산니노Stefano Sannino 등은 **경제 및 기술 회복력을 보호 및 구축하고 공급망을 분산 및 강화하며 경제적 강압에 대응하는 것**의 중요성을 거듭 강조

미중 대립으로 파편화된 공급망

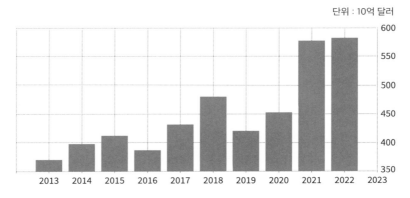

단위 : 10억 달러

[그림 2-2] 최근 10년간 중국의 대미 수출 규모

했다.[9] 즉, 이 시점에서 미국과 EU는 중국과 디커플링에 들어간 것이다. 그 결과 2022년에 들어서면서 미국은 중국보다 EU에서의 수입량을 더 늘렸다. 또한, 미 상무부는 중국이 미국으로 수출하는 속도가 더 이상 이전만큼 빠르지 않다는 것을 확인하기도 했다.

그러나 놀랍게도 2021년과 2022년 중국의 대미 수출은 계속해서 급증했다(그림 2-2). 이는 중국의 대미 수출이 미국의 디커플링 전략에 크게 영향을 받지 않았음을 의미한다.

그렇다면 미국의 대중 수출에 어떠한 변화가 있었을까? 간단히 말하면, 미국의 대중 수출은 급격히 악화되고 있었다. 당연히 무역 수지 적자도 점점 커졌다. 1단계 합의의 첫해인 2020년에 미국 수출은 16% 감소했으며, 2021년에는 이 감소 폭이 22%로 확대되었다. 2022년에는 미국의 대중 수출이 무려 23% 감소하였다.

중국이 미국에서 수입하는 상품의 내용 구성이 크게 달라진 것도 주목할 부분이다. 중국이 의도적으로 수입하였던 에너지와 식량 외에는 미국 공산품의 수입이 급격히 감소하였다. 2022년에는 미국의 대중국 농산물 수출이 사상 최고치를 기록하는 등 미국의 수출이 순조롭게 진행되고 있는 것처럼 보였다. 하지만, 수출 증가의 대부분은 출하량 증가가 아니라 가격 상승의 결과였다. 또한, 중국 바이어들은 수입선을 다변화하여 미국을 벗어나고 있지만, 미국은 농업 부문에서 여전히 중국 시장에 대한 수출 의존도가 높았다.

미국의 입장에서는 대중 무역의 양적, 질적 악화가 분명했다. 그러나 미중 무역 규모 자체는 계속해서 증가했다. 2022년 말, 미중 무역 관계가 기록적인 수준을 보일 것이라는 보도가 나오자, 많은 사람들은 미국과 중국의 디커플링이 실제로는 이루어지지 않았다고 여기는 사람들이 많았다. 그러나 미국의 입장에서 이런 상황을 그대로 둘 수는 없는 노릇이었다.

특히, 중국 상품에 부과된 관세는 원래의 목적을 달성하지 못하고 오히려 미국의 물가를 상승시켰다. 또한, 중간재에 대한 관세도 미국 제품의 경쟁력 저하를 가져왔다. 외교협의회CFR의 마나크 Manak 등[iii]은 트럼프와 바이든의 무역 정책이 놀랍게도 비슷하다며, 트럼프가 섹션 301조[iv]를 발동했을 때 시행한 관세가 목표를 달성하지 못하고 미국 기업과 소비자에게 큰 피해를 줬다고 비판했다.

---

iii Inu Manak, Gabriel Cabanas 및 Natalia Feinberg
iv 1974년 무역법에 따라 미국의 무역대표부에 외국 정부의 불공정한 행동에 대응할 권한을 부여하는 항목이다. 트럼프 행정부는 이를 기반으로 중국의 무역 관행을 조사해, 중국이 미국의 지식재산권을 침해한다고 판단하여 중국에 관세를 부과했다.

그런데도 바이든은 수십억 달러 규모의 중국산 수입품 관세를 그대로 유지했다는 점을 지적했다.[10]

미국대두협회American Soybean Association도 무역 전쟁이 미국의 대두 생산자들에게 큰 피해를 주고, 동시에 외국 경쟁자들의 경쟁력을 향상시켰다고 주장했다. 중국이 미국 대두에 63%의 보복 관세를 부과한 결과, 브라질이 큰 이익을 얻었다고 지적했다. 이에 따라, 이들은 중국에 대한 미국의 보복 관세 철폐를 강력히 요구했다.

이런 상황에서 2022년 2월, 미 재계가 중국에 부과한 징벌적 관세를 철회하라고 바이든에게 요구한 것은 당연한 수순이었다. 그러나 바이든은 중국이 1단계 무역 합의를 제대로 이행하지 않았다는 이유로 중국산 수입품에 대한 관세를 해제하지 않았다.[11] 바이든은 중국의 큰 양보 없이는 관세를 철폐할 수 없다는 입장이었다. 이에 대해 시진핑은 미국이 우리가 사고 싶은 물건(하이테크)을 팔면 될 것 아니냐고 응수하였다.

디커플링은 미국에 인플레이션을 가져왔다

2022년 4월, 미국 재무장관 재닛 옐런Janet Louise Yellen은 중국에 부과한 관세를 축소할 용의가 있다고 밝혔다. 이것은 인플레이션이 미국 국내 경제 정책에서 문제가 되었기 때문이었다. 그 결과, 2022년 5월 바이든 정부가 인플레이션 문제 해결을 위해 중국에 대한 관세 인하를 검토 중임이 알려졌다. 옐런과 USTR의 캐서린 타이는 관세 인하를 제시하였지만, 미국 내 여론은 중국에 대한 징벌적 관세 입장이 강하다 보니 결국 관세 인하는 이루어지지 않았다.[12] 결국 미국 정치도 국민의 정서가 중요한 것이다.

이러한 맥락에서 볼 때, 중국에 대한 징벌적 관세는 미국의 인플레이션에 큰 영향을 미치고 있다는 것이 분명하다. '세계의 공장'으로 불리는 중국에 대한 국제적인 공급망 의존성은 단순히 하루아침에 변할 수 없다.

미중 무역 전쟁은 글로벌 단일 시장을 파편화시키면서 공급망의 재편을 강요하고 있다. 이에 따라 글로벌 공급망의 비용이 증가하는 것은 당연한 이치다. 또한, 이러한 공급망의 변화는 결국 물가 상승과 인플레이션을 야기한다. 즉, 미국은 그들의 정책을 통해 자국뿐만 아니라 세계 여러 나라에도 인플레이션을 가져온 것이다.

이러한 상황에서 중국은 미국보다 더 유연하게 대응할 수 있었다. 중국의 통제 체계는 위기 상황에 신속하고 강압적으로 대응할 수 있게 해 준다. 그림 2-3과 2-4는 각각 중국과 미국의 지난 10년간 수출입 트렌드를 나타낸 그래프이다. 두 나라의 그래프는 수출과 수입이 동시에 증가하거나 감소하는 패턴을 보이며, 2020년을 기점으로 특히 뚜렷한 변화를 보여 준다.

미국의 수출입 차이가 크게 줄어든 반면, 중국은 전반적으로 증가세를 보이며 무역 흑자가 더욱 확대되고 있다. 그러나 이 현상은 단순한 수출입의 결과라기보다는 중국의 의도적인 수입 통제일 가능성이 높다. 왜냐하면 수입 규모의 변화는 일반적으로 수출 규모 변화를 선행하는 성격을 가지지만, 중국의 수입 변화는 수출 변화와

미중 대립으로 파편화된 공급망

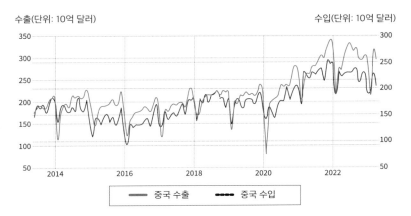

수출(단위: 10억 달러)   수입(단위: 10억 달러)

[그림 2-3] 과거 10년간 중국 수출입 현황

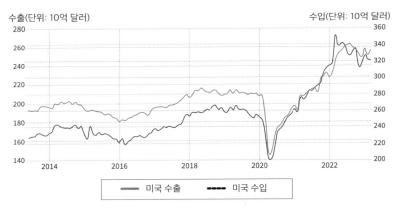

수출(단위: 10억 달러)   수입(단위: 10억 달러)

[그림 2-4] 과거 10년간 미국 수출입 현황

시차 없이 동기화Synchronization 되어 있는 경향이 보이기 때문이다. 즉, 중국이 수출 상황에 따라 수입을 통제하고 있음을 알 수 있다.

불만이 쌓인 미국 수입업자들은 2023년 2월, 트럼프 시대의 중국산 제품 관세에 대한 환급을 요구하였다.[13] 그러나 미 USTR은

2022년 3월 미국의 중국산 수입품에 대한 '섹션 301' 관세에서 기간 만료된 352개의 제외 품목을 연장한다고 밝혔다.[14] USTR에 따르면 2021년 10월 12일부터 소급 적용되어 관세가 2022년 12월 31일까지 연장되었다. 이는 미국이 중국에 대한 관세 제재를 지속하자니 자국 기업과 경제에 피해가 되고 철폐하자니 중국에 대한 무력함을 만천하에 증명하는 진퇴양난의 상황에 있음을 보여 주는 것이다.

미국은 자국의 무능함을 드러내거나 후퇴하는 모습을 보여 주지 않으려고 한다. 오히려 무역 제재는 계속되어 미국 상무부는 2023년 3월 중국, 러시아, 이란, 북한이 반도체 칩 생산을 위한 520억 달러의 연방 기금 혜택을 받지 못하도록 하는 지침안을 발표했다.[15] 이 지침은 2022년 10월 상무부가 중국의 하이엔드 칩 구매를 제한하기 위해 발표한 수출 통제 조치와 일치한다. 월스트리트 저널은 2023년 5월에 바이든 행정부가 미국 무역법 301조에 따라 중국의 보조금을 조사하는 방향을 검토하고 있다고 보도했다.[16] 즉, 미국 정부는 중국에 대한 압박을 더욱 강화하는 방향으로 결정한 것으로 보인다.

바이든 행정부의 엔티티 리스트와 기술 제재

관세 제재의 한계를 느낀 미국이 중국에 대한 가장 강력한 제재 조치로 꺼낸 카드는 바로 '엔티티 리스트'이다. 그래서 바이든식

중도주의 전략이 어느 정도 진행되었는지 파악하려면 **언론이 블랙리스트˅라고 부르는 '엔티티 리스트'를 모니터링하면 알 수 있다.** 이 리스트는 특정 외국 기업이나 조직이 미국 제품을 허가 없이 수입하는 것을 제한하는 제도이다. 미중 갈등 기간인 2018~2022년 동안 특정 미국 제품(대부분 국가 안보와 관련된 원자재 및 관련 제품 기술)의 구매가 제한된 중국 기업의 수는 4배 이상 증가했다.

　엔티티 리스트 제재가 세상에 크게 알려진 것은 2019년 트럼프 행정부가 화웨이를 엔티티 리스트에 올리면서부터다. 엔티티 리스트를 이용한 미 정부의 제재는 초기에는 우왕좌왕하는 모습을 보였다. 바이든 행정부가 정권을 인수한 직후 중국 기업의 제제를 2021년 1월 28일에서 3월 27일로 연기하면서 큰 혼란이 발생했다. 그 이유는 트럼프 행정부의 엔티티 리스트에 있는 중국 기업명으로는 정확히 어느 기업을 제재하는지 알기 어려웠기 때문이다.[17] 그리고 제재 대상이 된 기업과 유사한 이름을 가진 중국 기업이 많아˅ⁱ 사람들은 어떤 기업이 정확히 제재 대상인지 파악하기 어려웠다.

....

v 냉전 초기, 미국, NATO 동맹국, 일본은 공산주의 국가에 대한 수출 제한을 공동으로 협력하며 1949년에 '다자간 수출 통제를 위한 조정 위원회(COCOM)'을 설립하였다. 이는 일종의 초기 블랙리스트로 볼 수 있다. 1988년 8월에 레이건 대통령은 옴니버스 무역 및 경쟁력법에 서명하였으며, 이 법은 미국 정부에 COCOM 위반에 따른 외국 기업에 대한 제재 권한을 부여하였다. 이를 통해 미국 수입 또는 정부 구매에 대한 잠재적인 금지도 포함되었다. 시간이 지나면서 이 제도는 계속 개선되어 현재는 상무부의 엔티티 리스트로 운영되고 있다.

vi 중국의 기업명은 규칙이 법률로 규정되어 있다. 가장 먼저 등록 지방 정부명, 그후에 고유 명사, 다음으로 영업 영역, 마지막으로 법인의 법률 형태이다. 그리고 동일 계열사인 경우 같은 고유 명사를 사용하는 경우가 많고 동일 계열사가 아니더라도 동일하거나 유사한 고유 명사를 사용하는 경우가 많다. 그리고 이를 다시 영문으로 만든 경우 더 분간하기 어렵다.

이후 중국 기업들로부터의 반발도 계속되었다. 중국의 국유 기업인 차이나 텔레콤과 같은 통신 3사는 제재에 대한 재검토를 요청했으나, 결국 상장을 폐지당했다. 반면, 샤오미와 루오쿵Luokung같은 중국 민간 기업들은 법적인 대응을 통해 제재를 무효화하는 승소를 거두기도 했다.

엔티티 리스트는 관세 제재와 달리, 바이든 정부에서 중국의 하이테크 기술 도입을 방해하는 판매 제재 수단으로 주목받았다. 이에 따라 미국은 거의 매달 이 리스트에 기업 명단을 추가하고 있으며, 현재 중국에 수출하는 기업들은 이 명단을 정기적으로 확인해야 하는 상황이 되었다. 미국의 엔티티 리스트는 미 상무부 산업안보국Bureu of Industry and Security, BIS 웹 사이트[18]에서 확인할 수 있다.

당연히 미중 간의 기술 투자는 위축되었다. 2016년부터 2020년까지 미국과 중국 간의 기술 관련 해외 직접 투자는 96%나 감소하였고, 반면에 중국의 연구 개발 지출은 역대 최고치를 기록했다.

미중의 공급망 분리의 부작용을 최소화하고자 하는 바이든 행정부에게는 기술 제재가 매우 합리적인 접근 방식으로 보인다. 인위적으로 기존의 복잡하게 얽힌 공급망을 해체하여 디커플링을 추진하는 것보다는, 현재의 공급망 내에서 기업들이 자발적으로 각자 분리하는 것을 유도하는 방향이다. 이와 동시에 미래의 국가 경쟁력을 결정할 하이테크 분야에서 중국이 선도 기술을 획득하지 못하도록 하는 정책을 적용하고 있다.

하지만, 2020년, 미국의 수출 통제에도 불구하고 중국의 SMIC는 고정밀 반도체 개발에 성공했다. 이러한 발전은 미국의 우려를 더욱 깊게 만들었고, 그 결과로 미국 지도부의 중국에 대한 기술 탈취나 발전에 대한 경계감이 강화되었다. 바이든 행정부는 화다 생명华大生命科学研究院 같은 바이오 기업을 포함하여 중국의 하이테크 기업들을 하나하나 엔티티 리스트에 추가하면서 기술 제재를 강화하였다.

2022년 2월, 미국 상무부는 33개의 중국 기업을 엔티티 리스트에 추가했다고 발표했다. 우시 바이오WuXi Biologics가 리스트에 포함된 후, 주가는 25% 이상 급락하는 등, 기술 제재의 직접적인 영향을 즉각적으로 확인할 수 있었다.[19] 하이테크 기업의 경우 일반 제조업과 달리, 기술 제재가 기업의 미래 가치에 바로 큰 타격을 준 것으로 보인다. 그리고 2022년 8월에도 미국은 중국 기업 7개를 또 다시 블랙리스트에 포함시켰다.[20]

엔티티 리스트 제재에 그치지 않고 바이든 행정부는 2022년 10월 대대적인 대중 기술 제재를 발표했다. 바이든 행정부는 수출통제법을 기반으로, 모든 중국 반도체 제조 업체를 대상으로 고급 반도체 제조에 필요한 장비와 서비스 수출을 중단시키기로 결정했다. 이러한 미국의 반도체 수출 통제는 동맹국과 사전에 조율하지 않고 일방적으로 결정되었다. 바이든 행정부는 결정 이후 동맹국들의 협력을 요청했으나, 네덜란드와 일본과 같은 핵심 동맹국들은 이러한 조치가 자국 기업에 큰 피해를 줄 수 있어 동의하기 어려웠다.

미국은 동맹국들에 대한 지지를 이끌어내지 못하면 동맹국의 경쟁 기업들이 미국 기업이 제재로 물러난 공백을 차지할 뿐이다. 그리고 만약 동맹국들이 이러한 제재에 동참하지 않는다면, 미국의 글로벌 리더십은 큰 타격을 입을 것이라는 우려가 있었다.

하지만, 반도체 대중 제재가 동맹들 사이에 큰 문제를 야기하지 않자 미국의 기술 제재는 거침없이 계속 진행되었다. 2023년 3월, 미국은 러시아 군대를 지원하고, 중국 군대에 기여하며, 미얀마와 중국에서 인권 유린에 관여하거나 가담한 것으로 판단된 37개 기업을 엔티티 리스트에 추가했다.[21] 이어서 중국의 핵 및 미사일 프로그램과 관련된 28개 기업도 리스트에 포함시켰다.[22]

제3국의 기업도 예외는 아니었다. 미국은 이어서 러시아의 방위 산업 발전을 도왔다는 이유로 벨라루스 기업 DMT 트레이딩DMT Trading과 타이완의 네오텍 반도체Neotec Semiconductor를 엔티티 리스트에 올렸다. 갤럭시 일렉트로닉스Galaxy Electronics와 아트트로닉스 인터내셔널Arttronix International 산하의 6개 기업도 이란에 기술을 제공하거나 제공하려고 시도한 혐의로 엔티티 리스트에 올랐다. 미국은 3월 9일에도 이란 드론 제조 업체에 부품을 공급한 중국 기업 5곳과 개인 1명을 엔티티 리스트에 올렸다고 발표했다.[23]

2023년 4월, 백악관이 미국 펀드와 기업이 중국의 첨단 기술 부문에 투자하는 것을 금지할 예정이라고 하자 중국은 드디어 참지 못하고 바이든 행정부를 '깡패'라고 칭하며 반발했다.[24] 바이든은 G7 정상회담을 앞두고 이 투자 제한을 공개하며 동맹 국가에 지지를 호소하였다. 미국이 이와 같은 제재를 결정한 배경에는 중국의 행동에 대한 여러 국가의 불만과 반발이 쌓여 있었기 때문이기도 했다.

이렇게 전쟁터에서 총알이 빗발치듯, 미국의 기술 제재에 대한 중국의 반응도 강렬했다. 중국의 관영 매체 환구망은 미국의 기술 제재에 대한 중국의 기본 입장과 시각을 다음과 같이 서술했다. '미국과 중국 간의 기술 전쟁의 본질은 첨단 기술 분야에서 중국의 혁신 능력을 억제하고… **주요 기술 분야에서 미국의 글로벌 경제 이익과 그에 따른 군사 및 국가 안보 이점을 유지하려는 것이다.**'[25]

이러한 중국의 강력한 반발은 미국의 기술 제재가 얼마나 고통스러운지를 반영하는 것이다. 그리고 중국은 수단과 방법을 가리지 않고 미국의 기술 제재를 극복할 수 있는 방법을 찾고 있다. 그 결과 엔티티 리스트 제도를 우회하는 광범위한 방법이 시도되고 있다.

우선, '우회 구매' 방식이다. 미국 기업들은 상무부의 엔티티 리스트에 지정된 기업에는 승인 없이 수출할 수 없다. 그러나 엔티티 리스트에 지정된 중국 기업의 자회사나 계열사는 리스트에 포함되지 않아, 그들을 통해 필요한 물품을 구매하는 것이 가능하다.[26] 예를 들어, 인민해방군 같은 조직도 중국의 군민 융합 제도하에 민간 기업을 이용한 우회 구매가 가능하다.

월스트리트 저널은 제재 대상인 중국 핵무기 연구 기관이 지난 2년 반 동안 미국의 수출 규제를 우회하여 미국의 컴퓨터 칩을 최소 12번 구매했다고 보도했다. 1997년 엔티티 리스트에 오른 중국공학물리학회가 2020년부터 인텔, 엔비디아 등 금지된 반도체를 입수했다는 것이다.[27]

인민해방군을 배경으로 한 랑차오 그룹은 미국 기업들과 수십억 달러 규모의 거래를 하는 여러 자회사를 보유하고 있다. 그들은 대량의 서버를 제조하고 판매하며, 엔비디아와 AMD로부터 반도체를 구매하고 있다. 그러나 미 정부가 랑차오를 엔티티 리스트에 포함시키자, 미국의 주요 기업들이 랑차오의 자회사에 제품 공급을 계속하겠다고 반발했다. AMD 역시 수출 규칙의 명확성을 요구하며 불만을 표현했다. 바이든 행정부가 사후 문제 발생 시 추가 제재를 고려하는 접근 방식 때문에 기업들은 미리 리스크를 평가하기 어려웠고, 이로 인해 불만이 더욱 확산되었다.

이렇게 미국의 기술 제재는 중국의 고객을 미국 하이테크 기업에서 멀어지게 하고 있으며, 이로 인해 미국 하이테크 업계의 우려는 커지고 있다. 엔비디아의 젠슨 황Jensen Huang(黃仁勳, 황런쉰) CEO는 중국이 미국 기술 산업 시장의 약 3분의 1을 차지하며, 기술 제품의 중간재 공급처 및 최종 시장으로서 중국을 대체하기 어렵다고 불만을 토로했다.[28] 그가 '타이완 이외의 장소에서 반도체를 생산할 수 있겠지만, 반도체를 구매할 중국 시장만큼의 규모를 대체할 곳은 없다. 따라서 이 문제에 어떻게 대응할지 심사숙고해야 한다.'라고 경고한 것은 지금 미국이 당면한 문제라고 할 수 있다.

게다가 미국의 기술 제재에 따라 중국 정부는 중국 빅 테크 기업들에 대한 지원을 더욱 강화했다. 앤트 그룹은 2023년 1분기에 전년 대비 17.5% 증가하여 18억 5,000만 달러의 순이익을 기록했으며, 화웨이 역시 다시 성장세를 보이고 있다. 중국의 비공식 회의인 베이다이허北戴河 회의에 중국 공산당은 반도체·AI 전문가 57명을 대거 초청했다. 이는 그들에게 전폭적인 지원을 하려는 것이다.[29]

미중 대립으로 파편화된 공급망

이러한 수출통제법의 허점은 중국이 미국의 경제적이고 지정학적인 경쟁자로 성장하면서 기술 거래가 국가 안보 문제로 간주되기 시작한 과정을 잘 보여 주고 있다.

바이든 행정부의 금융 제재

무역과 기술 외에 금융 분야 또한, 미국이 제재하는 분야이다. 트럼프가 좌충우돌하던 미중 갈등 초기, 미중이 상호 금융 자산을 압수하거나 동결하는 시나리오에 대한 논의가 활발했다.

천펑晨风[vii]은 미국이 중국의 자산을 압수하거나 동결할 경우, 중국도 중국 내 미국 자산에 동일한 조치를 취할 것이라고 지적했다. 게다가 중국 내 미국 자산 규모가 매우 크기 때문에 이런 조치는 별로 효과가 없을 것이라고 주장했다. 그는 또한, SWIFT 배제나 미국 달러 자산의 동결은 근본적으로 미국의 재정적 신용만을 손상시킬 것이며, 중국의 피해는 관리 가능한 수준일 것이라고 평가했다. 이는 중국이 여전히 CIPS人民币跨境支付系统와 위안화를 보유하고 있기 때문이다. 이러한 담론이 나온 당시에는 미국이 러시아에 금융 제재를 가하기 이전이었기 때문에, 그런 논의가 가능했다고 생각할 수 있다.

그러나 2021년 1월 중국의 반도체 기업 SMIC가 미국의 주식 시장에서 퇴출되었다는 소식을 접하자[30] 중국은 큰 충격에 빠졌다.

....
vii 중국의 군사 전문가

이와 함께, 중국 기업에 대한 투자를 중개하며 막대한 이익을 얻고 있던 월스트리트에도 매우 근심스러운 일이었다.

이런 배경에서 전 골드만삭스Goldman Sachs 회장 존 손튼John Thornton은 2021년 왕치산王岐山 중국 부주석을 만났다. 손튼은 **시진핑과 바이든 간의 개인적인 유대**[viii]가 관계 회복에 도움이 될 수 있으며 양국이 앉아서 무역 해법을 논의할 공간이 있다고 말했다. 하지만, 왕치산은 **우방이 되든 적이 되든 미국이 중국을 이해해야 한다고 했다.**[31]

여기서 먼저 알아 두어야 할 것은 골드만삭스가 이전부터 왕치산을 통해 중국의 지도부 인사들과 '꽌시'를 얻었고 정경유착으로 엄청난 부를 축적했다는 것이다. 이들은 중국식 표현으로 '같은 바지를 입는 사이'[ix]인 것이다. 따라서 이는 미중 간의 백도어 소통의 한 사례로 볼 수 있다. 그리고 월스트리트 자본가들을 가장 잘 이해하는 왕치산이 미국이 중국을 이해해야 한다고 한 것은 이미 중국 시진핑 지도부의 어젠다상 중국이 양보할 가능성은 없다는 것을 의미했다.

그 후 미국은 중국에 대한 금융 제재를 본격화시켰다. 미국 증시에 상장된 중국 기업들이 주요 타깃이 되었다. 2021년 7월, 미국 증권거래위원회SEC는 당시 중국 정부가 추진하던 중국 기업의 해외 상장 제한 및 보안법 검토와 관련하여, 상장을 희망하는 중국 기업에 새로운 공시 요건을 요구하기 시작했다.[32]

---

viii 시진핑과 바이든은 서로 알고 지낸 지 오래되었으며 여기서는 바이든의 아들 헌터 바이든과 중국과의 특수 관계를 암시한 것일 수 있다.

ix 중국식 속어로 더러운 일을 함께 하는 이익 공동체라는 뜻이다.

이어서 그 다음 달인 2021년 8월, SEC의 게리 겐슬러 의장은 중국 기업들의 IPO를 일시 중지하길 요청했다.[33] 그리고 2021년 10월, 소프트뱅크는 중국에 대한 투자를 일시 중지하겠다고 선언했다. 이 결정은 소프트뱅크의 주요 자산인 알리바바의 밸류에이션(가치 평가)이 중국의 규제에 따라 하락한 데 따른 것이며, 이로 인해 소프트뱅크가 중국 시장에 대한 리스크를 느낀 데 따른 것이다.[34]

미국에 상장된 중국 기업들은 대부분 VIE Variable Interest Entity Entity[x]라는 편법을 통해서 미국 증시에 상장되어 있다. 그러므로 이러한 편법으로 상장된 중국 기업들은 미국 당국의 의지에 따라서는 대규모 상장 폐지라는 최악의 상황도 발생할 가능성이 있었다.[35]

2021년 12월, 중국이 차세대 기술 기업에 대한 외국인의 영향력을 제한하기 위해 VIE 블랙리스트를 작성 중이라는 보도가 나왔다. 다시 말해 중국이 자국 기업의 해외 상장을 제한하겠다는 것이었다. 상하이에 위치한 로펌 링클레이터 Linklaters의 변호사 알렉스 로버츠 lex Roberts는 중국 정부가 2015년에 VIE 규제를 시도하려 했

....

x 알리바바와 텐센트를 포함한 수많은 중국 기업이 미국에 상장되어 있다. 그러나 이들은 VIE라는 방식을 통해 우회적으로 상장한 것이다. 중국은 외국 자본의 참여를 제약하기 때문에, 이론적으로 외국인은 중국 기업의 지분을 직접 취득할 수 없다. 그러나 외국인 투자, 특히 대규모 투자를 받기 원하는 중국 기업들은, 투자받은 외국인이 투자금을 회수하기 위해 미국과 같은 자유로운 자본 시장에서 IPO를 추진하곤 한다. 이 과정에서 중국 기업의 지분이 자산 형태로 해외 법인(주로 세금 도피 지역)에 등록되고, 이 법인을 통해 외국 투자를 받게 된다. 결과적으로 발행되는 증권은 주식예탁증서와 ADR(American depositary receipt)이다. ADR은 다른 나라에 상장된 주식을 미국에서 거래 가능하게 하는 증서로, ADR을 거래하는 사람들이 종종 가지고 있다고 생각하는 알리바바나 텐센트의 주식은, 사실상 세금 도피 지역에 위치한 페이퍼 컴퍼니의 주식이다.

고, VIE 재분류에 대한 법률 초안을 작성한 바 있다고 전했다.[36)

그러니 중국 규제 당국이 이때 해외 상장을 목적으로 역외 기업을 설립하게 해 외국인 투자자가 주식을 구매할 수 있도록 하는 VIE에 관한 새로운 규칙을 만들고 있었던 것은 예상할 수 있는 일이었다. 다만, 시장에서는 의외의 사태가 발생하기 전에 추진해 오던 IPO를 빨리 마무리 지으려는 중국 기업들의 움직임이 많아졌고 이에 따라 2022년에는 중국 기업의 IPO 상장이 늘어날 것이라는 관측이 나오기도 했다.[37)

역사적으로 미국의 월스트리트를 중심으로 한 자본가들은 빠르게 성장하는 중국 경제와 더욱 빠르게 성장하는 중국 기업을 주요 투자 대상으로 보았다. 대다수 미국에서 상장한 중국 기업의 주가는 상장 후 급격히 상승하며, 이를 지속적으로 유지하고 있었다. 2005년, 미국에 상장된 중국 기업은 36개였고 총 시장 가치는 약 2,600억 달러로 미국 주식 시장의 1%에 불과했다. 하지만, 2020년 말 기준, 600개 이상의 중국 기업이 미국에 상장되어 시장 가치는 약 6조 달러에 달하며 미국 시장의 9%를 차지했다.

이렇게 6조 달러를 넘는 거대한 자산이 디커플링하에서 어떤 결과를 맞이할지 미국과 중국 모두 불안할 수밖에 없었다. 그리고 미국에 상장된 중국 기업 주식의 버블화에 대한 우려는 금융과 자본 영역에서 큰 영향을 받는 미국 정부가 실물 경제를 중시하는 중국 정부보다 더 느꼈다. 중국 안방安方 그룹의 싱크탱크는 미국이 무역과 기술의 디커플링을 원하는데 비해 **중국은 자본의 디커플링을 달성하여 미국 금융 자본에 중국 기업들이 의존하지 않게 되기를**

바란다고 해석했다.[38] 이는 당시 중국 지도부의 시각을 잘 반영한 말이다. 그런데도 여전히 많은 사람들이 이런 중국 지도부의 관점을 충분히 이해하지 못하고 있는 것 같다.

자본 디커플링의 진행으로 인해 일부 중국 기업은 미국 주식 시장에서 퇴출되며 주가가 하락하였다. 2023년 1월 9일 기준, 미 당국에 따르면 252개의 중국 기업이 미국의 3개 주식 시장에 상장되어 있었으며, 그 시장 가치는 2022년 3사분기 말에는 7,756억 달러에 이르렀다. 여기서 중국 기업의 국적을 판단하는 기준은 이전에 제시된 것보다 더 엄격하기 때문에 6조 달러에서 1조 달러 미만으로 시장 가치가 줄어든 것은 아니지만, 중국 기업들의 주가가 크게 떨어진 것은 사실이다.

미국은 이에 그치지 않고 중국 기업들의 VIE 구조를 가능하게 하는 주식예탁증서ADR의 유효성 문제와, SEC에의 회계 정보 제출 의무를 중국 기업들이 이행하지 않는 점을 두 가지 주요 문제로 지적하였다.

처음에는 ADR 제도가 큰 문제가 될 것으로 보였다. 중국 정부는 이 ADR을 묵인하고는 있었지만 중국 정부 부처 내에서도 합법 여부에 대한 합의를 이루지 못하고 있었기 때문이었다. 그리고 중국이라는 체제에서 정부 부처가 합의를 이루지 못했다는 것은 '유보'라는 형식이지만, ADR의 경우 엄격한 잣대를 들이대면 불법이라는 것은 누구에게나 명확했다. 그러나 미중 갈등이 심화되는 가운데, 미국이 중국 정부의 모호한 태도를 들어 ADR의 합법성을 지적하자, 중국 정부의 태도는 더욱 애매해졌다. 미국이 문제를 삼은 시점에서 중국 정부 역시 중국 기업들의 미국 상장을 규제하려는 입장이었기 때문이었다. 미국과는 달리 **중국이 자국 기업의 미국 상장을 규제하려는 목적은 바로 정보 보안**에 있었다.[xi]

하지만, 조 단위 달러를 중국에 끌어들인 중국 법인들의 미국 상장에 문제가 생기면 중국 경제에도 큰 문제가 발생할 것은 자명했다. 결국, 논란 끝에 중국 정부는 미국 우회 상장으로 이용되는 VIE 제도가 공식적으로 합법임을 인정하였다.

이어서 두 번째 이슈인 미국에 상장한 중국 기업의 회계 정보 의무가 수면으로 떠올랐다. 이미 루이싱 커피瑞幸咖啡의 회계 부정 사실이 알려진 이후로, 중국 기업들의 회계 부정 가능성에 대한 시장 의혹은 높아졌다.

2021년 8월, 미국 규제 당국이 기업이 위험 공개를 개선할 때까지 중국 기업 IPO를 중단할 것이라고 밝혔다.[39] 당초, 미국이 이러한 요구를 하게 된 이유는 무엇이었을까?

미 의회는 2020년 말 중국 기업의 회계 자료를 상장 기업 회계 감독 위원회US Public Company Accounting Oversight Board, PCAOB가 직접 검증하도록 하는 내용의 외국기업책임법Foreign Company Accountability Act을 통과시켰다.[xii] 이에 따라 SEC는 미국 증권 거래소에 상장된 주식 등에 대해서 신뢰성을 유지하기 위하여 매년 감사 결과를 보고

---

xi 시진핑은 부주석 시절부터 국가 주권 개념에 정보 네트워크 보안 개념을 추가하고 매달 국가 정보 보안 회의를 주재하는 등 남다른 정보 보안 감각을 가진 인물이다. 그리고 미중 무력 충돌 가능성이 상승하면서 관료들 및 중국 기업들의 정보 유출에 민감한 입장을 보여 왔다. 가장 큰 사례가 디디추싱(滴滴出行)이다. 디디추싱의 중국 지도, 중국 도로 정보, 사람들이 이용하는 정보를 분석하면 중국 안보에 영향을 주는 정보를 추출할 수 있다고 본 것이다.

xii 이 법은 2021년 12월 발효되었다.

하게 되었다.

그런데 미국에서 ADR을 통해 상장된 많은 중국 기업들이 구체적인 회계 정보를 제공하지 않았다. 중국 기업들의 주장은, 그들의 회계 정보에는 국가 안보 관련 정보가 포함되어 있다는 것이었다. 이에 중국 정부 역시 SEC에 공식적인 통지를 보내, 중국 기업들의 회계 감사 정보 안에 국가 안보 관련 내용이 포함되어 있어 정보 공유가 불가능하다는 입장을 밝혔다.[xiii]

미국으로서는 의심할 수밖에 없는 정황이지만, 중국 정부가 공식적으로 표명한 의견을 아니라고 부정하기도 어려웠다. 그러나 규정과 상황에 크게 유의하지 않았던 트럼프는 중국 정부나 기업의 의견을 수용하지 않았다. 결국, SEC는 중국 기업들에게 회계 감사 정보를 제대로 제공하지 않으면 상장 자격을 유지할 수 없다는 결정을 내렸다. 이에 따라, 중국 기업들은 이제 3년마다 회계 감사 정보를 제공해야 했다.

중국 기업들과 중국 정부가 정상적으로 회계 정보를 제공하지 않는 이유에 대해 여러 설들이 있다. 먼저, 독자들은 미국이 요구하는 회계 정보의 범위와 깊이가 상당히 넓고 깊다는 사실을 알아야 한다.

엔론Enron의 대규모 회계 스캔들 이후로 2002년에 제정된 사베인스-옥슬리Sarbanes-Oxley법은 기업 지배 구조 표준 강화를 위해 PCAOB가 회계 법인의 '작업 문서'라 알려진 자료를 검토하도록

[xiii] 이렇게 미국이 직접적으로 감사 정보를 요구하지 못하는 지역은 세계적으로 중국 본토, 홍콩, 프랑스 및 벨기에 등 4개 지역이라고 한다. 그중 중국 본토와 홍콩의 기업이 미 증시 해당 기업의 약 90%를 차지한다.

요구한다. 이는 회계사의 감사 활동이 적절했는지 검증하는 것으로, PCAOB가 회계사가 감사한 정보는 물론, 계약 내용이나 증빙 자료까지 점검할 수 있다는 것을 의미한다. 화웨이의 멍완저우孟晚舟 CFO 체포 사건도 생각해 보면, HSBC 은행의 회계 정보를 통해 화웨이 자회사의 거래 내역이 결정적인 근거로 활용되었던 것을 확인할 수 있다.

미국에 보이고 싶지 않은 것이 많은 중국은 오랫동안 국가 기밀 및 국가 안보를 이유로 감사 정보의 직접 공개를 거부해 왔다. 게다가 중국 내 회계사들은 '회계 법인에 대한 품질 관리 표준 No. 5101'에 따라 업무 문서의 기밀을 유지할[40] 의무가 있기 때문에, 미국에 정보를 공개할 경우 중국 정부의 사법 조치 대상이 될 위험이 있다.

미국의 요구에 대한 중국의 반발은 예상 가능했지만, 그 대응은 단순히 반발로 그치지 않았다. 중국증권감독관리위원회CSRC 이후 이만易会满 의장이 중국 기업의 해외 IPO를 금지하는 5가지 경우를 공포한 것이다. 이어서 시진핑은 '중국은 외부의 간섭을 뿌리쳐야 한다.'라고 했고 '중국도 외부에 통제의 팔을 뻗어 관련 입법을 해야 한다.'라고 말했다.[41]

그러니까 중국은 미국 내 자국 기업 보호보다 자국의 기업들의 해외 상장이나 해외 투자 유치 규제를 더 우선시했다. 필자는 중국이 장기적으로 타이완 합병을 준비해 왔다고 보기 때문에 이러한 중국의 태도는 예상 가능했다. 하지만, 그렇지 않은 사람들에게는 납득하기 어려운 일이었을 것이다.

2022년 2월, 미 정부는 모건 스탠리Morgan Stanley에게 그들이 감사한 중국 기업의 정보를 요청했다. 이는 회계 정보의 감사를 위한 선행 조치였다. 이에 대응하여 중국증권감독위원회는 모건 스탠리 중국 법인이 미 당국에 제공한 정보 내용을 30일 이내에 제출하라고 지시했다.

다음 달인 2022년 3월, 미국 증권 규제 당국은 감사 서류의 관련 요건을 충족하지 않는 해외 상장 기업의 목록을 공개하기 시작했다. 알리바바, 바이두百度, JD.com 등이었다. 또한, 미국 SEC는 다시 3월 말까지 감사 준수 증빙 자료를 제출해야 하는 대상 중국 기업 5개(Yum China, ACM Research, BeiGene, HutchMed 및 Zai Lab)를 지목했다. 이로 인해 중국 기업의 미국에서의 상장 폐지가 더욱 현실적으로 다가왔다.

시장은 이러한 상황에 대해 당황했다. 이에 대해 미중 양국은 동시에 양국의 규제 기관이 중국 개념주과 관련하여 원활한 의사소통을 유지하고 있고 긍정적인 진전을 보였으며 구체적인 협력 계획을 수립하기 위해 노력하고 있다고 무마했다. 이때의 분위기는 중국 정부가 미 당국에 상당한 양보를 하고 실리를 지키기로 했을 것이라는 관측이 대부분이었다.

결국, 중국 정부는 이러한 대치 상황을 해결하기 위해 해외에 공개할 수 있는 정보와 공개할 수 없는 정보의 기준을 명확히 하는 작업을 진행했다.[42] 2022년 3월, 중국 당국이 알리바바, 바이두, JD.com 등 일부 미국 상장 기업에 추가 감사 공개 준비를 요청했다. 중국 규제 당국이 민감한 데이터를 수집하지 않는 일부 중국

기업의 감사 업무 문서를 미국 규제 당국이 검토할 수 있도록 하는 제안을 고려하고 있다는 것이었다.[43]

그리고 해당 기업과 미중 당국은 **중국의 '국가 안보 관련 정보'를 회피하면서 미국의 '감사 정보 기준'을 만족할 방법이 없는지 모색하기 시작했다.** 여기서 관건이 된 것이 '국가 안보 정보'의 정의였다. 국제 사회의 대부분 사람들은 중국 정부나 중국 기업이 말하는 소위 '국가 안보 정보'라는 것은 부실한 회계 정보를 감추기 위한 핑계로 여겼다. 그러나 이후에 벌어진 중국 정부의 디디추싱의 IPO 불허 같은 일련의 사건을 보면 **중국 정부가 '국가 안보 정보'에 진심이었음**을 알 수 있다.

결국 중국은 미국과의 분쟁 완화를 위한 합의에 이르렀고, 월스트리트에 상장된 중국 기업들이 미국 규정에 따라 회계 감사를 수행하도록 허용했다는 뉴스가 보도되었다. 이로 인해 총 248개 중국 기업이 영향을 받게 되었으며, 그 기업들의 당시 시가 총액은 약 2조 1천억 달러에 달했다.

중국증권감독관리위원회는 미국 규제 당국과의 대화가 효율적이고 솔직하며 전문적으로 진행되었다고 밝혔다. 그러나 BOCOM International의 리서치 책임자인 하오홍Hao Hong은 미중 규제 당국 간의 견해 차이가 크다며, **많은 미국 상장 중국 기업이 결국 상장 폐지 위기에 놓이게 될 것이라고 전했다.** 이러한 소식은 관련 업계로서는 경악할 일이었을 것이다.

자산 운용사인 크레인 펀드Krane Funds Advisors는 49억 달러 규모의 KraneShare CSI China Internet ETF가 상장 폐지되는 것을 피하

기 위해 포트폴리오에 있는 모든 중국 기업 ADR을 향후 수개월 안에 홍콩 주식으로 전환하겠다고 밝히기도 했다.[44]

SEC는 7월 말에 159개 중국 개념주[xiv]를 상장 폐지 감시 대상에 포함시켰다. 그리고 2022년 8월에는 추가로 162개의 중국 주식을 사전 상장 폐지 목록에 등재했다. 이 주식들은 3년 이내에 PCAOB의 감사 요구 사항을 만족시키지 못할 경우 상장이 폐지될 위험에 처하는 것이다. 이들 기업 앞에는 미국 증시에서 자발적으로 퇴출하거나, 다른 증시에 상장을 고려하거나, 미국의 규정을 준수하는 세 가지 선택만이 남아 있었다. SEC의 이러한 행동은 로마 병정들이 사각형 대형을 짜고 밀고 나가는 것 같은 태도였다.

그렇다면 결과는 어땠을까? 8월 12일 미국 상장 중인 중국의 대형 국유 기업 5곳이 자발적으로 상장 폐지를 신청하였다. 이들 기업들의 시가총액을 보면 중국석유천연가스中国石油天然气가 1,321억 달러, 중국생명보험이 949억 달러, 중국석유천연가스 그룹中国石油天然气集团 702억 달러, 중국 알루미늄 103억 달러, 시노펙 상하이[xv] 38억 달러 등이다. 자진 상장 폐지를 결정한 5개의 중국 국유 기업에 시가 총액은 3천억 달러가 넘는다.[xvi]

갑작스러운 중국의 대형 국유 기업들의 상장 폐지 신청은, 역설적으로, 중국 정부가 어떠한 합의를 원하고 있다는 추측을 불러일

---

xiv 해외 증시에 상장되어 있지만, 사실상 주로 중국 내에서 사업을 하는 중국 기업. 알리바바나 텐센트 등이 모두 여기에 해당된다.

xv 시가총액 684.5억 달러인 Sinopec의 자회사

xvi 이런 거액을 포기하면서 중국이 지키려고 한 정보는 이들 에너지 기업들의 회계 정보에 내재되어 있는 각 에너지 저장 시설, 해외 투자 지분과 조직, 공급망을 구성하는 중요 조직과 시설 등으로 보인다.

으켰다. 즉, 중국 정부는 민감한 국가 안보 정보를 포함할 가능성이 있는 기업들에게 상장 폐지를 직접 신청하게 한 것이며, 결과적으로 남아 있는 중국 기업들, 특히 민간 기업들은 미국의 요구 사항에 따라 회계 감사 정보를 제공할 것으로 보인다는 추측이었다.

이러한 추측은 대체로 맞았다. 8월에 중국과 미국 규제 당국은 국경을 초월한 기업 감사 감독 협력을 위한 협정에 서명했다. 중국 증권감독관리위원회는 이 협정이 중국 증권감독관리위원회, 재무부 그리고 PCAOB 간에 체결되었으며 조만간 관련 협력 문제에 착수할 것이라고 밝혔다.[45]

그러나 준법·수사·집행에 있어 여전히 양측의 이견이 존재했다. 미국은 첫째, 조사 대상 기업을 선택할 수 있는 권리가 있어야 하고, 둘째, 완전한 감사 원시 자료를 확보할 수 있어야 하는 등 수행 법적 절차를 명확히 해야 하며, 셋째, 회계 담당 직원과 직접 인터뷰 및 문의가 가능해야 한다고 요구했다. PCAOB는 성명에서 '기관은 중국 당국과 상의할 필요 없이 자체 재량에 따라 조사할 회사를 선택하고 감사할 권리가 있다.'라고 밝혔다. 그러나 중국 증권감독관리위원회는 미국이 중국 규제 당국을 통해 감사 서류를 입수하고 회사 관계자에 대해 '중국 측의 참여와 도움을 받아' 조사해야 한다고 밝히고 있다.[46]

이 시점에서 중국 규제 당국은 이미 주요 회계 법인에게 미국 상장 중국 기업의 감사 업무 서류를 홍콩으로 가져와 PCAOB가 검토할 수 있도록 준비하라고 지시했다고 한다. 그러나 과연 PCAOB가 원하는 정보를 다 얻을 수 있을지는 미지수였다.

중국 기업에 대한 통찰력을 가진 골드만삭스는 2022년 8월, 미국 상장 중국 기업의 감사 문제에 대해 미중 간에 예비 합의가 이루어졌음에도 불구하고 시장에서는 중국 기업이 미국 거래소에서의 상장 폐지 확률을 50%로 평가하고 있다고 밝혔다. 골드만삭스는 당시 미중이 최종 합의에 도달하는 최상의 '상장 해제' 시나리오가 이루어지면 미국 상장 중국 기업과 MSCI 중국 지수가 각각 11% 및 5%의 평가 이익을 얻을 수 있을 것으로 추정했다. 반면 강제 상장 폐지 시 ADR과 MSCI 차이나 인덱스[xvii]에 대해 각각 13% 및 6% 하락할 것으로 추정했다.[47]

2022년 9월, 중국 기업들은 이제 SEC 감사를 피할 수 없게 되었고, PCAOB 조사관이 홍콩에 도착하여 미국 상장 중국 기업의 감사 업무를 시작하였다.[48] 중요한 점은 PCAOB가 중국 기업의 규정 준수를 인정할 만큼의 접근 권한을 얻을 수 있을지 여부였다. 그 후, 두 달이 지난 2022년 11월에 홍콩에서 진행된 감사 검토가 완료되었다는 소식이 전해졌다.[49] 오랜 시간 동안의 감사 기준에 대한 논쟁이 격화되는 가운데, 중국 당국은 중국 기업의 미국 증권 거래소에서의 상장 폐지를 방지하기 위해 미국 당국과 협력하고 있다는 것이다.

그렇다면 최초의 미국에 상장한 중국 기업의 감사 검토 결과는 어떻게 나왔을까? PCAOB는 2023년 5월 KPMG Huazhen과 PricewaterhouseCoopers가 감사한 8개 중국 법인 중 7개 회사의

---

xvii 중국 증시 상장 주식은 일부 편입하고 주로 외국인 투자 대상인 홍콩 증시의 H주, 중국의 외국인 주식인 B주, 제3국 상장 중국 기업주 등으로 이루어진 인덱스이다.

감사에서 문제를 발견했다고 발표했다.[50] PCAOB는 KPMG Huazhen[xviii]의 감사 4건을 조사한 결과 모든 건에서 여러 결함을 발견했고 PwC(PricewaterhouseCopers)도 4건의 감사를 검토한 결과 그중 3건에서 여러 결함 및 PwC 직원과 피감사 회사와의 재정적 관계가 있다는 증거를 2건 발견했다고 발표했다.

PCAOB 의장 에리카 윌리엄스(Erica Williams)는 이에 대해 두 검사 보고서 모두 허용할 수 없는 결함을 보여 주었으며, 이것은 감사 프로세스가 효과적이었음을 증명한다고 말했다. 그리고 이제 우리는 회계 법인에 책임을 묻고 감사 품질을 개선할 것이라고 덧붙였다. 이러한 뉴스는 미국 정부가 향후 원한다면 미국 상장 중국 법인들을 상장 폐지할 수 있다는 신호로 해석될 수 있었다. PCAOB는 미국 상장 중국 기업의 나머지 회계 법인에 대한 새로운 검사를 준비 중이며, 언스트앤영과 딜로이트의 중국 법인들도 검사 대상에 포함될 전망이다.

이제 미국에 상장된 중국 기업들은 언제든 상장 폐지의 위험에 처해 있다. 경제적 이익을 최우선으로 여기는 자본주의 국가에서는 이런 위험을 최소화하기 위해 모든 노력을 기울일 것이다. 그러나 이번 상대인 중국은 민간 기업의 주가가 내려간다고 해서 국가의 이념적 목표를 바꾸지는 않는 국가이다.

....
xviii KPMG의 중국 법인

미국에 대한
중국의 복잡한 마음

　중국은 미국의 제재를 받게 되자 초기에는 당황하는 모습을 보였으나, 시간이 지남에 따라 안정감을 되찾고 대응책을 차례로 내놓기 시작했다. 필자는 여기서 역사의 우연이라고 할 만한 상황이 일어났다고 생각한다.

　중국 공산당은 두 번째 백 년 목표 달성을 위해 타이완 통일을 오랫동안 준비해 왔다. 타이완 통일을 위한 양안 전쟁 발발 시, 미국이 중국에 다양한 영역의 제재를 가할 것이라는 가능성을 상정하며 장기간에 걸쳐 이에 대비해 왔다. 미국이 상정한 제재 시나리오에는 무역 제재, 기술 제재, 해상 봉쇄 등이 포함되었다. 놀랍게도 현재 미국이 중국에 가하고 있는 제재와 압박은 이 시나리오와 크게 다르지 않다. 이는 현재의 제재가 중국의 타이완 침공에 대한 직접적인 미국의 대응이 아니기 때문에 우연으로 볼 수 있으나, 미국이 중국에 심각한 제재를 가할 때 이와 같은 형태로 나타날 수밖에 없다는 점을 고려하면 필연의 결과로도 해석될 수 있다.

우연이든 필연이든, 트럼프 시절에 시작된 미중 무역 충돌이 이제 깊은 수준의 근원적인 갈등으로 확대되었음을 사람들은 잘 알고 있다. 미중 갈등은 트럼프가 중국으로부터 경제적 이익을 얻으려는 것으로 시작되었을지 모른다. 하지만, 미중 무역 전쟁이 진행되면서 본질적인 미중 간의 국가 전략, 국가 이익의 충돌로 전환된 것이다.

무역 전쟁은 우연, 패권 전쟁은 필연

필자는 트럼프가 일으킨 무역 전쟁을 우연으로 보며, 이 무역 전쟁이 미중 간의 패권 전쟁으로 전개된 것은 필연이라고 생각한다. 이 패권 전쟁을 미중 두 초강대국의 충돌로 보는 사람들도 있고 가치 체계 또는 이념의 충돌로 이해하는 사람도 있다. 어떤 이는 심지어 '가치의 전쟁'이라고 하기도 한다. 그러나 필자는 그것은 미국과 제3자들의 시각이며 **중국의 시각은 타이완 통일로 대표되는 중국 공산당 백 년 목표의 구현이라는 시점에서부터 시작되었다고 본다.** 여러 원인이 계기가 되었을 수 있지만, 지금의 중국 상황의 근본은 '백 년 목표의 성취' 또는 '중국몽'이 중국이 미국을 바라보는 이 모든 사태의 기저에 있다고 할 수 있다.

미중 대립으로 파편화된 공급망

그렇기에 중국은 '중국은 미국의 막강한 권력에 도전하는 것이 아니다.', '타이완이야말로 중국의 최고 핵심 이익이다.'라고 말하고 있는 것이다. 오랫동안 중국을 연구한 경제 분석가들의 지적에 따르면, 중국은 '전시 경제'에는 아직 진입하지 않았지만 심각한 외부 도전 앞에서 경제 성장 추구에서 국가 안보를 중시하게 되었다는 것이다. 이러한 분석은 필자의 시각을 뒷받침한다.[51]

2023년 5월, 컨설팅 회사인 Gavekal Dragonomics佳富龙洲의 중국 연구 책임자 앤드류 뱃슨Andrew Batson은 '중국공산당 제20차 전국대표대회' 이후 중국 정부의 담론이 미국과의 지정학적 경쟁을 중심으로 발전하고 있다고 지적했다. 이 중에는 **중국의 기술 자급자족과 현대 산업 시스템 구축의 필요성**이 포함되어 있으며 '**이는 국가 안보 우선순위일 뿐만 아니라 경제 성장의 원동력**'이라고 그는 언급했다. 또한, 중국이 '전시 경제'에 진입했는지 여부에 대한 질문에 앤드류 뱃슨은 식량 안보, 에너지 안보, 과학 기술 안보를 포함한 국가 안보 문제에 대한 중국의 일반적인 우려를 볼 수 있다고 대답했다. 이는 우회적인 긍정으로, 중국은 사실상 전시 경제에 진입했다고 말한 것으로 해석해야 할 것이다.

트럼프와의 무역 전쟁 속에서 국가 전략 재정비의 필요성을 깨달은 중국은 특별한 전략적 대응책을 세웠다. **그것은 '내순환 위주의 쌍순환 경제 체제'로 전환할 준비를 한다는 것이었다.** 이러한 중국의 생각을 가장 잘 표현한 것이 2020년 6월 당시 부총리였던 류허刘鹤가 상하이의 루쟈쬐이 포럼陆家嘴论坛에서 발표한 글이다. 그 내용은 매우 충격적인데 지금은 인터넷에서 사라져 원문을

확인할 수 없다. 필자가 당시 그 내용을 바탕으로 '내순환 경제! 중
국, 전쟁을 대비하는가?'[52]라는 글을 쓴 바 있다(흥미가 있는 독자
분들은 한번 보시기 바란다.). 류허는 당시 포럼에서 다음과 같은
주장을 펼쳤다.

1. 국경의 방어와 통제를 강화한다.
2. 내순환 경제의 시동을 준비한다.
3. 전략 물자 및 민생 상품에 대하여 전시 계획 경제를 실시한다.
4. 지방 정부는 가까운 곳에 과일 채소와 육류 및 달걀 등 알 생
   산 단지를 개발해야 한다.
5. 기업을 조직하고 동원해 위기에 대처한다.
6. 각 가정의 적극적인 대응을 일깨우고 호소한다(여기서 류허는
   심지어 각 가정은 아파트 베란다에 야채와 닭을 키울 것을 제안
   하기도 했다.).

류허는 이를 설명하면서 마오쩌둥의 두 문장을 인용하였다. 그것
은 '깊은 동굴을 파고 많은 양식을 쌓으며 패권을 외치지 않는다.'
와 '식량이 준비되어 있으면 마음이 동요하지 않고, 대지를 굳건히
밟고 서면 기쁜 마음이 양양하다.'라는 말이었다.

**이렇게 디커플링은 중국에는 미국과의 전쟁을 하는 것과 동일한
무게와 동일한 수준의 과제이다.** 또한, 중국 공산당의 국가 목표에
현재 직접적으로 영향을 주고 있는 사안이기도 하다.

중국은 미국의 제재와 압박에 단계적으로, 한 걸음씩 대응하며,

그 대응의 무게와 범위를 점차 확장해 나가고 있다. 현재 미중 간의 상호 정치적 신뢰는 이미 무너져 있으며 상황은 언제든 바뀔 수 있다. 이렇게 바뀐 환경에서 미국과 중국 간의 무역 확대는 중국에만 유리한 것이 아니라 리스크로도 작용할 수 있게 되었다. 미국은 중국과의 무역을 전략적인 차원에서 벗어나 일반적인 상업적 무역으로 재평가하고 있다. 이 접근 방식은 디커플링의 다른 형태로 볼 수 있다.

리쇼어링과 프렌드쇼어링
그리고 니어쇼어링

　미국이 가장 원하는 디커플링의 결과는, 기업들이 중국에서 철수하여 미국으로 돌아오는 것, 즉 리쇼어링이다. 이렇게 리쇼어링이 이루어지면 미국 내 제조업이 활성화되어 고용이 증가하고, 미국의 기술과 노하우 유출 역시 줄어들 것이다. 그림 2-5는 커니의 리쇼어링 인덱스를 나타낸다. 이에 따르면 2023년 미국의 전체 수입 중 중국의 비중이 처음으로 50% 미만이 될 것으로 예상된다.[53] 이로 미뤄볼 때, 미국의 디커플링은 이미 성과를 거두고 있는 것으로 보인다.

　그러나 원래 미국을 떠나 제조업이 다른 곳으로 이동한 원인이 여전히 존재한다면, 기업들이 다시 미국으로 리쇼어링을 결정하기는 쉽지 않을 것이다. 중국이나 아시아 지역에 비해 미국은 임금

　　　　　　　미중 대립으로 파편화된 공급망

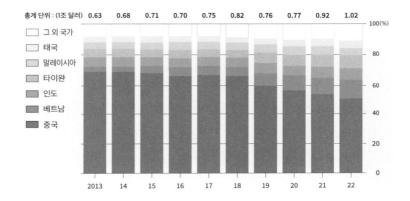

총계 단위 : (1조 달러) 0.63 0.68 0.71 0.70 0.75 0.82 0.76 0.77 0.92 1.02

□ 그 외 국가
□ 태국
□ 말레이시아
□ 타이완
■ 인도
■ 베트남
■ 중국

2013 14 15 16 17 18 19 20 21 22

[그림 2-5] 커니 리쇼어링 인덱스

및 시장 경쟁력이 떨어지기 때문이다. 특히 중국의 거대한 내수 시장을 고려하면, 미국 기업들은 생산 거점을 중국에서 다른 곳으로 옮기는 결정을 쉽게 내리지 않을 것이다.

그래서 중국을 떠난 생산 라인의 목적지는 미국이 아니라 대부분 제3국이었다. 예를 들어, 애플은 일부 iPad 생산을 중국에서 베트남으로 이전했다. 폭스콘과 페가트론Pegatron은 낮은 인건비와 미국과 멕시코의 FTA를 이용하기 위해 중국이 아닌 멕시코로 북미용 아이폰 생산 기지를 옮겼다. 이렇게 미국에 우호적인 국가로 프렌드쇼어링을 하거나 미국 옆의 저렴한 원가 국가로 이전하는 니어쇼어링near-shoring[xix]을 하는 방식은 일종의 절충이라고 할 수 있다.

....

xix 니어쇼어링은 자국 내에 공장을 인근 국가의 인력을 활용하여 운영하는 것을 말한다. 예를 들면 미국 공장에 멕시코 인력들을 투입하여 운영함으로써 미국 운영의 장점을 유지하면서 인건비 절감을 도모하는 것이다.

이렇게 미국이나 기타 국가의 중국에 생산 거점을 둔 기업들이 미국에 공장을 세우지 않을 것이 확실했다. 따라서 2022년 4월 자넷 옐런Janet Yellen 미국 재무장관은 '신뢰할 수 있는 파트너와의 프렌드쇼어링'ᵡᵡ을 지지했다. 그리고 이런 미국의 방식은 친구 또는 적으로 나누는 디커플링을 점점 더 심화할 수밖에 없었다. 이는 산업 가치 사슬의 파편화를 가져와 중국 제조업 부문에 부정적인 영향을 미치기 시작하면서 중국 기업들의 채산성도 악화ᵡᵡⁱ되고 있다.[54]

피터슨연구소의 연구 결과를 살펴보면, 중국에서의 수입은 무역전쟁이 시작되기 전보다 회복 속도가 더 느린 것으로 나타났다. 일부 기업이 베트남으로 이전하는 것처럼, 중국의 기업들 역시 다른 국가로의 이전 옵션이 있을 가능성이 합리적으로 추정된다.[55] 그리고 이러한 움직임의 가장 큰 수혜자는 베트남이다. 20년 동안의 지속적인 수출 성장 뒤 2018년에는 베트남의 수출이 비약적으로 증가하여 미국의 주요 비즈니스 파트너 중 하나가 되었다. 또한, 다른 아시아 국가들로부터의 수입 역시 크게 증가하는 추세다.

그러나 베트남이나 멕시코 같은 국가들은 중국과 같은 대규모 생산 기지를 수용할 능력이 부족하다는 한계가 있다. 특히 인도는 규제 불안정과 미흡한 인프라로 인하여 기업들의 이전이 어려운

----

xx 미국 정부는 자국 기업들과 동맹 국가의 기업들에게 정치적으로 우호적인 국가로 제조 기반을 이전하도록 촉구하고 있다.

xxi 중국 국가통계국에 따르면 중국 공업 기업의 이익은 1년 전 1조 9,300억 위안에서 3월까지 1조 5,200억 위안(2,200억 달러)으로 전년 동기 대비 21.4% 감소했다. 2023년 1월과 2월 동안 전년 대비 감소율은 22.9%였다. 컴퓨터, 통신 및 기타 전자 장비 제조 업체의 1분기 매출은 전년 동기 대비 6.4% 감소한 3조 2,400억 위안, 이익은 57.5% 감소한 607억 3천만 위안을 기록했다.

미중 대립으로 파편화된 공급망

환경에 처해 있다. **현실은 많은 기업들에게 중국 시장은 지정학적 위험에도 불구하고 포기하기에는 너무 크고 너무 가치가 있다는 것이다.**

하지만, 옥스퍼드 이코노믹스의 라이언 스위트Ryan Sweet는 '미국과 중국 사이의 긴장이 고조되고 있지만 이것이 미국이 중국 제품 수입을 중단한다는 의미는 아니다. 그러나 장기적으로 보면 공급원이 다양해지고 제조 업체는 더 이상 모든 계란을 한 바구니에 담지 않을 것이다.'라고 언급하며 중국 내에서 생산 법인을 운영하는 기업들에게 중국 제조 리스크에 대한 대책 마련이 필요하다고 강조했다.

여기서 '1+N' 또는 'China+1' 같은 전략이 새로 주목받기 시작했다. 이는 중국 외에 생산을 위한 비상 계획을 세워야 한다[56]며 현재 중국의 생산 거점은 유지하면서 만일의 상황을 대비하여 중국 외의 여러 지역에 대체 거점을 구축하는 전략을 의미한다. 여기서 '1'은 중국을 의미하며 'N'은 기타 대안 국가를 의미한다.

미중 비즈니스 협의회US-China Business Council의 설문조사에 따르면 **설문 응답자의 거의 4분의 1이 지난 1년 동안 공급망의 일부를 중국에서 이전했다고 응답했다.** 하지만, 이러한 이전 방식 중 대다수가 'China+1' 전략을 채택했다. 대부분의 기업들에게 중국 외의 여러 거점을 구축하는 것은 어렵다고 판단될 수 있으며, 이런 'China+1' 전략은 중국의 제조 기반을 정치적 환경 변화에 따라 점진적으로 이전하는 합리적인 접근 방식이라 할 수 있다.

상기 설문조사에서 알 수 있듯이 미국의 다국적 기업들은 중국 사업에 대한 단기 전망에 대해 점점 더 확신을 잃어 가고 있었다. 2022년 응답자의 21%는 중국의 5개년 사업 전망에 대해 비관적이거나 다소 비관적이라고 답해 2021년의 9%보다 훨씬 증가하였다. 설문조사에 응한 117개 기업 중 약 절반만이 중국에 대한 자신의 전망에 대해 낙관적이거나 다소 낙관적이라고 답했다. 이는 전년도보다 18% 포인트 하락한 수치로 16년 전 설문조사가 시작된 이후 가장 낮은 수치이다.[57]

중국의 생산 거점을 이전하는 것은 여러 비용을 발생시킨다. 첫째로, 새로운 공급 업체를 찾거나 새로운 소비자를 확보하는 데 필요한 비용이 발생한다. 둘째로, 양국 간의 교역이 중단되면 위험 분산의 효과가 감소하여 국내나 제3국에서의 충격에 대한 취약성이 증가할 수 있다. 마지막으로, 원자재에 대한 양국 간의 의존도 감소 효과는 제한적일 수 있다.

미국과 중국이 전 세계와 교역을 계속 개방하더라도 한 나라에서 발생하는 충격은 가격 변동을 통해 제3국을 통해 다른 나라에 간접적인 영향을 미칠 수 있다. 무엇보다도 이러한 환경은 미중의 관계 변화에 따라 불안정하게 변동될 수 있다. **이런 예측 불가능성이야말로 현재 미중 디커플링이 주는 가장 큰 어려움이다.**

미중 대립으로 파편화된 공급망

미국과 중국 사이의
풀기 어려운 연결고리

트럼프와 바이든 등 미국의 지도자들은 자국의 공급망이 이렇게까지 중국에 종속되어 있을 것이라고는 인식하지 못했을 것이다. 그리고 세계 각국도 이를 계기로 자국의 중국에 대한 공급망 의존도를 재검토하게 되었다. 영국의 경우, 2018년 초부터 대중 수입은 66% 증가하여 2021년 1분기에는 169억 파운드에 이르렀다. 중국에 대한 공급망 의존이 감소하기는커녕 증가한 것이다. 이는 영국 제조업의 취약성과 이미 높은 중국 수입품에 대한 의존도 때문이다. 더욱이, 저렴한 상품이 중국에서 대량으로 공급되는 가운데, 일회용 소비 문화가 크게 확산하였다. 이러한 상황은 서구가 현재 디커플링에 직면한 어려움을 반영한다.

공급망의 재정비는 시간이 걸린다. 그리고 그 과정에서 예기치 않은 문제가 발생할 수 있다. 예를 들어, 인도는 세계 최대의 의약품 생산 국가이지만, 필요한 원료의 대부분은 중국에서 공급받는다.[58] 만약 중국에서 의약품 원료 공급에 문제가 생긴다면, 인도의 제약 회사들 또한, 영향을 받게 될 것이다. **그러니 약품 제조 공급망을 인도로 이전해도 약품 원료는 다시 중국에 의존하는 상황이 발생하는 것이다.**

블룸버그에 따르면, 애플 아이폰의 약 98%가 중국에서 생산되고 있으며, 이 생산 능력의 10%만을 이전하는 데에는 약 8년이 걸릴 것으로 추정한 바 있다. 또한, BI의 분석가인 스티븐 청Steven Tseng과 우진 호Woo Jin Ho의 보고서에서는 중국이 전 세계 스마트폰 제조의 70%를 차지하며, 중국의 주요 공급 업체가 전 세계 출하량의 거의 절반을 차지하는 상황에서, 공급망을 다른 곳으로 이전하기는 어려울 것이라고 지적하였다. 이러한 상황을 구체적으로 살펴보면, 아이폰의 주요 위탁 생산 업체인 폭스콘FOXCONN의 예가 있다. 타이완의 폭스콘은 중국 여러 도시에 공장을 두고 있으며, 각 공장마다 수만 명의 종업원이 근무하고 있다. 더 나아가 협력 업체 등과의 관련 고용 효과로 인해 지역별로 수십만 명의 일자리가 창출되었다. 이를 통해 폭스콘의 공장 하나를 해외로 이전하려면 그와 연관된 부대 시설 및 협력 업체까지 합쳐, 사실상 도시 전체가 이전해야 하는 셈[xxii]이다.

당장 미국이 소비하고 있는 의약품도 대부분 중국에서 생산되고

---

xxii 계획상으로 폭스콘은 2024년까지 인도에서 아이폰 생산량을 연간 약 2천만 대로 늘리고 직원 수는 약 10만 명으로 늘리는 것을 목표로 하고 있다.

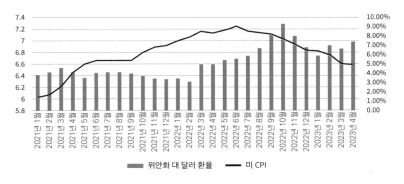

[그림 2-6] 미 CPI 및 위안화 환율 변동

있다. 미중 전쟁이 일어날 경우 대량의 의약품 수요가 발생할 수 있다. 그런데 그 의약품을 공급할 수 있는 국가가 중국뿐이라면 상당히 아이러니한 일이 발생한다.

미국이 중국의 공급망과 얼마나 밀접하게 연결되어 있는지를 나타내는 지표 중 하나로, 지난 3년 동안 미국 인플레이션 기대치를 가장 정확하게 예측한 것은 미국 달러에 대한 위안화 환율(그림 2-6)이었다.

간단히 말하면 위안화가 비싸지면 미국의 물가도 상승하고 위안화 가치가 떨어지면 미국의 소비자 물가가 하락하는 현상이다. 그것은 바이든 행정부가 6조 달러의 팬데믹 부양책을 실시할 때, 미국 소비자가 주로 구매하는 한계 품목 제품[xxiii]이 미국 내에서 제조된 상품보다는 수입 상품이 많았으며, 그 제조지는 대부분 중국이었다는 뜻이다.

....
xxiii 소비자의 소득이 증가했을 때 구매할 가능성이 높은 품목.

즉, 미국 경제가 중국과 이미 상당히 통합되어 있어 중국이 미국 경제의 많은 부분에서 한계 가격 결정자가 되었다는 의미이다. 트럼프가 중국 수입품에 대해 부과한 광범위한 관세는 미국이 중국에 대한 의존도를 줄이는 것은 물론이고, 그 의존도를 둔화시키는 데에도 실패했다는 것을 볼 수 있다. 다시 말해, 미국의 소비 진작 정책은 중국의 대미 수출을 늘렸고, 주요 수입품들이 아세안이나 남미 국가들에서 온 것이 아니라 중국에서 온 것임을 의미한다. 더욱이 중국에서 수입된 상품 중 상당수는 중국 기업이 아니라 미국이나 다른 외국 기업이 제조한 제품이었다.

아무튼 2021년 3월에 미 USTR이 발표한 '2021년 무역 어젠다 및 2020년 연례보고서'는 중국의 불공정한 무역 관행과 시장 접근 제한이 미국의 기술적 우위와 공급망의 탄력성을 위협하며 국가의 이익을 훼손하였다고 밝혔다.[59] 이 보고서는 중국의 경제적 강압을 부각시키면서 시장 접근을 제한하는 관세와 비관세 장벽, 정부 주도의 강제 노동 프로그램, 과잉 공급 문제, 불공정한 보조금을 활용한 산업 전략, 수입 대체와 수출 보조금 우대 등의 문제점을 들었다. 또한, 강압적인 기술 이전, 미국의 지적재산권 불법 취득 및 침해, 인터넷과 디지털 경제에 대한 검열 및 기타 제한 등을 지적했다. 따라서, 미국의 관점에서 보면 미중 무역의 불균형은 모두 중국의 잘못이었던 것이다.

그러나 이제는 중국의 대미 전략이 변했다. 트럼프 시절 급습을 당했던 중국 지도부는 오히려 미국의 압박을 이용하여 미국의 대중 압박에 대한 내부의 의견을 통일했고 시진핑 3연임을 자연스럽

미중 대립으로 파편화된 공급망

게 정당화했다. 원래 내부 파벌간 권력 투쟁이 심했던 중국 공산당 지도부가 공동의 적이 외부에 있음을 인지하게 된 탓이 컸다.

다시 지적하지만, 미중 무역 전쟁이 시작되기 전부터 중국은 이미 이러한 상황에 대비한 체제를 갖추고 있었다는 것이다.[xxiv] 그뿐 아니라 중국은 양안 전쟁에 미국이 개입하는 경우를 상정하여 여러 가지 미국의 대중 경제 제재 시나리오에 대한 대책을 준비해 놓고 있었다. 트럼프가 시작한 미국의 대중 압박 당시 중국은 예상하지 못한 압박에 갈팡질팡하기도 했으나, 트럼프의 임기가 종료된 후 바이든 행정부가 대중 압박의 수위를 높였을 때에는 중국도 준비가 되어 있었다.

더구나 앞서 지적한 것처럼 아무리 트럼프가 중국 제품에 대한 관세를 올려도 중국의 대미 수출은 증가했고 미중 무역 수지 격차는 커져만 갔다. 중국의 입장에서는 미국의 무역 제재를 두려워할 필요가 없다는 것이 확실해졌기 때문에 중국의 자신감을 확인시켜주는 결과가 되었다. **이렇게 중국 공급망에 대한 미국의 의존이 뿌리 깊은 이상 미중 전쟁이 발생할 경우 미국에 치명적인 결과를 초래할 수 있다.** 그래서 미 정계는 중국과의 경제 분리, 디커플링이 시급하다고 보고 있다. 중국과 날이 갈수록 첨예화되는 군사 대립을 생각하면 충분히 이해가 가는 일이다.

그러나 미국의 기업가들은 정치인과 달리 현실적인 문제와 싸워야 한다. 아마존, HP, 마이크로소프트, 씨스코 및 델 같은 기업들도 서버, 스토리지 및 네트워킹 제품용 하드웨어 생산을 중국에 의존

---

xxiv 필자의 《중국의 선택》 참고.

하고 있지만, 의존도는 애플보다 훨씬 낮다. 블룸버그는 2030년까지 전체 기술 산업 의존도가 대부분의 경우 20~40% 감소할 수 있다고 추정하고 있다. 이 말은 애플과는 달리 중국 의존도가 낮은 기업이라 하더라도 2030년 정도가 되어야만 중국 의존도가

(단위: 기간 전체 / 핵심 품목 총수입액 대비 %)

구분	순위	2019년		2020년	
		국가	비중	국가	비중
전체	1	중국	18.1	중국	18.6
	2	멕시코	14.3	멕시코	13.9
	3	캐나다	12.8	캐나다	11.6
	4	일본	5.7	일본	5.1
	5	독일	5.1	독일	4.9
	-	한국(6)	3.1	한국(7)	3.3
핵심 품목	1	중국	19.6	중국	22.0
	2	멕시코	13.8	멕시코	13.3
	3	캐나다	12.6	캐나다	9.7
	4	아일랜드	5.2	아일랜드	6.0
	5	독일	4.8	독일	5.1
	-	한국(11)	2.2	한국(11)	2.4

구분	순위	2021년		2022년 1~8월	
		국가	비중	국가	비중
전체	1	중국	17.9	중국	16.9
	2	멕시코	13.6	멕시코	13.9
	3	캐나다	12.6	캐나다	13.7
	4	독일	4.8	일본	4.5
	5	일본	4.8	독일	4.2
	-	한국(7)	3.4	한국(7)	3.5
핵심 품목	1	중국	18.3	중국	19.8
	2	멕시코	13.0	캐나다	14.1
	3	캐나다	12.7	멕시코	12.1
	4	아일랜드	5.0	베트남	4.9
	5	독일	4.7	아일랜드	4.8
	-	한국(11)	2.7	한국(10)	2.8

[표 2-1] 미국 연간 수입액 상위 5개국 추이 / ( ) 안의 숫자는 한국의 순위

미중 대립으로 파편화된 공급망

20~40% 감소할 수 있다는 의미이다. 중국에의 공급망 의존 탈피는 이렇게 하루아침에 이룰 수 있는 일이 아닌 것이다.

일본도 중국과 경제적으로 깊은 유기적인 연관성이 있다. 많은 일본 기업들이 중국의 거대 시장과 저렴한 노동력을 찾아 다수 진출해 있다. 일본 외무성 조사에 의하면 해외 거점 일본 기업의 40%가 중국에 집중되어 있다. 무역 규모도 2009년 미국을 제치고 중국이 일본의 최대 무역 상대국이 되어 수출도 수입도 확대 기조가 이어지고 있다. 2022년 6월을 기준으로 홍콩과 마카오를 제외한 중국에 진출한 일본 기업 수는 1만 2,706개로 10년 만에 가장 적은 수를 보였다.

일본의 경우 약 1천여 개의 제품을 중국으로부터의 수입에 의존하는 것으로 알려졌다. 2019년 일본의 수입 중에서 중국은 1,133개 카테고리에서 50% 이상을 점유했고 일본 수입액의 23%를 차지했다.[60] 이에 대해 기시다 수상은 경제 안보는 시급한 문제이자 행정부 의제의 핵심 기둥이라고 천명하기도 했다.

닛케이에 따르면 일본이 중국과 공급망을 분리할 경우 GDP의 10%가 줄어들 것으로 예상된다.[61] 10%라고 하면 작은 수치 같지만 실제로 이는 거의 5조 달러에 달하는 일본의 GDP 규모를 고려할 때 5천억 달러(한화 약 688조 원)에 달하는 가치가 증발한다는 의미이다.

한국은 어떨까? **산업연구원 분석 결과, 우리 수입 품목 중 대對중국 수입 의존도가 50%를 넘어 관심이 필요한 품목이 1천 개 이상이라는 조사 결과가 나왔다.**[62] 일본에 비해 대중 의존도가 두 배나 높다. 한국의 GDP 대비 대중국 무역 의존도는 최근 10년 평균 15.7% 수준이었다. 반면 중국의 한국 무역 의존도는 2.5% 수준에 불과했다.[63] 정확히 대응되지는 않겠지만, 일본에 비해서 약 57% 더 큰 영향을 받는다고 볼 수 있다.

미중 양국 간 무역 및 투자가 지속되는 이유 중 하나는 상호의존성이고 또 다른 이유는 미국과 중국의 시장이 크다 보니 기업들이 양쪽 시장 모두 놓치기 어렵다는 점이다.

미국이 탈산업화를 한 데 비해서 중국 경제는 세계 경제에 편입되어 온 40년 동안 산업 인프라와 물류 시스템이 만들어지며 실물경제 체제를 건설해 왔다. 그 결과 소비자와 중간 제품을 포함한 거의 모든 제품 공급망이 중국에 구축되었다. 중국 정부가 자평하듯이 중국은 모든 산업 사슬을 자국 내에 완비하고 있는 지구상 유일한 국가이다.

중국에는 필요한 모든 전문가, 근로자, 재정 및 법률 전문 지식이 있으며 지방 정부와의 방대한 경험이 축적되어 있고 필요한 모든 것이 한 곳 또는 한 관할 구역에 있다. 이를 통해 낭비를 최소화 하는 린Lean 재고, 린 생산 방식이 가능하여 기업은 상당한 비용을 절약할 수 있다. 이것이 중국이 이루어 낸 집중화 생산의 전형적 이점이다. 게다가 도시나 지역별로 특정 산업을 대규모로 집중하여 경쟁 우위를 확보하는 방식은 중국이 아니고는 어려운 전략이다.

개별 기업이 중국에서의 생산 거점을 다른 곳으로 옮기려 할 때, 여러 문제들이 장벽으로 작용한다. 제조 공급망 전체가 함께 이전하지 않으면, 개별 기업이 혼자서 위치를 변경하려 할 때 인프라,

미중 대립으로 파편화된 공급망

물류, 부품과 자재 공급 그리고 생산량 변동에 따른 외주 기업의 소싱 문제 등 다양한 분야에서의 어려움이 생긴다. 이런 여러 요소들은 생산 난이도 증가, 비용 상승 그리고 납기 기한 준수의 어려움으로 연결된다. 그저 하나의 공장을 옮기는 것만큼 단순한 문제가 아니다.

또 하나의 중요한 이유는 단일 국가만이 중국에서의 모든 생산 거점을 대체하기에는 무리가 있다는 것이다. 예를 들면, 베트남은 기업 설립에 좋은 환경을 제공하긴 하지만, 숙련된 인력이 부족하다. 몇몇 외국 기업이 그곳으로 생산 시설을 옮기면 곧 인력 부족 문제가 발생한다. 인도는 노동력은 풍부하지만, 인프라는 균등하지 않다. 좋은 인프라를 가진 지역은 대부분 이미 다른 기업들이 차지하고 있다. 멕시코는 미국 시장과 가까워 장점이 있지만, 중국으로부터 부품을 공급받는 데 있어서는 거리가 멀어, 배송 시간과 비용이 증가한다.

신발 및 액세서리 제조 업체인 스티븐 매든Steven Madden은 미중 무역 전쟁 중에 핸드백 생산량의 절반을 캄보디아로 이전했지만, 관세가 만료된 2020년에 다시 중국으로 돌아왔다. 이 회사의 경우에는 흔히 제기되는 중국의 인건비 증가는 베트남과 비교할 때 인건비의 차이가 두 배를 넘지 않는다. 그러나 호치민에서 LA까지 컨테이너 운송 비용은 상하이보다 약 300달러 더 비쌌다. 또한, 2010년부터 2018년까지 세계 의류 생산에서 중국의 점유율은 37%에서 31%로 감소했지만, 중국산 직물의 점유율은 30%에서 38%로 오히려 증가했다.

베트남의 빠른 물가 상승도 문제다. 베트남 땅값도 급등하여 2018년부터 2021년까지 공장, 창고 및 기타 상업 지역의 토지 가격은 평방미터당 30달러에서 160달러로, 5배 이상 증가했다. 생산시설을 중국 밖으로 이전하더라도 여전히 재료, 부품 및 기타 자원의 공급이 필요하다. 그러나 다른 지역에서의 적절하고 적시에 이루어지는 공급은 아직도 어려워, 대다수 기업은 중국에서의 공급을 계속 의존하게 된다. 결국, 단순히 생산 공장을 베트남으로 이전하는 것만으로는 중국의 공급망에서 완전히 벗어날 수 없다는 이야기다.

무역 관세 제재를 통한 미국의 압박이 실효를 거두지 못하는 근본 원인도 미국의 공급망이 단기간 내에 중국에서 자국 또는 타국으로 전환될 수 있는 상태가 아니었다는 데 있다. 예를 들어, 트럼프가 집권한 당시에 애플은 중국 거점을 이전한다는 계획을 발표했지만, 2023년 1월 현재까지도 아이폰을 비롯한 자사 제품 90% 이상을 중국에서 생산하고 있다.[64]

각국의 중국 공급망 의존도가 이렇게 높다 보니 대부분의 기업가들은 미중의 경제 디커플링이 진행된다 하더라도 중국은 계속해서 글로벌 제조 허브로 남을 것으로 보는 견해가 많다. 즉, 적어도 수년 내에는 세계가 중국의 공급망 의존에서 벗어나기 어려울 것이다.

미중 대립으로 파편화된 공급망

세계 공급망의
파편화

 미국이 주도하는 중국과의 디커플링에 대한 각국의 속내는 복잡하다. 중국은 더 이상 '세계 유일의 공장'이 아니다. 미국의 중국 상품 수입 비중은 2017년의 21.6%에서 2022년에는 16.5%로 줄어들었으며, 다른 지역과의 무역 확대에 따라 아시아 지역의 비중은 20.9%에서 24.8%로 증가했다. **상품 무역, 실물 경제에서는 이미 중국의 위축이 나타나고 있다고 볼 수도 있다.** 싱가포르의 로렌스 윙 부총리Lawrence Wong는 미국과 중국이 서로 경제 징벌적 조치를 사용하는 현재의 극심한 경쟁 상태가 세계 경제에 재앙이 될 수 있다고 경고했다.[65]

 그러나 미국과 중국 사이의 관계는 단순한 상품 무역에만 국한되지 않고, 자본 측면에서도 깊게 상호 연결되어 있다. 미국은 중국의 중간재와 일반 전자 제품과 같은 생활용품을 수입하는 반면, 중국은 미국의 농산물과 고급 기술을 수입한다. 이러한 깊은 상호 의존 관계를 단기간 내에 완전히 끊어내는 것은 사실상 불가능하다.

하지만, 현재의 미중 디커플링 움직임은 많은 국가들이 제로섬 게임이라는 관점에서 바라보고 있으며, 그로 인해 두 나라, 특히 미국은 디커플링을 가속화할 것으로 예상하고 있다. 그리고 이러한 미중 경제 갈등은 전 세계 공급망의 파편화를 가져올 것이며, 초강대국인 두 나라의 경제적 디커플링은 지금까지 세계가 평화의 전제 하에 추구해 온 자유 무역 체제를 무너뜨리고, 탈세계화의 움직임을 가져올 것이다.

더욱이 미국은 동맹국을 끌어들여 공급망 파편화를 글로벌 범위로 확대하고 있다. 2022년 1월, USTR 캐서린 타이 대표는 중국에 의한 불공정 무역에 대항하기 위해 일본과 EU와의 연계를 강화할 방침을 나타냈다. 캐서린 타이는 EU 등 '민주주의의 가치를 공유'하는 우호국·지역과 협력을 강화하고 중국에 의한 '유해하고 비시장적인 관행'에 맞서겠다고 강조했다.[66] 이제 디커플링은 단순한 경제 문제가 아니라 이념의 문제이기도 한 것이다.

EU는 과거 미국의 디커플링 전략에 상대적으로 수동적이었으나, 우크라이나 전쟁 이후 중국에 대한 태도를 적극적으로 전환하였다. 그리고 2023년 3월, EU는 징벌적 조치를 취하는 국가에 대응할 수 있는 새로운 무역 방어 기구를 도입하기로 합의했다.[67] 이 조치는 2019년에 EU가 중국을 '시스템적 경쟁자'로 지정한 후 취해진 일방적인 결정이었다. 발디스 돔브로우스키스 Valdis Dombrovskis

EU 통상담당 부집행위원장은 이를 '경제적 위협'을 억제하고 EU의 이익을 수호하기 위한 도구라고 말했다.

2023년 5월, 호세프 보렐Josep Borrell 외교안보 대표는 EU 또한, 중국에 대한 경제 의존도를 낮출 수 있는 현실적인 방법을 찾아야 할 것이라고 말했다.[68] 보렐 대표는 EU가 우크라이나 전쟁 이전에 러시아 천연 가스에 지나치게 의존한 '전략적 실수'에서 교훈을 얻어야 한다고 강조했다. 가브리엘류스 란즈베르기스Gabrielius Landsbergis 리투아니아 외무장관도 '러시아처럼 타이완 해협 상황이 강제로 바뀌어 디커플링이 일어날 수 있는 가능성을 고려해야 한다.'라고 말했다. **모두들 전쟁이라는 단어를 입 밖에 내지는 않지만, 전쟁과 그에 따른 공급망 단절에 대비하고자 하는 것이다.**

일본은 진작부터 미국의 뜻에 동참할 것임을 표명해 왔다.[69] 물론 미일 간의 무역 갈등이 없었던 것은 아니다. 그러나 중국이라는 공동의 경쟁 대상에 대응하기 위하여 그리고 일본이 추구하는 '**전쟁할 수 있는 정상 국가**'와 '**아시아에서 미국을 대변하는 2인자 국가**'가 되기 위하여 일본은 전적으로 미국에 협력하고 있다. 호주와 인도 역시 일본과 함께 중국에 대항하기 위한 공급망 이니셔티브를 수립했다.

그럼 한국은 공급망 파편화, 공급망 단절 그리고 잠재적인 전쟁에 어떻게 대비하고 있을까? 필자는 바로 이 점을 여러분들에게 호소하고자 하는 것이고, 대비책이 필요함을 설득하려고 한다.

공급망 분리는 기존 공급망이 제공하던 안정성과 저비용의 균형이 깨지는 것을 의미한다. 이로 인해 참여자들 사이의 세력 균형에 변화가 생기게 된다. 일단 이런 변화가 일어나면 변화에 아직 적응하지 못한 가치 사슬(예컨대 우리나라)에 무리가 가게 되고 이러한 부담은 공급망의 처리 능력 감소 및 비용 상승으로 나타나게 될 것이다.

디커플링의 결과로, 세계 최고의 효율성을 자랑하던 생산 지역에서의 생산이 줄어들 것이며, 상품 및 서비스의 비용이 상승할 것이다. 생산의 파편화로 규모의 경제가 손실되고, 글로벌 경쟁 제한으로 국내 과점 세력이 강화될 것이다. 이는 국내 중소기업 및 소상공인들의 위치를 약화시킬 것이며, 다국적 기업들은 글로벌 통합 모델을 적용하기 어려워질 것이다. 또한, 인플레이션은 글로벌 시장에 의해 조절되지 않게 될 것이다.

또한, 지역화와 공급망 파편화로 인해 전략 자원에 대한 국제 분업이 어려워질 것이다. 가장 큰 문제는, 비용 상승이 그 정도로 커져서 공급 자체가 중단될 수도 있다는 것이다. 각 지역이 상호의존성을 줄이려 할 때 디커플링으로 인한 큰 비용을 감당해야 할 것이다.

그렇다면 현재 공급망의 분리와 파편화는 진행 중인가? 만약 공급망 문제가 현실화되고 있다면, 글로벌 무역의 양이 감소하진 않더라도 증가 속도는 느려질 것이다. 실제로, 글로벌 실물 경제는 무역의 양을 통해 측정될 수 있다.

WTO의 데이터에 따르면, 2020년 팬데믹 상황에서 -5.1%라는 처참한 결과를 보인 이후 2021년 세계의 상품 무역량은 기저 효과 등으로 인하여 9.4%라는 기록할 만한 성장을 보였다. 그러나

미중 대립으로 파편화된 공급망

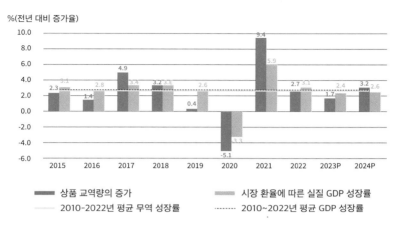

%(전년 대비 증가율)

	상품 교역량의 증가	시장 환율에 따른 실질 GDP 성장률

2010-2022년 평균 무역 성장률   ‥‥‥‥‥ 2010~2022년 평균 GDP 성장률

[그림 2-7] 2015~2024 세계 상품 교역 및 GDP 성장률

2022년에는 2.7%로 감소했고, 2023년의 전망은 1.7%이다. 여기서 문제는 이러한 글로벌 무역량 감소가 디커플링 때문인지, 아니면 팬데믹 때문인지 구분하기 어렵다는 점이다.[xxv] 2024년 글로벌 무역량 예상치는 3.2%로, 이 시점에 글로벌 무역이 정상화된다고 할 수 있을 것이다(그림 2-7).

그런데 미국 소비자 지출의 약 60%가 일반적으로 상품에 지출되고 나머지는 서비스에 지출되지만 그 비율은 2021년에는 65%로 증가했다. 그 결과로 2021년 9~10월에 미국의 수입은 2019년 동기 대비 거의 20% 증가하였다. 이는 표면적으로는 미국의 무역량 증가로 해석될 수 있지만, 물가 상승과 인플레이션의 영향으로 착시 현상일 수 있다. 미 연준의 이자율(그림 2-8)이 5%를 돌파한

xxv 글로벌 무역의 양을 측정할 때 팬데믹은 디커플링과 혼재되어 우리가 상황을 정확하게 파악하기 어렵게 만드는 큰 요인이다.

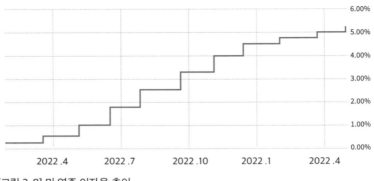

6.00%
5.00%
4.00%
3.00%
2.00%
1.00%
0.00%

2022 .4   2022 .7   2022 .10   2022 .1   2022 .4

[그림 2-8] 미 연준 이자율 추이

지금, 2023년의 1.7%와 2024년의 3.2%의 성장 예측은 사실상 경제의 축소를 의미하는 것이다.

이를 뒷받침하듯 세계 최대 물류 그룹 중 하나인 DSV의 CEO인 옌스 비요른 안데르센Jens Bjorn Andersen은 2022년의 상황이 최악이라고 말했다. 안데르센 자신도 물류가 정상화될 전망에 비관적이다. 그는 최근 2년 동안 물류 산업이 근본적으로 변화했다고 주장한다.[70] 덴마크의 대표적인 조선 회사인 몰러 머스크Moller-Maersk는 운임 상승 효과로 2022년 연간 이익 예측을 상향 조정했지만, 컨테이너 무역은 지속적인 공급망 위기로 인해 감소할 가능성이 있다고 경고했다.[71]

이렇게 시장에서 나타나는 모순적인 신호들은 글로벌 물동량의 감소와 함께 운임의 대폭 상승으로, 글로벌 공급망의 문제가 심화되었음을 반영하고 있을 것이다. 이러한 공급망의 문제는 디커플링이 진행 중임을 암시하는 것으로 보인다. 이유는, 2023년 초부터

미중 대립으로 파편화된 공급망

글로벌 화물 운임이 급격히 하락했으며, 앞으로의 글로벌 무역량 증가는 예상되지 않기 때문이다.

운임의 급격한 하락에 대한 원인 중 하나로, 컨테이너 생산의 급증과 해운 물류의 정상화로 인해 컨테이너 수는 많지만 물동량은 감소한 점이 지목되고 있다. 2023년 4월, 물류 IT 기업 데카르트 Descartes의 데이터에 따르면, 중국에서 미국으로 수입되는 컨테이너의 비중이 1년 전보다 10% 포인트 감소한 약 32%였다.[72] 또한, 홍콩에 본사를 둔 물류 회사인 OOCL도 2023년 1분기 매출이 전년 동기 대비 58%나 감소한 22억 달러를 기록했다.

2023년 3월 초부터 중국 최대의 컨테이너 트럭 야적장인 저장성 닝보의 주요 항구 도시 근처 두 곳은 화물 운송 요청이 없어 3천여 대의 차량이 유휴 상태로 놀고 있다. 2021년 운송 붐의 성수기 때 컨테이너 기사들은 월 평균 27건의 운송을 담당하였지만, 지금은 일주일에 두 번 운송하는 것조차 어려워졌다.

현재 전 세계적으로 컨테이너 용량의 약 6%가 사용되지 않고 있으며, 수많은 선박이 빈 컨테이너로 가득 찬 채 바다에 정박하고 있다. 리서치 회사인 Sea-Intelligence에 따르면 수요 둔화로 인해 해상 운임이 붕괴하였다고 전하였는데,[73] 이는 세계적으로 무역량이 감소한 것이다.

물론 위와 같은 상황들만으로 글로벌 무역량이 실질적으로 감소했다고 확정적으로 주장하기는 어렵다. 그렇지만 금액적으로는 증가한 것처럼 보이는 무역량이 실제 상품의 내용 측면에서는 그렇지 않을 가능성을 시사하는 증거로 볼 수 있다. 안드레이 벨로우소프Andrei Removich Belousov 러시아 제1부총리가 향후 몇 년은 세계 경제에 '퍼펙트 스톰'이 될 것이라고 말한 것도[74] 이와 무관해 보이지 않는다. 그의 분석에서 첫 번째 요인은 보호주의의 증가와 WTO 규칙의 무효화, 즉 디커플링, 두 번째 요인은 세계 각국의 막대한 부채 그리고 세 번째 요인은 물가 상승, 즉 인플레이션을 꼽았다.

미국과 중국 그리고 잠재적으로 유럽 사이의 기술 디커플링은 무역 전쟁보다 훨씬 더 큰 규모로 세계 GDP를 감소시킬 것이라고 IMF의 중국 책임자 헬게 베르거Helge Berger가 경고했다. IMF의 조사에 따르면 기술 공급망의 파편화는 많은 국가의 GDP를 약 5% 감소시킬 위험이 있으며, 미국과 중국이 부과하는 무역 관세 예상 비용의 약 10배에 달하는 손실을 가져올 수 있다고 한다.[75]

디커플링은 세계를 구미를 중심으로 한 서방 블록, 중국을 중심으로 한 동방 블록, 그 외의 블록 등으로 나눌 것이다. 한국은 이 중 서방 블록에 속할 것이다. 윤석열 정부는 중국과 러시아에 대한 적대적 태도를 보였으며, 미국과 NATO의 편에 서겠다고 밝혔다. 이것은 한국이 서방 블록에 속할 뿐만 아니라 동방 블록에는 포함되지 않을 것임을 명확히 하는 입장이다. 디커플링을 주장하는 사람들은 경제 블록의 혜택을 강조한다. 그런데 필자는 여기서 의문이 생긴다. 아프리카와 남미의 개발도상국 등, 글로벌 경제 주요 블록에서 소외된 국가들은 어떤 영향을 받을 것인가? 누가 그들의 경제적 안정과 발전을 위한 대책을 생각하고 있을까? 세계는 디커플링의 방향으로 나아가는데, 이들 국가의 생존과 발전에 대한 관심은 부족한 것 같다.

필자가 제시하는 단편적인 사례들은 중국이 세계 공장으로 성장하면서 많은 국가들이 중국 제품에 대한 의존도가 점차 늘어나고 있다는 사실을 드러낸다. 이러한 의존도를 갑자기 디커플링하려 하면, 복잡하게 연결된 국제 공급망에서 예측하기 어려운 문제에 직면하게 될 것이다.

디커플링이 가져온
세계 무역의 쇼크·

2023년 첫 두 달 동안 중국의 상품 수출은 506.3억 달러로 전년 대비 6.8% 감소했다.[76] 같은 기간 베트남은 494억 4천만 달러로 10.4% 감소하였으며, 인도는 667억 9천만 달러로 7.7% 줄어들었다. 즉 우리가 신흥 경제국으로 보고 있고 가장 경제 성장이 두드러지는 국가들의 수출이 감소한 것이다. 이러한 감소 추세는 중국뿐만 아니라 한국과 베트남을 포함한 주요 아시아 수출국에서도 나타났다. 이는 전반적으로 글로벌 수요의 감소를 반영하는 것으로 보인다.

1월과 2월 중국의 수출 감소율은 6.8%로, 로이터 여론조사에서 예상한 9.4%보다는 낮았다. 하지만, 중국의 수출이 감소하면서 해외 수요의 지속적인 약세가 예상되니 글로벌 경기 둔화가 팬데믹

미중 대립으로 파편화된 공급망

전년 동기 대비 수출액 증가율(%)

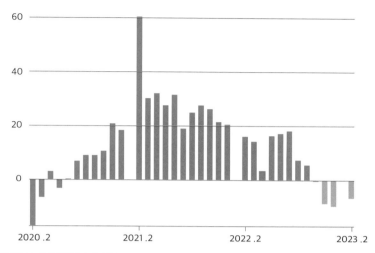

[그림 2-9] 중국의 수출 감소

피해로부터의 회복을 방해할 것이라는 중국 정부의 우려가 대두되었다.[77]

왕원타오 중국 상무부 부장은 글로벌 경기 침체와 외부 수요의 약화로 인해 중국의 수출입에 큰 하방 압력이 생길 것이라고 경고했다. 중국 형성은행恒生銀行의 수석 이코노미스트인 왕단王丹은 **달러 기준으로 수입이 수출보다 더 많이 감소한 것은 중국 국내외 시장 모두 수요가 취약하다는 것을 시사한다고 분석했다.** 노무라 중국 수석 이코노미스트 루팅陸挺의 보고서도 글로벌 경기 둔화와 지정학적 긴장의 고조로 월간 수출 증가율이 한 자릿수로 줄어들거나, 심지어는 다시 침체할 가능성이 있다고 지적했다.

중국 기계 및 전자 제품 수출입 상공회의소 예측에 따르면, 2023

년의 성장률은 5% 미만으로 나타날 것이라고 한다. 2022년에는 경공업이 중국 총 수출액 3조 5,900억 달러의 4분의 1을 차지했으나, 중국 경공업 제품 및 예술 공예품 수출입 상공회의소의 데이터에 따르면 2023년 1분기 경공업 수출액은 전년 동기 대비 2.63% 감소한 2,074억 8천만 달러로 집계되었다.[78] 이로 보아 중국의 대외 무역 추세가 하락하고 있는 것으로 판단된다.

그렇다면 중국의 감소한 무역량은 어디로 이동했을까? 2023년 5월의 보고서에 따르면, 2022년 아시아의 14개 저비용 국가들이 중국의 대미 수출량을 대체하여 가져갔다는 결과가 나타났다.[79] 그림 2-10과 같이 커니Kearney의 연간 리쇼어링 지수 보고서를 보면, 2022년 중국 포함 14개 아시아 국가들의 미국 공산품 수출 비중이 2021년 53.5%에서 50.7%로 감소하였다. 이는 중국의 대미 수출 비중이 베트남과 인도 등 다른 아시아 국가들로 이동하고 있음을 시사한다.

앞에서도 언급하였지만, 이제 중국은 더 이상 유일한 '세계의 공장'이 아니다. 미국의 상품 수입 중 중국이 차지하는 비중은 2017년의 21.6%에서 2022년에는 16.5%로 줄어들었다. 반면 중국을 제외한 아시아 국가들의 비중은 20.9%에서 24.8%로 상승하였다.

이 현상은 놀랍지 않다. 최근 3년 동안, 전 세계는 팬데믹의 영향을 받았다. 팬데믹의 장기화로 인해 많은 사람들이 집에 머무르게 되면서 상품에 대한 수요가 증가했다. 동시에 미국과 중국 사이의 디커플링 움직임이 본격화되면서 글로벌 공급망의 파편화가 가속화되었다.

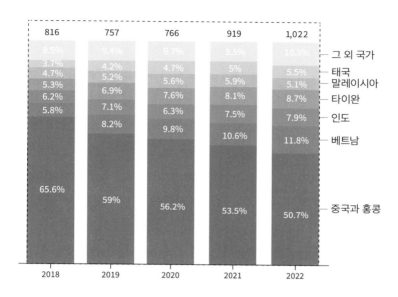

	816	757	766	919	1,022	
	8.5%	9.4%	9.7%	9.5%	10.3%	그 외 국가
	3.7%	4.2%	4.7%	5%	5.5%	태국
	4.7%	5.2%	5.6%	5.9%	5.1%	말레이시아
	5.3%	6.9%	7.6%	8.1%	8.7%	타이완
	6.2%	7.1%	6.3%	7.5%	7.9%	인도
	5.8%	8.2%	9.8%	10.6%	11.8%	베트남
	65.6%	59%	56.2%	53.5%	50.7%	중국과 홍콩
	2018	2019	2020	2021	2022	

[그림 2-10] 감소하는 중국의 수출 비중

결과적으로, 디커플링과 팬데믹을 지나면서 팬데믹 이전인 2019년에 비해 수출이 급속히 신장된 국가들은 중국, 베트남, 인도였다. 즉, 중국은 온전한 공급망을 보전한 국가이고, 베트남과 인도는 중국에서 탈출한 기업들의 새로운 목적지였기 때문으로 해석된다.

그러나 2022년 미중 무역만큼은 사상 최고치를 기록했다.[80] 2022년 미국의 대중 수입액은 전년도 5,050억 달러에서 6.3% 증가한 5,370억 달러이며 미국의 대중 수출액은 전년도 1,510억 달러보다 1.6% 증가한 1,540억 달러로 최고치를 기록했다. 2022년 미국의 대중 무역 적자는 3,830억 달러로 미중 경제만큼은 놀랍게도 디커플링의 명확한 징후를 보이지 않은 것이다.

하지만, 상세한 수치를 들여다보면 질적인 변화가 눈에 띈다. 2022년 미국의 중국 대한 상품 수출은 사상 최고치를 기록했으며, 대두와 옥수수 등의 곡물 수출이 1~11월에 전년 대비 11% 증가한 것이 그 예시다. 이는 2018년 동기의 3%에 비해 큰 폭의 증가이다. 그와 대조적으로 항공기 및 항공 우주 장비의 수출 비중은 2018년 14%에서 2022년 3%로 크게 줄었다. 반도체 및 제조 장비 수출도 미국의 새 반도체 수출 규제 발효 이전부터 이미 크게 줄어들었다. 반면 대두의 가격은 우크라이나 전쟁으로 인해 급증했다. **미국이 중국에 판매하고 있는 상품이 과거처럼 하이테크 제품이 아니라 농산물이나 에너지 같은 자원으로 바뀌고 있는 것이다.**

반면, 미국이 중국으로부터 수입하는 상품은 기계, 가정용 전기 제품, 식료품, 금속 제품, 섬유 및 고무 장난감 등의 중간재와 일용품이 주를 이룬다. 그리고 중국의 대미 수출액 증가에는 가격 인플레이션의 영향도 크다는 분석이 있었다. 바운과 왕이 2018~2022년 동안 매년 중국의 수입액 대비 미국의 대중 수출 비율을 분석한 결과[xxvi] 실제 2022년 중국의 대미 수출 규모는 추정치에 비해 23%가 적었다. 즉, **외견상으로는 최대 규모를 기록했지만, 내용을 살펴보면 중국의 2022년 대미 수출은 역시 감소했다는 뜻이다.**

---

xxvi 팬데믹의 영향으로 중국의 GDP 성장률은 2020년 2.2%, 2021년 8.4%, 2022년에는 3.0%에 불과하여 시계열 분석의 의미가 적어서 동시간대의 단면 비교가 더 합리적이기 때문이다.

중국 수출 감소의 영향

2023년 1, 2월에 중국의 수입이 5개월 연속 10.2% 감소한 가운데, 중국에 수출하는 국가들은 큰 어려움을 겪었다. 중국이 세계에서 가장 큰 중간재 수입국이며 아시아 국가들 중에서 중간재 수출의 3분의 2가 역내 무역에 해당하기 때문에 아시아 국가들의 대중 수출이 크게 타격을 입었다.

가장 큰 타격을 입은 국가 중 하나는 한국이다. 2023년 한국의 1월 대중 무역 적자는 39억 3,300만 달러에 이르렀고, 2월 누적 적자는 50억 6,400만 달러로 계속 증가하였다.

한국과 유사한 대중 산업 구조를 보이는 국가가 독일이다. 2023년 첫 4개월 동안, 독일의 대중 수출은 전년 대비 11.3% 감소하였다. 독일의 자동차 회사들은 중국 시장을 잃어가고 있고, 화학 제조업체와 기타 에너지 집약적인 기업들은 높은 전기요금에 직면해 있어 어려움을 겪고 있다. 더욱이, 달러 대비 유로화의 가치 상승으로 인해 독일 제품의 경쟁력이 줄어들었다. ING의 카스텐 브르제스키Carsten Brzeski는 중국이 현재 독일을 미국의 동맹국으로 본다고 지적하며, 이에 따라 중국이 독일 제품의 구매를 점점 더 꺼리게 되었다고 분석했다.

그러다 보니 S&P Global이 2023년 5월에 발표한 PMI 데이터에 따르면 독일의 제조업 활동은 6개월 만에 최저 수준으로 떨어졌다. 함부르크 상업 은행의 사이러스 드 라 루비아Cyrus de la Rubia는 독일 제조 제품에 대한 해외 수요가 사실상 붕괴된 것으로 나타났다고 말했다.[81] 이어 독일은 2022년 4분기 0.5% 감소 후, 2023년 1분기 GDP가 0.3% 감소하여[82] 정식으로 경기 침체를 선언했다.[xxvii]

종합하자면 2023년에는 전 세계적으로 소비 침체의 징후가 보이며, 이에 따라 중국을 포함한 여러 국가의 수출이 감소하는 추세다. 특히, 중국과의 깊은 공급망을 가진 한국과 독일은 중국의 수요 감소로 인한 큰 타격을 받았다. 그러나 베트남과 인도와 같은 국가들은 공급망의 대체 효과로 수출이 증가하며 긍정적인 영향을 받았다. 앞으로 중국과의 연계가 줄어들게 되면, 한국 경제는 더 큰 영향을 받을 것으로 보이며, 베트남과 같은 신흥 국가들의 경쟁력은 더욱 강화될 것으로 예상된다.

자본 디커플링

디커플링은 필연적으로 자본의 이동을 막는다. 2008년 글로벌 금융 위기 이후, 전 세계적으로 도입된 보호주의 조치는 자유화 조치의 비해 5배에 달한다고 알려져 있다. 세계은행의 자료에 따르면, 세계 외국인 직접투자 비중은 2007년에 세계 GDP의 5.3%로 최고점을 찍었으나, 2020년에는 1.3%로 크게 감소하였다.

여기에 더해 미 연준의 금리 정책이 전 세계를 강타하고 있다. 인플레이션을 억제하기 위해 금리를 인상한 연준의 결정에 따라, 전

---

xxvii 경기 침체는 일반적으로 두 분기 연속으로 경기 위축으로 정의된다.

세계 개발도상국으로 향하던 자본이 미국으로 회귀하고 있다.[xxviii] 중요한 점은 중국에 투자된 자금의 중국 내 이탈 가능성이다. 일단 월스트리트의 자본들이 차이나 런을 결정하면 그 결과는 중국 경제의 몰락으로 이어질 것이 분명하다.

중국 정부는 오래전부터 외국 자본의 이탈을 방지하고 새로운 투자를 유치하기 위해 노력해 왔다. 2021년 2월, 중국 외환관리국이 17개 기관에 QDII[xxix]의 103억 달러 규모의 쿼터를 발행하는 조치를 취했다. 이는 이전에 QDII가 특혜로 여겨졌던 시점에서 외국인 투자의 감소 우려를 미연에 방지하기 위한 선제적 대응으로 볼 수 있다.

한편, 중국 인민은행은 2021년 7월에 상하이가 위안화 사용의 자유도를 확대하는 테스트를 지원하겠다고 발표했다. 국제 무역과 투자에 필요한 자본의 무제한 유입과 유출 그리고 자유무역지대 내에서의 무제한 통화 교환을 할 것이라고 발표했다.[83] 자유무역지대에서는 외화를 당국의 규제 없이 자유롭게 송수금할 수 있기 때문에 국제 자본의 안전지대로 여겨지고 있었다. 하지만, 이제 상하이에 한정하여 이동 규모의 제한을 완전히 푼 것이었다.

이에 고무된 외국인 투자자들은 기록적인 속도로 중국 자산을 매입하였고, 중국 주식과 채권의 보유량은 1년 동안 약 40% 증가했다. 중국과 국제 사회 간의 관계가 악화되었음에도, 투자자들은

---

xxviii 중국 일각에서는 미 연준의 금리 정책을 중국에 대한 금융 수단의 공격으로 생각하기도 한다.

xxix QDII(Qualified Domestic Institutional Investors) 시스템은 자본 계좌가 아직 완전히 개설되지 않은 중국 상황에서 중국 기관의 해외 증권 투자를 조건부 및 제한적으로 개방하기 위한 과도기적 제도이다.

8천억 달러 이상을 중국 자산에 투자하였다. 역외 투자자들은 '상하이-선전-홍콩 주식 연결ˣˣˣ'을 통해 353억 달러의 중국 주식을 구매하였는데, 이는 2020년에 비해 약 49% 증가한 수치였다.[84] 국제 자본의 투자 경향을 보면, 중국 자산이 안전 자산으로 여겨져 디커플링에도 불구하고 대규모로 유입되었다.

중국 당국은 이어서 2021년 들어 11월까지 101개 해외 기관에 QFIIˣˣˣⁱ 자격을 부여했다. 이는 역대 최다 기록이다. 중국의 이러한 개방 조치에 힘입어, 외국인 투자자가 보유한 위안화 기반의 금융 자산이 크게 증가하였다. 2021년 5월 기준, 외국인이 보유한 중국 자산의 가치는 처음으로 10조 위안을 초과하여 2년 전의 규모의 거의 두 배에 달했고, 9월 말에는 10조 2천억 위안에 달했다.

이러한 상황은 2021년까지는 중국이 승승장구하는 것처럼 보일 수 있다. 그러나 대다수의 외국인 자금은 금융 투자를 위한 것이었으므로, 이를 제조업이나 기술 개발에 직접적으로 활용하는 자금으로 간주하기는 힘들다. 게다가 이 시기에 중국 정부는 테크 기업들을 대상으로 한 다양한 규제를 강화하기 시작했고, 이로 인해 투자자들은 중국 정부의 정책 일관성과 예측 가능성을 의심하기 시작했다. 딜로직Dealogic의 데이터에 따르면, 2021년 2분기에 중국의 테크 기업들은 약 60억 달러를 조달하였다. 이 수치는 1분기의 153억 달러에 비하여 60% 이상 감소한 것이다.

....

xxx 중국은 외국인들이 홍콩 시장을 통해 선전 주식 시장이나 상하이 주식 시장의 증권을 매매할 수 있도록 하고 있다. 이를 홍콩-상하이 연결, 홍콩-선전 연결, 또는 합쳐서 북행 연결이라고 부른다.

xxxi QFII(Qualified Foreign Institutional Investor) 중국 증권감독위원회가 승인한 외화로 중국 내의 증권, 선물 투자를 할 수 있는 외국인 기관 투자자

2021년 11월을 기준으로, 중국의 기술 기업들은 중국 본토에서 IPO를 통해 140억 달러를 조달했지만, 이 금액은 2020년에 조달된 금액보다 23억 달러 적었다. 대조적으로 해당 해에 인도의 기술 기업들은 총 26억 달러를 조달하여, 2020년에 비해 550% 증가하여 역대 최고치를 기록했다. APS 자산 관리APS Asset Management의 설립자인 웡콕호이Wong Kok Hoi는 투자자들이 중국의 인터넷 기업들이 과거와 같은 수익성을 유지하기 어려울 것으로 보고, 인도를 주요 대안으로 고려하기 시작했다고 지적했다.[85]

2022년에 접어들면서 중국의 '제로 코로나' 방역 정책과 함께 증가하는 지정학적 긴장 때문에 외국인 투자의 전망이 낙관적이지 않았다. 이에 대응해 중국 상무부는 지방 정부들에게 전담반을 설치하고, 외국 자본을 유치하기 위해 더 나은 서비스와 지원을 제공하도록 지시했다. 그러나 중국에 대한 외국 기업의 신뢰는 이미 큰 타격을 입었으며, 이로 인해 2022년 중국을 향한 투자가 많이 연기되거나 취소되었다.

중국 중앙은행의 통계에 따르면, 2022년 초 외국 투자자들은 중국 채권 보유액을 5,200억 위안 이상 감소시켰으며, 8월 말에는 3조 4,800억 위안에 머물렀다. 국제금융연구소Institute of International Finance의 데이터에 따르면, 중국 주식의 2022년 첫 8개월간 자본 유입이 7년 만에 최저 수준을 보였다.

이런 상황에서 중국 정부는 외국인 투자의 동향에 민첩하게 대응하기 위해 금융 시장을 적극적으로 개방했다. 중국 금융 시장의 개방을 상징하는 사례 중 하나로 블랙록BlackRock의 활동이 대표적이다. 블랙록은 세계 최대 규모의 자산운용사로서 지속적으로 중국 정부와 밀접한 로비 활동을 해왔다.

블랙록은 중국 채권 상장지수펀드ETF를 통해 막대한 자금 유입을 받았고, 2021년 1~7월 사이 유럽에서 등록된 중국 펀드의 자산운용 규모는 25% 성장했다. 2021년 8월에는 중국을 더 이상 신흥 시장으로만 볼 수 없다며, 중국 주식과 채권에 대한 투자 비중을 늘리는 것이 좋다고 권장했다.[86) 뒤이어, 2021년 9월에 블랙록의 중국 뮤추얼 펀드 자회사는 단기간에 66억 8천만 위안(약 10억 3천만 달러)을 모집하며 중국에서 첫 펀드를 론칭, 큰 관심을 받았다. 모닝스타 자료에 따르면 중국의 주식 및 채권형 펀드의 총 순유입액은 약 370억 유로 그리고 자산 운용 규모는 1,559억 유로에 달했다.[87)

블랙록이 이렇게 중국 투자 펀드를 확대한 이유는 금방 드러났다. 블랙록이 중국건설은행 및 싱가포르의 테마섹 홀딩스와 함께 중국에 자산관리 벤처회사를 설립했다고 발표한 것이다. 블랙록은 이미 중국은행과 뮤추얼 펀드 벤처를 소유하고 있으며, 중국 내에 자사 소유의 뮤추얼 펀드 하우스를 설립해 놓고 있었다. 당시 이러한 자산관리 사업은 중국 금융 시장에서 외국 기업이 참여할 수 있는 가장 가치 있는 부문으로 여겨졌다. 게다가, 블랙록은 사실상 이미 중국 정부의 승인을 얻어 놓은 상태에서 펀드를 조성한 것으로 보인다.

하지만, 1년 뒤인 2022년 11월 중국 블랙록은 채권에 투자하는 ETF 출시를 연기했다. 이러한 결정의 배경은 정치적 위험이 너무

미중 대립으로 파편화된 공급망

크다는 것이었다. 한 관계자는 '미국 국채의 수익률이 4%에 이르는 반면, 중국 국채의 수익률은 3%에 불과하다. 이러한 상황에서 중국 채권 ETF를 출시하는 것은 경제적 펀더멘털이 충분히 뒷받침되지 않는다.'라고 주장했다.[88]

이런 상황은 월스트리트가 중국의 정치적 지원을 받아 특혜를 통해 안정적인 수익을 얻어 왔던 전략이 이제는 더 이상 통하지 않게 된 것을 상징적으로 보여 주는 것으로 해석된다.

그렇다면 중국의 외국인 투자가 증가하는 추세인지, 아니면 감소하는 추세인지는 어떻게 판단할 수 있을까? 중국 국가외환관리국은 2022년 중국의 대외 채무를 발표하였는데 중장기 대외채무 잔액은 1조 1,148억 달러로 45%, 단기 외채 잔액은 1,338억 달러로 55%였다.[89] 제도별로 보면 일반 정부의 대외 채무 잔액은 4,363억 달러로 18%, 중앙은행의 외채 잔액은 815억 달러로 3%를 차지하며, 은행 및 기타 부문의 대외 부채 잔액은 9,247억 달러로 38%를 차지했다.

하지만, 미 연준의 고금리가 계속되고 디커플링이 진행되면서 외국인 투자자들의 중국 국채 보유량은 감소하고 있다. 중국 본드 커넥트 플랫폼[xxxii]의 데이터에 따르면 외국인 투자자는 2022년 약 6,160억 위안(906억 3천만 달러) 상당의 채권을 팔아 보유액이 3조 4천억 위안으로 줄었다.[90] 2023년 2월 현재, 미국 국채 10년물의 수익률은 약 3.7%인데 반해 중국의 10년 만기 수익률은 2.9%로 낮다.

....
xxxii 외국인이 중국 채권 시장에 투자하는 주요 플랫폼.

현재 중국에 위치한 외국 기업들의 잇따른 철수로 인해 지속적인 자본 유출이 발생하고 있다. 중국의 외환 보유고는 장기적인 무역 수지 흑자에도 불구하고 증가하지 않는 추세다. 이는 중국 진출을 했던 외국 기업들의 자본 철수 영향으로 볼 수 있다는 분석이 대다수다.

이렇게 중국 경제와 관련된 주요 논쟁거리 중 하나는 바로 중국을 대상으로 한 외국인 직접투자의 증가 혹은 감소 여부이다.[91] 중국 상무부 데이터에 따르면 2022년 중국의 실제 외국인 직접투자 규모는 1,891억 달러로 사상 최고치를 기록했으며, 전년 대비 8%의 성장률은 2012년 이후 두 번째로 높은 수치로 외국인 투자자들의 중국 투자 열기가 식지 않은 것으로 나타났다. 그러나 2022년 공식 국제수지 데이터에 따르면 외국인 직접투자는 40% 감소했으며, 특히 하반기에 심각한 위축을 보였고 제조업 투자 비중이 지속적으로 감소[xxxiii]한 것으로 나타났다. 즉, 중국에 대한 외국인 투자의 증감 여부는 분명치 않은 것이다.

중국에서는 외국인 직접투자와 관련하여 주로 상무부의 통계와 국제수지평형표BOP의 기준이 인용된다. 중인증권中银证券의 관타오管涛와 류리핀刘立品의 연구에 따르면, 상무부 통계 기준과 BOP 기준 사이에는 세 가지 주요 차이점이 있다.

첫째, 국제수지 통계는 자산과 부채 원칙을 기반으로 한 반면, 상무부는 자본의 유입 방향을 중심으로 계산한다. 둘째, 국제수지 통계에서의 직접투자는 순액을 기준으로 집계되고, 기타 자산과 부

---

xxxiii 중국의 외국인 기업 수는 감소하였다.

채 항목에는 기업의 투자 철수가 반영된다. 셋째, 국제수지 통계의 직접투자 부채에는 외국 직접투자 기업의 미분배 이익과 미송금 기분배 이익이 포함되어 있다. 이를 간단히 말하면, 국제 수지 평형표의 데이터는 현실을 더욱 정확하게 반영하고 있다는 것을 알 수 있다. 그러므로 외국인의 **재중 제조업 투자는 지속적으로 감소하고 있다고 볼 수 있다.**

2022년 상반기, 중국으로의 외국인 직접투자는 1,478억 달러로 역대 두 번째로 높았지만, 하반기에는 425억 달러로 급감하여 최근 2년 평균치인 1,600억 달러보다 크게 낮아졌다. 이는 40% 이상의 감소로, 약 18년 만에 최저 수치를 기록했다. 중국은 지난해 1~3분기에 전 세계 FDI의 11.9%를 차지했으나, 이는 상반기의 15.8%보다 낮아져 세계 주요 국가 중에서 2위에서 3위로 내려갔다. 서방 국가들이 '탈중국화'를 가속화함에 따른 공급망 재배치의 양상이 나타나고 있는 것이다.

2021년 홍콩의 외국인 직접투자는 1,318억 달러에 이르며 전년 대비 25% 성장했다. 이 금액은 중국 전체의 외국인 직접투자 중 75.9%를 차지하는데, 이는 중국에서 유치된 외국인 직접투자의 4분의 3 이상이 홍콩에서 발생했음을 의미한다. 외국인 직접투자 통계에는 본토 기업이 유입한 대규모 자금이 포함될 수 있고[xxxiv], 이로 인해 지표가 왜곡될 위험이 있으며, 그 결과 외국인의 투자 상황을 잘못 해석할 수 있다.

---

xxxiv 미국에 상장하여 대규모 자금을 확보한 중국 기업이 홍콩에 법인을 설립하고 자금을 이전하면 행정적으로는 홍콩에 외국인 투자가 유치된 것이 된다.

홍콩을 제외한 중국의 FDI는 2008년에 514억 달러로 최고치를 기록했다. 그러나 2014년 이후 홍콩을 제외한 FDI는 대략 400억 달러 수준(2021년에는 417억 달러)에서 크게 벗어나지 않고 있으며, 이는 중국의 국제 자본에 대한 투자 성장 속도가 점차 둔화되고 있다는 것을 보여 준다. 이런 관점에서 보면, 중국의 실제 외국인 투자 흐름은 감소하고 있는 것으로 보아야 한다.

중국 정부는 이런 상황에 엄청난 대책을 내놓았다. 2022년 10월 25일 '제조업 중심으로 외자 증가의 안정과 품질 향상을 하기 위한 약간의 의견关于以制造业为重点促进外资扩增量稳存量提质量的若干政策措施'이라는 정책을 발표한 것이다.[92] 이 정책의 요지는 일정한 자격 요건을 갖춘 외국 기업에 대해서는 중국 내 자본 시장에서 상장할 수 있게 해 주고 중국 금융 기관들에 융자를 받을 수 있도록 해 주겠다는 것이다. 다만 제조업을 대상으로, 실물 경제에 한정하는 것이다.

필자는 중국 금융계에서 일하는 한 유력 인사에게 부탁하여 이 정책의 구체적인 내용을 취재해 보았다. 그의 조사 결과에 의하면 이 정책이 확실히 수립되었다는 것은 확인할 수 있었지만, 구체적인 시행 지침은 정해지지 않았다고 한다. 그는 과거의 사례를 볼 때 당분간 케이스 바이 케이스로 진행될 가능성이 크며, 주요 기업부터 시작해 해당 기업의 로비 활동에 따라 진행 방향이 결정될 것으로 보인다고 전했다.

그뿐만 아니라, 중국 증권감독관리위원회는 2023년 2월 1일부터 주식발행등록제도 전면 시행을 위한 개혁안을 공식 출범한다고 발표했다. **이는 중국 내 상장 제도를 기존의 허가제에서 자유로운 등**

록제로 변경한다는 뜻이다. 중국 증권감독관리위원회는 이번 개혁에서 상하이 증권거래소와 심천 증권거래소의 메인보드를 최우선 과제로 두고 있다고 밝혔다.

중국 증권감독관리위원회의 설명에 따르면, 등록제 개혁의 핵심은 시장에 선택권을 주는 것과, 시장과 법적 제약을 주로 정보 공개의 요건으로 전환하는 것이다. 규제 당국은 더 이상 기업의 투자 가치를 직접 판단하지 않을 것이다.[93] 중국 정부는 이러한 방식으로 기업들이 자본 시장에 자유롭게 접근할 수 있게끔 규제를 완화하였다. 이는 상장 자체가 특혜였던 중국 자본 시장에 있어 혁명적인 사건이라고 볼 수 있다.

중국의 투자 리스크가 높다는 것은 널리 알려진 사실이다. 그런데도 월스트리트와 다른 외국 자본들은 왜 지속적으로 중국에 큰 규모의 투자를 해 왔을까? 글로벌 금융 위기 속에서도 중국 대출 기관이 안전한 피난처가 될 수 있는 이유는 무엇일까?[94] 금융 기관들의 관점에서 보면, 중국은 안전한 투자처이기 때문이다. 2022년에 중국 상장 기업 중 약 90%가 이익을 기록했으며, 480개 기업에서 이익이 증가했다. 순이익이 가장 높은 상위 5개 기업은 모두 은행으로, 중국의 초상은행이 순이익 1,380억 1,200만 위안으로 1위를 차지했다.[95] 이는 중국 기업들의 펀더멘털이 건실하다는 것을 나타낸다.

더불어 중국에서는 예상치 못한 사태가 드물게 발생하며, 중국 정부의 일관되고 장기적인 안정적 정책이 투자에 유리하게 작용한다. 무역 특구에 위치한 외국 금융 기관들은 제조업과 달리 외화

송금에 있어서 상대적 자유를 누리며, 이로 인해 자본 회수에 대한 리스크도 낮다. 중국 금융 기관과 비교했을 때, 서방 금융 기관들, 예를 들면 크레딧 스위스Credit Suisse의 사례[xxxv]에서 보듯이 상대적으로 덜 안정적이라는 인식이 있다. 블룸버그 인텔리전스의 프란시스 챈은 크레딧 스위스의 영향이 중국의 6개 국영 은행이 발행한 증권에 전이될 가능성이 낮다고 지적했는데, 이 역시 중국 자산의 안정성을 강조한 발언이다.

또한, 중국 주식들은 대부분 대형 주식이며, 월스트리트 금융 기관들은 중국 기업들의 미국 증시 IPO 중개를 통해 큰 수익을 얻을 수 있다. 2021년 상반기에는 34개의 중국 기업이 뉴욕에서 IPO를 진행했고, 약 124억 달러를 조달하는 사상 최고치를 기록했으며, 뉴욕에 상장된 중국 기업의 시가총액은 2조 달러를 넘어섰다. 중개하는 은행들은 홍콩에서의 2% 수수료에 비해 미국에서 5~7%의 더 높은 수수료를 받을 수 있어 이익을 창출한다. 골드만삭스, 모건스탠리와 같은 대형 은행들은 이러한 중국 기업의 IPO 중개로 2021년 상반기에만 4억 6천만 달러의 수수료를 얻었다.

그러나 2022년에 들어서면서 외국 자본의 중국 투자가 점차 줄어들었다. 이에 따라 중국에 투자를 지속하는 기업의 수가 감소하였고, 적극적으로 중국에 투자하는 몇몇 기업의 비중이 상대적으로 커졌다. 리서치 회사인 로디움 그룹Rhodium Group에 따르면, 2018년부터 2021년 사이에 BASF, 벤츠, 폭스바겐, BMW 네 회사는 유

---

xxxv 크레딧 스위스에 다니는 필자의 친구도 인수자인 UBS의 처분만 기다리고 있었다. 가장 비용이 큰 부서부터 인원을 정리한다는 소문이었는데, 결국 크레딧 스위스는 중국 사업을 포기하고 대부분의 인원을 정리하였다. 필자의 친구도 실업자가 되었다.

럽 외국 기업의 직접 중국 투자에서 34%의 비중을 차지했다.

　이제 자연스럽게 외국계 금융 회사의 철수도 이어지고 있다. 금융 시장 조사 및 평가 전문 기업인 모닝스타는 2022년 11월 분기 보고서에서 중국에서의 사업 축소와 중국 직원들에게 2,630만 달러의 퇴직금을 지급했다고 발표했다.[96] 이제 중국에 대한 외국 자본의 투자는 새로운 단계를 맞이하고 있다.

디커플링으로 인한 공급망 리스크

글로벌 공급망 위기가 미치는 영향 중에서도 미국은 중국과의 정면충돌이 불가피해 보인다. 2021년 2월, 바이든 대통령은 미국의 주요 공급망을 종합적으로 검토하라는 지시를 내렸으며, 그해 6월에는 반도체와 희토류를 포함한 4개 핵심 기술 분야의 '100일 공급망 검토 보고서'를 발표하였다. 그 후, 국방 및 통신 기술을 포함한 6개 핵심 분야에서 공급망의 취약점을 평가하고 개선 방안을 마련하기 위해 1년간의 검토를 촉구했다.[97]

공급망 디커플링은 세계적으로 어느 정도의 영향을 미칠까? **로디움 그룹은 중국이 타이완을 봉쇄할 경우 연간 2조 5천억 달러의 경제적 손실을 입을 것으로 추산했다.** 이 연구를 미국 국무부가 2022년 11월 파트너 및 동맹국들과 공유하고 2023년 1월에 공개

용 보고서를 발표했다.[98]

이 보고서에는 양안 전쟁이 일어나면 중국 기업의 무역 금융이 고갈되어 세계 무역에 심각한 충격을 줄 것이고 그 충격으로 12개 신흥 시장이 경제 위기에 빠질 수 있다는 내용이 담겨 있었다. 즉, 중국이 타이완을 봉쇄하려고 시도할 경우 2조 달러 이상의 세계 경제 활동이 중단될 수 있다는 것이다.[99] 로디움은 또한, 무역 기업, 특히 중국과 사업을 하는 기업에 금융을 제공하려는 은행이 줄어들 가능성이 있다고 예상하였으며, 이에 따라 중국과의 무역에서 약 2,700억 달러 이상의 거래가 중단될 수 있을 것으로 분석했다.

로디움은 한 발 더 나아가 2022년 9월 현재 미국 시장에 7,750억 달러 규모의 중국 증권이 있어 수천억 달러가 위험에 처할 수 있다고 보았다. 게다가 중국 공산당은 중국에 대한 외국인 투자를 빼내가지 못하게 하기 위해 자본 통제를 시행할 수 있다고 했다. 또한, 중국이 봉쇄될 경우 연간 1천억 달러 규모의 대외 투자 및 대출과 타이완의 직접투자 1,270억 달러가 차단될 수 있다고 평가했다.

로디움의 보고서는 이러한 수치는 최소한이며, 실제 리스크는 분명히 더 클 것이라고 했다. **2조 달러의 손실은 최소치라는 의미이고 이것이 사실이라면 세계는 대재앙을 맞이하게 될 것이다.**

로리움 그룹 외에 에이브릴 헤인즈Avril Haines 미국 국가정보국장도 상원 군사위원회 증언에서 중국의 침공으로 TSMC가 칩 생산을 중단하면 **'처음 몇 년 동안은 연간 6천억 달러에서 1조 달러에 이르는 막대한 글로벌 재정적 영향을 미칠 것'**이라고 증언했다.

공급망 리스크는 이런 자산에만 한정되지 않는다. 2021년 2월 영국 의회 국방위원회는 지난 수년간 중국에 인수된 영국 회사 중 9개 사가 국방 산업이며 미군과 영국군이 사용하는 F-35 전투기에 PCB 보드를 납품하는 회사가 있다고 발표했다. 영국 의원들은 방위 산업 속의 외국 투자가 영국에 잠재적인 위협이라고 경고했으며 특히 중국과 러시아의 투자를 경계해야 한다고 요구했다.[100]

세계적인 방위 산업체인 레이시온Raytheon의 최고 경영자인 그렉 헤이즈Greg Hayes는 중국에 수천 개의 공급 업체를 보유하고 있다면서 서방 제조 업체들이 중국에서의 운영 리스크를 제거할 수는 있겠지만 중국과의 관계를 완전히 단절하는 것은 불가능하다고 말했다. 그는 희토류 또는 금속의 95% 이상이 중국에서 오거나 중국에서 가공된다며 당사는 선택의 여지가 없다고 말했다. 이렇게 서방의 최첨단 무기 체계조차 중국의 공급망에서 완전히 벗어나기가 어렵다.

자동차용 반도체를 생산하는 일본의 르네사스 공장에서 2021년 3월 발생한 화재는 전 세계적인 자동차용 반도체 부족 현상을 일으켰다.[101] 그러자 많은 기업들이 선불을 지급하며 칩 구매에 나섰다. 테슬라는 아예 칩 공장의 직접 인수를 고려하고 있다고까지 했다.[102] 자동차용 반도체가 부족한 사태는 1년 이상 지속되었다.[103] 이 사건은 공급망에서 문제가 발생하면 벌어질 일에 대한 예고편 같은 것이었다.

특정 제품이 아니라 원자재 전체 공급에 문제가 발생할 수도 있다. 2022년 3월 파이낸셜 타임스의 패트릭 잰킨스Patrick Jenkins는 러시아에 대한 제재로 곡물, 니켈 및 기타 상품의 가격이 치솟은 점을 지적했다. 그는 관련된 공급망이 중단될 것인데 이런 상황에 세

미중 대립으로 파편화된 공급망

계는 매우 취약해 보인다고 우려했다.[104]

안도 미츠요, 하야카와 카즈노부가 진행한 연구에 따르면, 월간 국제 무역 데이터는 2022년 말까지 공급망 디커플링이나 생산 네트워크의 급격한 재편에 대한 명확한 증거를 보여 주지 않았다. 그러나 회귀 분석에 따르면, 2020년 8월 이후 일본의 대중국 수출이 특히 반도체 집약적 부품에서 통계적으로 유의미하게 3.3% 감소한 것으로 나타났다. 분명히 디커플링의 영향이 나타나고 있는 것이다.

중국의 2022년 반도체 수입은 15.3% 감소하며 반도체 수입이 지속적으로 감소하고 있음을 나타낸다. 중국 해관총서의 최신 통계에 따르면, 2023년 1~4월 반도체 총수입량은 전년 동기 대비 21% 감소한 1,468억 개를 기록했다. CIC 컨설팅의 자오샤오마趙曉馬는 미국이 제재하는 세 가지 범주 중 두 가지가 NAND 및 DRAM 메모리 칩이라고 지적했다. 이로 인해 삼성전자와 퀄컴의 영업 실적이 크게 감소한 반면, 중국 반도체 제조 업체는 수혜를 입었다.

코어마인드 리서치에 따르면 2022년 중국의 반도체 설계 산업의 총매출은 543억 달러로, 연간 5.3% 성장할 것으로 예상된다. 2027년이 되면 중국의 반도체 설계 산업 규모가 1천억 달러를 돌파할 것으로 예상된다.[105] 미국이 반도체 설계를 제재하자 중국 기업들이 약진하고 있는 것이다.

2022년이 되자 우크라이나 전쟁이 터졌고 서방의 대중 평가는 완전히 새로운 국면에 진입했다. 러시아에 대한 제재와 영향을 목도한 서구 기업들은 중국에서 그 다음 사태가 발생할 가능성을 배제할 수 없었던 것이다. 월스트리트 저널에 따르면 외국인 투자자들은 2022년 3월 150억 달러 이상의 중국 채권과 70억 달러 이상의 중국 주식 보유량을 줄였다. 국제금융연구소International Finance Institute, IIF의 로빈 브룩스Robin Brooks는 '우리가 보고 있는 중국 자본 유출의 규모와 강도는 전례가 없는 일이다.'라고 했다.[106]

베이징 대학교 국가발전연구원 원장 야오양姚洋은 보아오 포럼 아시아 2023 연례 회의에서 중국 시장의 거대한 규모와 완전한 산업 체인으로 인해 하이엔드 산업이 중국을 완전히 떠나는 것은 거의 불가능하다고 했다.[107] 하지만, 같은 포럼에서 레옹 위트Leong Witt는 과거에는 공급망이 비용 중심이었지만, 지금은 안보에 대한 우려가 더 커졌다고 말했다. 위트의 이 발언 자체가 이미 중국 내 외국 기업들의 입장과 시각이 달라졌음을 의미한다.

참가자들은 또한, 파편화된 글로벌 산업 사슬의 순환 패턴을 극복하기 위하여 아시아 지역 회원국은 보다 탄력적인 산업 체인을 시급히 구축해야 한다고 말했다. 오엘 컨설팅의 체민 베이Chermin Bey는 **공급망과 산업망의 복원력을 강화해야 한다며 복원력 향상의 본질은 글로벌 경제, 특히 다자간 차원에서 밀접하게 연결된 상생 기반의 비즈니스 협력에 있으며, 이것이 미래 발전의 초석이라고 생각한다고 했다.** 중국 정부로서는 듣기 좋은 표현이었을지 모르지만, 이 보도에서는 이미 글로벌 산업 사슬, 즉 공급망이 '파편화'되었음을 공동 인식으로 전제하고 있다는 점에 주목해야 한다. 중국과 다국적 기업들은 이미 공급망 위기가 시작했다는 현실을 분명하게 인식하고 있는 것이다.

미국은 이 상황에 대해 자국의 공급망 리스크를 조사 분석하고 바로 '공급망 탄력성'을 외치며 자국 공급망의 강화에 들어갔다. 전기 자동차 등에 사용되는 희토류에 대해서도 바이든 행정부는 손을 쓰기 시작했다. 2023년 2월 바이든은 미국에서 희토류를 채굴하는 엠피 매터리얼즈US MP Materials Company에 중희토류를 분리하고 정제하는 공정에 3,500만 달러의 자금을 제공할 것임을 발표했다. 엠피 매터리얼즈는 또한, 전기 자동차 모터, 군수품 및 풍력 터빈용 영구 자석을 생산하기 위해 7억 달러를 추가로 투자할 것이라고 한다.[108] 바이든의 목적은 미국 내에 채굴부터 완제품까지 희토류의 일관된 공급망을 구축하려는 것이다.

미국은 아예 소위 '21세기 무역 이니셔티브US-Taiwan Initiative on 21st-Century Trade'와 기타 제도적 플랫폼을 사용하여 반도체, 특히 파운드리를 장악하고 있는 타이완 경제를 미국이 주도하는 **'중국 배제 공급망'**에 통합하고 있다.[109] 그리고 군사적 차원에서는 '중국 배제 공급망'을 추진하고 있다.[110] 또한, 미국은 인플레이션 감축법Inflation Reduction Act, IRA과 CHIPS법의 조합을 통해 세제 혜택, 보조금, 산업 정책을 혼합하여 제공하며 배터리, 반도체, 전기차 공급망을 공격적으로 자국화하기 시작했다.

타니모토 히데오谷本秀夫 교세라 회장은 이에 대해 미국이 첨단 기술에 대한 접근을 제한함으로써 수출 제조 기지로서 중국의 생존 가능성을 죽이고 있다고 말했다.[111] 세계 최대 칩 부품 제조 업체 중 하나인 교세라는 생산을 중국에서 다른 곳으로 이전하고 일본 내 생산 시설에 막대한 투자를 하고 있다. 일본 정부 또한, TSMC와 삼성 등을 유치하며 자국 내에 반도체 공급망을 강화하고 있다.

EU 역시 역내 반도체 공급망에 대한 대규모 투자를 포함하는 유럽 반도체법The European Chips Act을 추진했다. 이 법안은 유럽의 경쟁력, 공급망 보안 및 반도체 기술과 응용의 공급 탄력성을 강화할 것이다. 더구나 반도체 공급 모니터링, 부족 예측, 필요한 경우 위기단계 활성화 트리거를 위한 회원국과 위원회 간의 조정 메커니즘이 포함되어 있다. **말하자면 공급망 모니터링 및 조기 경보 시스템을 만드는 것이다.**[xxxvi] 또 광물, 청정 기술의 핵심 공급망에 대한 중국의 지배력을 줄이기 위한 계획[xxxvii]을 2023년 3월 발표한 바 있다.[112]

이러한 움직임의 특징은 이들 영역의 공급망을 프렌드쇼어링이나 니어쇼어링이 아니라 자국 공급망으로 확보 강화한다는 점이다. 세계 각국이 시장 기제에 따라 대응하지 않고 정책적 목적을 우선하여 이렇게 동일 영역에서 분리 경쟁을 하면 **결과적으로 반도체와 전기차의 공급 과잉이 발생할 위험이 있다.**

이런 세계적인 자국 공급망 강화 중 가장 크게 영향을 끼치고 있는 것이 미국의 자국 공급망 강화이다. 미국으로서는 중국에 대한 제재와 동시에 미국의 공급망에 대한 정비 그리고 미흡한 가치 사슬에 대한 보완이 시급했다. 국가안보회의NSC의 커트 캠벨은 2021

....

xxxvi 필자는 우리나라가 조속히 이러한 체제를 준비해야 한다고 주장해 왔다. 대외경제정책연구원은 2022년 말 '중국의 중장기 통상 전략과 한중 협력 방안'을 통해 국가 공급망 종합전략 수립, 글로벌 공급망 거버넌스 관련 협력 추진 등을 건의하고 있다. 이런 건의가 신속히 수용되고 추진되었으면 하는 바람이다.

xxxvii 제안 중 하나는 광물을 65% 이상의 시장 점유율을 차지하는 제3국에 의존하지 않는 것이다. 희토류, 리튬, 마그네슘과 같이 중국이 완전히 장악하고 있는 중요 광물의 경우, EU는 공급량의 70% 이상을 제3국에 의존하지 않을 것이다. '우리는 중국이 10년 전에 내린 전략적 선택의 결과가 실현되었다는 것을 이해하고 있으며, 앞으로 우리 스스로 전략적 결정을 내려야 한다.'라고 프란스 티머만스(Frans Timmermans)는 말했다.

년 3월 한국, 일본, 타이완과 같은 몇몇 주요 파트너들에게 더 중점을 두고 미국에서 반도체 제조를 다시 할 수 있도록 인센티브를 제공하는 광범위한 접근 방식을 예상하고 있다고 했다. 바이든은 곧바로 아시아를 순방하여 한국과 타이완의 반도체 기업들이 미국 내에 공장을 설립하도록 압박했고 한국의 삼성이나 타이완의 TSMC 등은 모두 이에 응했다. 바이든은 일차적으로 반도체 공급망을 자국 내에 확보하고자 한 것이다.

이를 위해 미국은 몇 개의 논란이 많은 법안을 제정하여 미국 자체 경쟁력 강화에 나섰는데, 공급망 전략경쟁법Strategic Competition Act, 반도체 및 과학법, 인플레이션 감축법 등이었다.

공급망 전략경쟁법

2021년 4월, 미국 상원 외교위원회는 초당적인 '전략경쟁법'을 가결시켰다.[113] 다분히 정치적이고 지정학적인 이 법안은 2022년부터 2027년까지의 회계 연도 동안 미국 기업이 중국 시장에서의 활동을 철수하고 공급망을 다양화하도록 매년 1,500만 달러를 지원하는 내용을 포함하고 있다. 더불어, 인도와 태평양 지역의 지속 가능하고 투명하며 고품질의 인프라 발전을 촉진하기 위해 7,500만 달러를 투입하며, 이를 통해 중국의 '일대일로' 계획에 대응하려 한다.

또한, 이 법안은 2022년부터 2026년까지 매년 3억 달러를 중국의 악의적인 국제 영향력에 대응하기 위한 활동에 지원할 예정이다. 중국 공산당의 언론 활동에 대응하여 같은 기간 동안 매년 1억 달러를 해외 언론 지원, 독립 언론 설립 그리고 가짜 뉴스 방지를 위한 활동에 투자할 계획이다. 언론 검열을 피할 수 있는 기술에 대한 투자도 준비 중이다.

그러나 자세히 살펴보면 표면적인 명분과 실제 예산의 비중이 크게 다르다는 것을 발견할 수 있다. 미국 기업의 공급망 분산을 위해 투입되는 예산은 매년 1,500만 달러에 불과하며, 일대일로에 대응하기 위한 인도·태평양 지역의 인프라 투자도 7,500만 달러일 뿐이다. 수백, 수천 개에 이르는 중국 내의 미국 기업 생산 거점을 고려할 때, 1,500만 달러의 투자가 어떠한 의미 있는 변화를 가져올 수 있을까? 중국의 일대일로 투자와 경쟁하기 위해 7,500만 달러만을 사용할 수 있을까? 이 모든 것은 정치적인 쇼에 지나지 않는다. 그에 반해, 중국 공산당의 언론전에는 매년 3억 달러를, 해외 언론 지원에는 1억 달러를 투입한다는 것은 실제로 대부분의 예산이 미국 언론사로 흘러가는 것을 의미한다.

반도체 및 과학법

2022년 5월, 바이든은 한국을 방문하여 비행기에서 내리자마자 삼성 반도체 공장을 방문하였다. 이는 그와 미국 정부가 반도체 공급망의 중요성을 얼마나 긴박하게 인식하고 있는지를 상징적으로 드러내는 사건이었다. 이 사건은 미국이 공급망 정비의 필요성을 강하게 느끼고 있다는 것을 입증했다. 또한, 이러한 상황이 미 의회가 '반도체 및 과학법', 일명 '반도체법' 또는 'CHIPS'를 신속하게 통과시키는 데 큰 도움을 준 원동력이었다.

바이든 행정부는 이 반도체 산업 지원 법안을 2022년 8월에 발효시켰다. 그 후 2023년 2월, 미 상무부는 해당 법안 아래의 반도체 제조 시설 지원 인센티브에 관한 세부 지원 계획Notice of Funding Opportunity, NOFO을 공포하였다. 이 법은 미국 내에서 반도체 공장 또는 팹을 설립, 확장, 현대화하기 위한 재정 지원[114]으로 390억 달러를 준비하였고, 외국 기업과 미국이 합동으로 진행하는 반도체 관련 연구 및 개발 프로젝트에 112억 달러를 배정했다.

2022년 7월, 삼성전자는 텍사스주에 세제 혜택을 위한 신청서를 제출하였다. 이를 통해 삼성이 170억 달러의 투자로 신규 공장을 건설할 계획xxxviii이 있다는 사실이 알려졌다.[115] 말할 것도 없이 삼성이 미국의 CHIPS를 계산에 넣은 전략적 의사 결정이라고 할 수 있다. 삼성전자 외에도 네덜란드 NXP와 미국 텍사스 인스트루먼트TI 등 다른 반도체 기업들도 신청서를 제출했다. 바이든의 글로벌 반도체 기업 유치 계획은 훌륭하게 성공한 것이다.

그런데 CHIPS 법안은 재정 지원을 위한 신청 시 과도한 기업 정보 제출을 요구하였다. 더불어 초과 이익은 환수하도록 규정하였

----

xxxviii 텍사스주 테일러에 9개 공장에 1,676억 달러(약 220조 4천억 원)를, 오스틴에 2개 공장에 245억 달러(약 32조 2천억 원)를 들여 각각 신설하는 방안을 제시했다고 하니, 총 1,921억 달러(약 252조 원)에 이르는 규모다. 이 중 일부는 2034년에 가동을 시작하고 나머지는 10년에 걸쳐 생산에 들어선다고 한다.

고, 미국산 철강 및 건설 자재 사용 계획 제출, 또한, 미국 정부와 주요 인프라에 필요한 반도체 공급 여부 확인 등, 사실상 미국이 요구하는 특정 반도체의 생산을 압박하였다. 추가로, 보육, 노동, 고용 등에 대한 기준이 발표되면서, 외국의 반도체 기업들이 미국에서 공장을 건설하는 것이 정말로 이익인지에 대한 의문이 제기되기 시작하였다.

TSMC의 분석에 따르면 미국의 생산 원가는 타이완의 생산 원가와 비교할 수 없다. 미국반도체산업협회SIA의 조사에 따르면, 미국과 아시아에서 첨단 시스템 반도체 공장을 각각 건설하고 10년 동안 운영했을 때의 총비용을 비교해 본 결과, 미국의 비용이 100원이라면, 한국과 타이완에서는 78원, 중국에서는 63원이 든다는 것으로 나타났다.[116]

삼성은 이 결과에 대해서는 특별한 반응을 보이지 않았다. 아마도 그들에게는 크게 반응할 여지가 없었을 것이다. 미 정부의 지원금은 반도체 제조 원가를 크게 감소시키지 못한다는 의견이 나온다. 따라서 삼성의 미국 공장 투자는 단순한 성의 표시일 가능성이 높다.[117] 더불어 미국이나 EU에서의 반도체 공급망 구축이 순조롭게 진행될지는 미지수로 보인다.

인플레이션 감축법

인플레이션 감축법은 2022년 8월에 발효되었다. 이 법은 바이든이 이전부터 추진해 온 '더 나은 재건Build Back Better, 이하 BBB' 법안을 수정한 것이다. 원래 BBB 법안은 약 3조 5천억 달러의 재원이 필요했다. 하지만, 지출 규모가 너무 크다는 반대 의견 때문에 의회에서 통과되지 못했다. 결국, 해당 법안의 재원 규모는 7,400억 달러(약 966조 원)로 줄어들었다.

인플레이션 감축법은 전 세계적인 물가 상승에 따른 미국 국민의 생활 안정을 위해 제정된 것이다. 법안은 물가 상승의 원인을 미국의 공급망 문제로 보고, 이를 바탕으로 미국 중심의 공급망 재편을 추구했다. 또한, 미국 민생에 영향을 주는 보건, 청정에너지, 조세 제도의 개편도 포함되어 있다.

이 중에서 보건 부분에서는 의료 보험의 개혁이 중점이었으며, 청정에너지 분야에서는 주요 신재생 에너지, 전기 자동차, 배터리 및 주요 광물의 국내 공급망 확충을 목표로 정책이 구성되었다. 조세 분야에서는 조세법의 공정성 향상과 재정 적자 감소가 중점이었다. 미국은 중국이 선두를 달리는 전기 자동차 산업 그리고 이에 필수적인 전기 자동차 배터리와 그 배터리의 핵심 성분인 광물에 대한 국내 생산을 촉진하려 했다.

미국의 인플레이션 감축법에서 FTA를 맺은 국가의 상품만 부품·소재 조달 시 세액 공제 혜택을 받을 수 있다는 규정은 일본과 EU를 우려하게 만들었다. 이는 일본과 유럽이 미국과 포괄적인 FTA를 체결하지 않았기 때문이다.[118] 이에 대한 우려에 따라 USTR의 캐서린 타이 대표는 일본의 가공된 재료도 세금 감면의 대상이 될 것이라며 일본을 '가장 소중한 무역 파트너 중 하나'로 강조하였다. 결국 미국은 그들의 가장 강력한 동맹인 일본과 EU를 공급망에서 배제할 수 없었다.

그와는 대조적으로 미국과 포괄적 FTA를 맺은 한국은, 미국에서의 첨단 반도체 제조 유치를 위해 미국으로부터 약 530억 달러의 인센티브를 제공받았다. 그러나 다양한 조건들이 따라와, 미국의 한국에 대한 태도는 일본이나 유럽에 비해 확연히 다르게 나타났다. 이러한 태도에는 미국이 요구하기 전에 먼저 제안하는 윤석열 정부의 행동과 바이든 정부의 그에 대한 평가가 영향을 미친 것으로 보인다.

투자은행 나티시스의 게리 응Gary Ng은 '삼성과 SK하이닉스가 워싱턴의 자금 지원을 활용한다면 중국 사업에 영향을 미칠 것이 거의 확실하다.'라고 지적했다. 타이완 경제 연구소Taiwan Institute of Economic Research의 아리사 류Arisa Liu는 '타이완과 비교할 때 한국은 2012년 이후 삼성의 중국 투자액이 258억 달러에 달했기 때문에 더 큰 압박을 받고 있다.'라고 했다.

바이든은 이어서 인플레이션 감축법에 따라 최대 7,500달러의 보조금을 받을 수 있는 전기차 차종 중에서 오직 미국 업체의 제품만을 선정했다. 이로 인해 한국의 현대·기아차는 물론, 기존에 보조금을 받았던 일본과 독일의 전기차 업체들도 제외됐다.[119] 이러한 결정의 근거로, 해당 자동차들의 배터리에 중국산 원재료 비중이 높다는 이유를 들었다. 바이든 대통령의 이런 요청에 따라 미국에 대규모 투자를 한 현대차와 다른 외국 자동차 회사들은 당황하였다. 그러나 미중 간의 공급망 문제는 단순히 경제적인 문제를 넘

미중 대립으로 파편화된 공급망

어 지정학적인 차원에서의 이슈로 볼 수 있으며, 심지어 미중 간의 전쟁 가능성까지 고려해야 한다. 즉, 앞으로는 모든 기업들이 공급망 이슈에서 미중 간의 전쟁이 발생했을 때의 지속가능성을, 그러니까 지정학적 고려를 해야만 할 것이다.

3장.

하나의 시장은 무너졌다

자유 무역 시장의 종말

2022년 12월, 세계 최고의 반도체 파운드리 기업인 타이완의 TSMC台积电는 미국 애리조나에 공장을 설립하며 공장 내 최초의 설비를 도입하는 툴인TOOL-IN 행사를 개최하였다. 이 행사에는 바이든, TSMC 창업자 모리스 창Morris Chang(張忠謀, 장중모우), 애플의 팀 쿡Tim Cook, 엔비디아의 젠슨 황, 마이크론의 산자이 메로트라Sanjay Mehrotra 등 쟁쟁한 인물들이 참석했다. 이는 미국이 반도체 공급망을 미국 영토 내로 가져오겠다는 의지가 현실화되는 것이었다.

특히 CHIPS[i] 담당 미 산업 정책 부국장 대행 로니 채터지Ronnie Chatterji는 TSMC의 미국 공장 완공 시 미국 전체 수요를 충족할 수

---

i 2022년, 미 정부는 반도체 및 과학 법안을 발효시켜 미국 내 반도체 생산에 대한 527억 달러 규모의 인센티브를 부여하고 타이완 정부 및 TSMC에 미국 내 공장 설립을 압박했다.

있을 것이라며 이것을 '공급망 회복'이라고 강조했다. 반면 모리스 창은 '세계화와 자유 무역이 사실상 죽었다.'라고 주장하며, 앞으로 기업들은 고객의 요구뿐만 아니라 지정학적 조건을 고려하여 비즈 니스를 전개해야 한다고 강조했다. 다시 말해, 글로벌 단일 시장이 주류였던 시대에는 TSMC가 애리조나에 공장을 세우는 일이 불가 능했을 것이다. 이 사건은 전 세계가 새로운 시대, 즉 자유 무역의 종말과 디커플링의 시대로 접어들었다는 상징적 사건이었다.

TSMC의 애리조나 1 공장은 5나노 공정으로 알려졌지만, 실제로 는 4나노 공정 기술이 도입될 것으로 전해졌다. 2024년부터 300mm 웨이퍼 기준으로 월 2만 개가 생산될 예정이다. 2 공장은 3나노 기술 공정을 적용하여 2026년 말부터 월 3만 개를 생산할 계획이다. 두 공장을 통틀어 연간 60만 개의 웨이퍼를 생산하며, 이는 상품 가치로 400억 달러 이상에 달할 것으로 예상된다.

그런데 애리조나 공장에서는 대부분의 장비들이 구형임에도 불 구하고 애리조나 공장 생산 단가가 타이완 대비 50% 정도 높을 것 으로 예상된다. CHIPS법에 따라 TSMC는 연방 정부와 애리조나 주로부터 보조금과 세금 감면을 받게 되지만, 이런 보조금은 원가 에 대한 기여가 크지 않다고 한다.

그런데도 TSMC의 사업 전체에서 미국 공장의 영향은 당분간 크지 않을 것으로 예상된다. 1공장의 생산량이 TSMC의 총생산량 중 1.6%에 불과하기 때문이다. TSMC의 총생산 용량이 연간 5% 씩 성장한다고 가정하더라도, 5년 후에도 애리조나 공장의 생산량 은 TSMC 전체의 약 3% 수준에 머물 것이다. 이런 점에서 TSMC

의 애리조나 공장은 미국에 대한 일종의 '성의'인 셈이다.

미국 미디어의 큰 관심은, 바이든 행정부가 세계 최첨단 반도체 생산 능력의 90%가 타이완에 집중된 것을 안보 차원의 문제로 여기기 때문이다.[ii] 그러나 TSMC는 국가적, 사회적 책임을 중시하는 기업이다. 모리스 창은 반도체 기술과 제조 경험은 하루아침에 얻을 수 있는 것이 아니라며 '미국이 정말로 반도체 공급망을 확보하고 싶다면 미국은 타이완을 보호해야 한다.'라고 말하던 사람이다. 하지만, 미국 정부가 타이완 정부와 TSMC에 미국 내 공장 설립을 압박했을 때, TSMC는 경제적 타당성이 떨어지는 미국 애리조나의 공장 건설을 타이완을 위해 결정하게 되었다.

세계화가 가져온 단일 시장

지금까지 미국은 전 세계 시장을 하나의 단일 시장으로 만드는 세계화를 추진해 왔다. 구소련의 해체는 냉전의 종료를 가져왔고, 그 결과로 미국 주도의 세계화와 자유 무역이 이루어졌다. 이후로 세계는 미국의 주도 아래서 세계화, 그러니까 글로벌 단일 시장으로 편입되기 시작했다.

이러한 글로벌 단일 시장의 원칙을 분명하게 설명한 사람 중 한

---

ii 미국 내 우파는 중국이 타이완을 점령하고 그곳의 첨단 기술, 특히 반도체를 획득할 경우를 대비하여 '초토화 전략'을 통해 TSMC 공장 등을 파괴해야 한다고 주장하고 있다. 또한, 그들은 타이완 국민이 중국의 인민해방군에 맞서 싸워야 한다고도 주장한다.

명이 리루李彔[iii]이다. 리루는 '시장의 크기가 그 가치를 좌우한다.'라는 과학 기술 문명의 원칙을 주장했다. 그는 미국이 주도하는 글로벌 단일 시장이 세계에서 가장 큰 시장임을 강조한다. 이 큰 시장에 접근하는 국가와 기업은 큰 성장을 이룰 수 있다고 말한다. 심지어 제2차 세계 대전에서 전범 국가로 규정되었던 독일과 일본조차도 이 시장에서 막대한 성장을 이루어 냈다. 리루에 따르면, 이것은 바로 미국 주도의 글로벌 단일 시장의 효과였다. 그는 미국의 힘으로 전 세계가 이런 방식으로 통합됐다고 보았다. 그리고 큰 시장이 작은 시장을 잠식하며 통합시켜 나간다고 주장했다.

미국은 이 글로벌 시장에 어떤 국가가 참여할 수 있는지, 또 어떤 국가를 제외할지를 결정해 왔다. WTO, IMF, G7과 같은 국제기구들을 통해 이 글로벌 시장을 운영해 왔다. 특히, WTO는 하나의 글로벌 무역 시장을 지향하며, 세계 국가들을 WTO 가입 국가와 비가입 국가로 구분했다. 가입하지 못한 국가들은 경제적 쇠락을 경험했다. 덩샤오핑이 말한 '미국과 친한 나라는 부자가 되고, 소련과 친한 나라는 가난해졌다.'라는 발언은 이런 현상을 잘 나타낸다고 볼 수 있다.

미국에 의해 글로벌 자유시장 접근을 제한당한 공산주의 국가들은 경제 침체를 피할 수 없었다. 그 결과, 공산권의 주변 국가들부터 순차적으로 글로벌 시장에 참여하기 시작했다. 점점 고립되던 소련은 결국 붕괴되었다. 미국은 이렇게 글로벌 시장 통제를 무기

---

iii 히말라야 캐피털을 성공적으로 운영하고 있는 리루는 중국인 출신으로 미국에 유학하여 주식 투자의 현인으로 추앙받는 워렌 버핏, 찰스 멍거 등에게 가치 투자를 배우고 그들의 후계자로 거론되었던 것으로 유명하다.

하나의 시장은 무너졌다

로 무력이 아닌 시장의 힘으로 공산권을 무너뜨린 것이다.

지금도 미국에 의해 경제 제재를 당하고 있는 국가들은 생각보다 많다. 소련을 이은 러시아가 크림반도 합병으로 경제 제재를 받고 있으며, 인도 역시 핵폭탄 개발 후 수십 년간 미국의 경제 제재를 받았다. 반미를 표방한 쿠바나 리비아는 물론이고, 이란이나 북한은 말할 것도 없다.

따라서 궁극적으로 글로벌 시장 하나만이 남을 것이고, 이 시장에 접근하지 못하는 국가는 경제적으로 쇠락하게 될 것이다. 이 글로벌 시장을 통제하는 자, 즉 미국이 가장 큰 영향력을 가진 나라임은 분명하다.

단일 시장에서 후발 국가는 권위주의 정권이 유리하다

이러한 단일 시장과 규모의 논리는 시장의 상품과 서비스에도 적용될 수 있다. 거대한 시장에는 수많은 참여자들이 있지만, 그중에서도 두드러진 승리하는 상품이나 서비스는 한정적이다. 자유시장에서 경쟁이 이루어지면, 승자가 자연스럽게 나타난다. 한번 승자의 제품이나 서비스가 정착하게 되면, 그 뒤의 기업들이 살아남기 힘들어진다.

여러분이 사는 동네 골목길의 음식점 사업과 같은 경우는 글로벌 승자가 나타나기 어렵다. 이는 그런 음식점들이 각기 다른 골목길 상권, 즉 수많은 독립된 시장에 위치하고 있기 때문이다. 그러나 배달 서비스를 시작하게 되면, 그 시장은 배달 오토바이가 도달할 수 있는 범위로 확장된다. 만약 한 지역의 짜장면 배달 서비스가 독보적으로 인기를 끌게 된다면, 다른 골목길의 중국집은 문제에 맞닥뜨릴 수 있다. 이처럼 지리적, 문화적 특성이 강한 시장에서는 글로벌 승자가 나타나기 어렵다.

반면, 휴대폰, TV, 자동차, 연필, 컴퓨터 같은 일반적인 제품들은 전 세계적으로 비슷한 형태로 존재한다. 그들은 글로벌 단일 시장의 대표적인 예이다. 이런 제품들은 전 세계에서 동일하게 판매되고 있다. 대표적으로, 스마트폰의 애플, 메모리 반도체의 삼성, 전기차의 테슬라, OTT의 넷플릭스 등이 그 예이다. 세계 판매 순위 TOP10의 기업들은 대부분의 국가에서도 상위 판매 순위를 차지하곤 한다.

새로운 국가가 글로벌 시장에 통합될 때, 동네 짜장면집은 살아남을 가능성이 높지만, 국산 휴대폰 제조 기업은 그렇지 않다. 이런 식으로 글로벌 승자들이 지역 시장에 진입하면 원래 있던 지역 기업들은 경쟁에서 패배하여 사라져 간다.

따라서 각 국가들은 어느 정도 자국 산업의 보호를 도모하기 마련이고 자국이 취약한 산업을 보호하는 조치를 취하려고 한다. 그리고 WTO 체제는 이런 조치를 일정 시간 동안 허용하되, 그 후에는 해제하도록 권장한다. 글로벌 시장의 승자 기업과 제품이 국내로 진입하면, 지역 기업들은 경쟁에 도전하게 되지만, 그 경쟁에서 이기는 것은 쉽지 않다. 삼성이나 현대와 같은 대기업이 성공한 것은 대단한 성과다. 대다수 기업은 어려움을 겪게 되며, 결국 글로벌

하나의 시장은 무너졌다

승자들에게 자리를 내주게 된다.

우리나라에서도 자본과 기술을 보유한 몇몇 대기업은 성공을 이루었다. 그러나 중소기업과 중산층은 대부분 몰락했다. 글로벌 단일 시장은 최고의 성과를 보인 기업만이 살아남을 수 있는 환경이다. 소수의 성공한 기업이 벌어 들이는 재화는 국가의 GDP, 수출 총량, 주가 시총 등을 상승시킨다. 그리고 이들 소수의 글로벌 챔피언의 성과에 가려 대부분의 중소 기업과 서민층의 경제적 몰락은 잘 드러나지 않는다. 우리나라의 GDP 추세에서 주요 대기업의 성장이 변화하지 않았다고 가정하면 마이너스 성장으로 판단할 만한 데이터를 얻을 수 있을 것이다.

전 인도 준비은행 총재 라구람 라잔Raghuram G. Rajan은 'The Gospel of Deglobalization'[1]이라는 글을 통하여 이윤 극대화를 추구하는 다국적 기업, 효율적 생산에 초점을 둔 글로벌 공급망, 중국과 같은 대국의 지배에 따른 글로벌화의 문제점을 지적했다. 보호주의가 소기업과 근로자에게 혜택을 줄 수 있지만, 이는 대기업의 해외 경쟁력을 약화시킬 수 있으며, 대기업들은 이를 자신들에게 유리하게 조작하려 할 것이다. 세계화의 혜택은 균등하지 않으며, 일자리를 잃거나 지역 사회가 고립되면 많은 사람들이 분노한다. 따라서 라나 포루하Rana Foroohar[iv]의 주장처럼 세계화는 근본적으로 반민주적이라는 주장이 옳다고 볼 수 있다.

과거 개발도상국들은 수출 주도 성장을 통해 확실한 경제 발전을 이루어 냈다. 중국, 폴란드, 싱가포르, 한국, 타이완 등의 국가는

---

iv 파이낸셜 타임스의 부편집장, 비즈니스 칼럼니스트, CNN의 글로벌 경제 분석가.

이 전략을 통해 큰 성과를 얻었다. 세계 단일 시장은 이들 국가의 성장을 촉진했으나, 이들 국가 대부분은 권위주의 정권의 통치를 받았다. **오늘날 '공유된 가치'를 주장하는 모든 형태의 세계화는 불안정하고 비민주적인 정부를 가진 가난한 개발도상국의 성장 전망을 방해할 수 있다.** 더욱이 이들 국가가 더 민주적으로 변하는 것을 방해할 수도 있다.

　그래서 필자는 WTO나 자유시장 체제가 각 국가를 부유하게 하고 민주화를 촉진시킬 것이라는 믿음은 오해라고 생각한다. 실제로 글로벌 시장은 국내 경쟁을 글로벌 수준으로 확대시켰고, 소수의 기업만이 글로벌 시장에서 성장했다. 대다수의 기업들은 경쟁에서 밀려나 사라졌다. 중국이나 베트남과 같은 신흥 권위주의 국가들이 글로벌 시장에서 성장하는 것은 이러한 이유이다. 따라서 글로벌 시장이 민주화를 가져올 것이라는 생각은 너무 순진한 것이다.

하나의 시장은 무너졌다

중국의 굴기가
가능했던 이유

    글로벌 시장에서의 경쟁성을 높이기 위해서는 후발 개발도상국으로서 전 국력을 다해 자국의 장점을 가진 분야에 집중해야 한다. 이때 권위주의 정권의 장점이 부각되는데, 우리나라도 과거 권위주의 정권하에서 산업화를 위해 국력을 집중적으로 투입하며 그 효과를 확인했다.

    근대화를 추구하는 여러 국가들은 국가 자원을 전략적으로 집중 투자하여 산업화를 성취했다. 그중에서도 한국과 중국은 대표적인 예시다. 현재 중국 경제는 세계 경제의 약 20%를 차지하며, 미국의 세 번째 큰 무역 파트너로 미국 상품 수입의 거의 20%를 차지한다. 2016년 이후 EU와의 무역에서 중국 상품 수입은 두 배 이상 증가하고, EU로부터의 수출도 50% 증가하여 중국은 서방 시장을 가장 효과적으로 공략한 국가가 되었다.

중국이 이러한 성공을 거두는 동안 자유 시장주의를 주장하며 중국보다 작은 경제 규모를 가진 국가들은 경쟁에서 밀려났다. 민주주의, 자유 시장주의의 기초를 이루는 원칙은 이제 근대화의 유효한 방향으로 보이지 않아 일부 국민들 사이에서 불만이 생기기도 했다. 이런 상황은 과거에 파시즘이 등장한 배경과도 닮아 있다. 현시점에서도, 세계의 여러 나라와 우리나라에서도 효과적인 경제 발전을 위해 강력한 국가 지도력이 필요하다고 주장하는 목소리가 민주주의의 제한을 촉구하며 높아지고 있다.

미국은 단일 시장에 구애받지 않을 특혜를 중국에 주었다

중국의 경제 성장은 구조적으로 필연적이었다. 초기에는 다른 경쟁국에 비해 중국의 경제 규모가 그리 크지 않았지만, 그들은 특별한 장점을 가졌다. 중국은 하나의 시장에 참여할 권리를 얻었을 뿐만 아니라, 시장에서 승리하는 글로벌 기업들을 제한할 수 있는 권리도 동시에 획득했다. WTO 가입 협상 때 이 권리를 승인한 미국은 중국이 미국의 경제적 지위를 넘어설 것이라는 것을 예상하지 못했을 것이다.

중국의 경제 개혁과 개방을 위해 마오쩌둥의 사회주의 체제에서 벗어나려 했을 때, 기존 체계를 손상시키지 않는 한편으로 외부의 자본과 기술을 끌어들여야 했다. 덩샤오핑이 주도한 개혁 개방은

하나의 시장은 무너졌다

기본적으로 '중국의 시장을 미끼로 서방의 자본과 기술, 경험을 도입한다.'라는 것이었지만 동시에 개혁 개방 반대파를 설득하고 자국이 무너지지 않도록 '결코 중국은 아편 전쟁 시기와 같이 외국의 시장으로 전락하지 않겠다.'라는 확고한 의지도 함께 있었다.

이 방침은 크게 몇 가지 정책으로 구체화되었다. 첫 번째는 외국 기업이 중국에 투자하여 법인을 설립할 때 중국 측 파트너와의 합자를 필수로 하는 것이었다.[vi] 중국의 전략대로 중국의 광대한 시장은 당장 취약했지만, 급성장의 가능성 때문에 외국 기업들은 막대한 자본을 투자하며 진입했다. 그러나 해당 분야의 전문성을 가지거나 외국 기업과 유사한 규모의 자본을 투자할 수 있는 중국 파트너를 찾기는 어려웠다. 그래서 대부분은 정부의 국유 기업들이 토지나 부동산 등을 제공했고, 마음이 급한 한국 기업들은 개인적으로 친분이 있는 돈 없는 중국인과 파트너십을 맺기도 했다. 중국 정부는 중국 측 파트너의 지분이 너무 적다면 합작 법인을 승인하지 않아, 외국 기업들은 울며 겨자 먹기로 상징적인 돈 정도를 투자한 중국 측 파트너에게 많은 지분을 주는 일이 비일비재했다.

처음에는 자본이 부족한 상태로 합작 회사에 참여한 중국 측 파트너들은 점차 사업 방법과 기술을 습득했다. 대부분의 합작 기업 직원은 중국인이었고, 그들은 기술과 경험을 습득하며 독자적인 사업을 시작하기도 했다. 이는 덩샤오핑의 전략처럼 외국의 자본, 기

---

v 이 말은 20세기 중국 정부의 문건에 자주 나오는 문장이었다.

vi 외국 기업과의 합자 회사 설립은 시한이 정해져 있었고 시한이 만료되면 모든 자산이 중국 파트너의 소유가 된다. 아직 시한이 도래한 기업도 없고 시한 도래 전에 자산을 처분하겠지만, 거시적 관점에서 볼 때 장기간, 다수 기업이 설립되는 상황에서 시간이 충분히 지나면 중국에 자본과 기술이 쌓이는 방식이다.

술, 경험을 학습하여 중국화 하는 방식이었다.

두 번째로, 중국은 국가 이익이 연관된 인프라 사업이나 중국 기업의 경쟁력이 미흡한 분야에서 외국 기업의 진입을 제한했다. 90년대에는 교육, 운송, 유통, 통신, 국방, 금융 등의 8대 산업에 외국 기업의 진입을 허용하지 않았다. 이러한 제한된 산업들은 여러 분야와 중첩되는 비즈니스에서 외국 기업에게 문제를 일으켰다. 예를 들면, 소프트웨어 산업은 외국 기업의 진입이 가능했지만 교육 산업은 그렇지 않았다. 그렇다면 교육용 소프트웨어는 허용이 될까? 이에 대한 중국 정부의 해석은 부처에 따라 각기 달랐고 지방 정부에 따라 각기 달랐다. 외국 기업들 입장에서 불확실성은 너무나 컸다.

지금도 서방의 대형 금융 회사인 블랙록, 피델리티Fidelity 중국 정부가 개방한 1조 달러 규모의 중국 연금 시장에 진입했지만, 그 경쟁에서는 뒤처지고 있다.[2] 중국의 개인연금 시장은 약 1조 7천억 달러에 달한다는 전망이 있어 글로벌 금융 기업들은 매력적인 시장으로 여기고 있다. 그러나 대부분의 외국 금융 기업들은 중국 내 36개 도시에서의 시범 시험에서 제외되었다. 이로 인해 중국 공상은행, 중국 초상은행 등의 국내 은행들이 초기 자금 유입의 대부분을 차지했다. 중국 은행들은 자체 네트워크를 활용하여 외국 기업들을 앞서고 있다. 새로운 연금 제도는 아직 초기 단계이지만, 중국 기업에 유리하게 조성된 불공정한 출발은 중국 시장을 노리는 외국 기업에게는 버거운 도전이다.

세 번째로, 중국은 공산당의 조직적인 통제 메커니즘을 가지고

하나의 시장은 무너졌다

있다. 공식적인 규제나 정책은 아니더라도, 지도부의 방침이 전달됨에 따라 갑작스런 변동이 생길 수 있다. 이런 배경에서 그 유명한 '중국에서 사업하려면 꽌시가 있어야 된다.'라는 말이 전 세계로 퍼져 나갔다.

하나하나 사례를 놓고 따질 수도 있겠지만 거시적 안목에서 볼 때 중국 공산당의 이런 정책은 기본적으로 자국 시장을 외국 자본에 내 주지 않겠다는 것에서 출발한 것이다. 즉, 중국은 글로벌 단일 시장에 공평하게 접근할 수 있게 되었지만, 자국 시장은 외국 기업으로부터 보호할 수 있었다. 중국의 굴기는 이렇게 중국 시장이 기울어졌기에 가능했다. 그리고 중국이 이렇게 기울어진 시장을 만들 수 있었던 것은 당초 미국이 중국에 불공정한 규칙을 허용했기 때문이었다.

미국은 중국에 준 특혜를 회수할 수 없다

미국은 중국에 언제까지나 특혜를 줄 생각은 없었다. 그러나 중국이 WTO에 가입하고 회원국이 된 후에는 미국의 예상과 달리, 중국의 WTO 내에서의 영향력이 늘어났다. 실제로 WTO 내에는 미국보다 중국을 지지하는 국가들이 더 많았고, 이로 인해 국제 사회가 미국의 의도대로 움직이지 않았다.

김준형 전 외교원장의 분석에 따르면, 미국과 그 동맹이나 우호적인 국가는 전 세계적으로 약 70개국 정도다. 반면 중국을 더 지지하는 국가의 수는 정확하게 파악하기 어렵지만 대략 120개국 정도라고 추정된다. 이들 국가들이 미국보다 중국을 선호하는 이유는 각기 다르다. 지정학적인 원인도 있고 미국의 패권주의나 인권 압박 등을 불쾌하게 생각하는 국가들도 있다. 아프리카 각국처럼 장기간 중국의 지원을 받았기 때문에 중국에 우호적인 국가들도 있으며 이념적으로 사회주의를 선호하기 때문인 국가들도 있다.

중국을 지지하는 다양한 이유와 관계없이 중요한 점은 WTO와 같은 국제기구에서 여론이나 의사 결정이 미국의 의도보다 중국의 의도에 더 크게 영향을 받고 있다는 것이다. 중국이 약속한 개방 일정에 대한 유보 신청이나 수정 요구가 WTO 내에서 계속되고 있으며, 미국의 주장이 거기에서 큰 지지를 받지 못하게 됨으로써, 중국은 자신의 체계를 유지할 명분을 확보하게 되었다.

문제는 이제 미국이 중국을 통제할 적당한 수단을 상실했다는 것이다. 과거 미국이 상대국에게 명분으로 내세우던 '국제 질서'는 이제 중국의 '단변주의를 배제하고 다변주의에 의한 질서를 지지한다.'라는 말 때문에 명분이 없어졌다. '단변주의'는 강대국인 미국이 자신의 의견만을 주장하고 강요하는 상황을 의미하며, 반면 '다변주의'는 여러 나라가 동등한 비중으로 참여하여 논의하는, 일종의 민주주의적 접근을 의미한다.

미국 재무부 장관을 지낸 헨리 파울슨Henry M. Paulson Jr.은 전형적인 월스트리트의 금융인이다. 그는 월스트리트 저널에 기고를 하여[3] 먼저 바이든이 일본, EU, 영국, 한국, 호주와 같은 동맹국들과 함께 세계 무역 시스템과 세계 무역 기구를 강화하도록 조언했다.

하나의 시장은 무너졌다

그리고 이 기구를 통해 새로운 무역 질서 기준을 설정하고 중국에 참여를 요청하라는 것이었다. 만약 중국이 이 강화된 상호주의적인 새로운 규칙에 동의한다면 협력을 지속하고, 거부할 경우 중국에 제재를 가하라는 것이 그의 주장이었다.

헨리 파울슨의 의견은 미국이 더 이상 통제할 수 없게 된 WTO를 사실상 무력화시키고, 미국의 주요 동맹국들과 새로운 국제기구를 만들어 그 기구의 규칙을 미국의 의견에 따라 설정하자는 것이다. 중국이 이 제안을 받아들일 가능성은 낮다. 그렇기 때문에 중국이 거절한다면, 헨리 파울슨의 제안은 미국의 동맹국들이 WTO에서 탈퇴하고 새로운 기구에 참여하도록 압박할 것이다. 그러나 WTO에는 164개 국가가 참여하며, 이들은 글로벌 무역의 98%를 차지한다.[4] 또한, 새로운 기구를 위해 WTO를 유지하려는 다수의 국가들을 설득하는 것은 쉽지 않다. 이러한 상황에서 미국은 IPEF와 같은, 정확한 규칙이 명확하지 않은 연합체를 출범시키며 동맹국들을 가입시키고 있다.

결과적으로 중국은 이제 경제 규모를 키웠다. 글로벌 자본 시장의 규모는 미국과 서방이 최대이지만 실물 경제[vii] 시장은 중국이 최대 플레이어가 된 것이다. 즉, 금융이 아닌 실물 경제의 관점에서 보면 시장의 주도권은 미국에서 중국으로 옮겨진 것이다. 실물 경제는 글로벌 단일 시장의 일부이지만, 자본 시장과는 상당히 독립적으로 작동한다.

그리고 중국 정부는 최근 수년 동안 꾸준히 실물 경제의 중요성

---

vii 중국은 실체 경제라는 말을 사용한다.

을 강조해 왔으며, 그 핵심은 바로 제조업이다. 중국의 지도부는 이에 대한 결연한 의지를 보이고 있다. 시진핑은 2023년 전국인민대표대회에서 자신이 항상 중국에 두 가지 중요한 분야가 있다고 말해 왔다며 '**하나는 우리의 밥그릇을 지키는 것이고, 다른 하나는 제조업을 발전시키는 것**'이라고 말했다. 그는 또한 '14억 인구를 가진 대국으로서 우리는 이 두 가지 문제를 해결하기 위해 우리 스스로 의존해야 한다. 우리는 우리를 구하기 위해 국제 시장에 의존할 수 없다.'라고 강조했다.[5]

시진핑이 여러 번 강조한 식량과 제조 문제를 외부에 의존할 수 없다는 말에서는 중요한 메시지가 담겨 있다. 그의 발언은 어떤 비상사태, 아마도 양안 전쟁과 같은 전쟁 상황을 염두에 둔 것으로 보인다. 이러한 상황을 고려하면 금융보다는 실물 경제를 중심으로 한 생각과 정책을 추구하는 것이 당연하다.

미국은 냉전에서의 승리 후 중국을 글로벌 시장 경제에 편입하면서, 이로 인해 국민 소득의 상승을 통해 사유재산과 개인의 권리에 대한 요구가 제기될 것이라 예상했다. 더 나아가 중국의 민주화까지도 기대했다. 그러나 현재의 결과는 그 예상과는 전혀 다르다.

미국과 중국은 서로의 이데올로기, 가치 체계, 도덕관 그리고 미래 비전이 상충한다. 중국 공산당은 전통적인 공산주의에서 변증접적 진화를 겪으며 사유제도와 공유제도를 병행하는 중국식 사회주의라는 이념을 발전시켰다. 따라서, 중국 공산당은 그들의 이념이 서방의 자본주의보다 우월하다고 주장하는데, 그 근거로 일당전제 체제를 유지하면서도 높은 경제 성장을 이룩했다는 사실을 들고 있다. 더욱이 중국은 핵 보유국이자 군사 강대국이기도 하다.

중국은 자신들의 이념적 본질을 깊게 파고들어 그 안의 모순을 상당 부분 해결하고 있다고 본다. 적어도 이론적으로는 그렇게 주장하고 있다. 이미 경제적으로 세계 두 번째의 강국이 되었고, 그 국가의 부와 영향력은 미국보다 훨씬 빠르게 증가하고 있다. 그렇기에 중국은 시간이 흐르면 미국을 앞질러 세계 최대 강국이 될 것이라 생각한다. 이처럼 성장하는 중국이 구소련처럼 붕괴할 것이라 기대하는 것은 비현실적이다.

이제 중국은 고도의 경제 성장을 통해 체제에 대한 자신감을 키워왔고, 이제 다음 단계의 국가 전략을 수립했다. 첫 번째 백 년 목표인 '샤오캉 사회 건설'을 완성한 중국은 이제 두 번째 백 년 목표인 '사회주의 현대화 강국 건설'을 추진하려 한다. 그중에서도 양안 통일은 가장 중요한 과제로 여겨진다. 시진핑 3기 정부에서는 정보 계통과 공안 계통을 국무원 산하가 아닌 공산당 산하로 통합시켰다. 이에 따라 국무원의 역할은 국가 운영에 중점을 두게 되고, 주요 전략적 결정은 당 지도부가 주도하게 될 것이다. 하지만, 중국의 타이완 병합은 미국으로서는 절대 받아들일 수 없다. 그러니 미중은 충돌의 길, 다시 말해 전쟁으로 향하는 길에 올라서게 된 것이다.

서방 시장에서 분리되는
동방 시장

글로벌 단일 시장의 주요 규칙은 정부의 개입과 간섭을 최소화하는 것이었다. 서방 시장은 이 전통을 계승할 것이다. 반면 중국이나 러시아와 같은 권위주의 국가의 시장에서는 정부의 뚜렷한 개입이 있어, 정작 자유 시장이라고 부르기는 어렵다. 동방 시장은 이런 권위주의 국가 통제의 성격을 이어받을 것이다.

세계 공장이라고 불리는 중국이 완전히 글로벌 시장에서 디커플링될 일은 없을 것이다. 그러나 지금까지와는 달리 '왕따'를 당하게 될 것은 분명하다. 미국이 주도하는 차이나 디커플링 또는 디리스킹이 본격화되고 글로벌 시장이 양 진영으로 분리된다면, 중국을 포함한 시장과 중국이 배제된 시장의 두 가지로 나뉠 것이다.

하나의 시장은 무너졌다

세계는 두 개의 시장으로 디커플링되고 있다

편의상 미국 주도의 중국 배제 시장을 '서방 시장', 중국 주도 시장을 '동방 시장'이라고 칭하자. 그리고 양쪽 진영 사이에서 자유롭게 교역이 이루어지는 시장을 '교차 시장'이라고 부르기로 한다. 만약 엄격한 디커플링이 진행된다면 교차 시장은 거의 존재하지 않거나 극히 제한적일 것이며, 느슨한 디커플링이 이루어진다면 교차 시장의 규모는 확대될 것이다.

그렇다면 디커플링은 언제 실현될까? 필자는 디커플링이 오는 것은 필연적이라고 생각한다. 바이든 행정부의 대중 전략은 그 구체적 내용을 공개한 바 없지만, 2022년 5월 조지 워싱턴 대학에서 있었던 블링컨 국무장관의 연설이 가장 포괄적인 소개라고 한다. 여기서 바이든과 블링컨은 '결정적 10년'을 이야기한다.[6] 즉, 미국의 대중 정책이 대략 10년 동안은 지속될 것이며, 10년이 지난 후에 그 결과를 평가하려는 중장기적인 정책을 의미한다.

미국 정부의 대중 전략은 동맹국들과 손을 잡고 중국을 압박하는 동시에 전쟁이나 직접적인 충돌은 피하려는 방침이다. 중국 입장에서는 '피를 말려 죽이겠다.'라는 전략으로 보일 것이다. 당연히 수년에 걸쳐 효과가 나타나지만 알면서도 당하는 류의 전략이기도 하다. 따라서 시간이 흐를수록 미국의 디커플링 압박은 강화되며, 그 결과는 필연적으로 나타나게 될 것이다.

텔레그래프의 리암 할리건Liam Halligan은 2022년 5월에 세계가 경제적 영역에서 두 대립하는 그룹으로 분화될 가능성을 말했다.[7] 그는 미국, EU, 영국을 한 그룹으로, 인도네시아, 중국, 인도와 같은 국가들이 러시아와 계속해서 우호적인 관계를 유지하며 정치적 환경에서 러시아를 지지하고 무역을 확대하는 반면, 러시아는 미국과 EU에는 더 이상 우호적이지 않다고 분석했다. 필자는 이를 서방 시장 국가와 대비되는 동방 시장 국가의 대립 구도로 해석한다.

서방의 중국 디커플링은 자연스럽게 서방으로부터 경제 제재를 받는 국가들을 결집시키고 있다. 중국 이전에 경제 제재를 받고 있는 러시아, 북한, 이란 등의 국가가 있다. 이들은 본의 아니게 글로벌 시장에서 분리되어 있었는데 자연스럽게 중국에 기대며 함께 경제 블록을 형성하려 하고 있다. 바로 동방 시장이 될 수 있는 것이다.

이런 동방 시장 구축 움직임에는 미국으로부터 경제 제재를 받을지 알 수 없는 국가 또는 정권들도 다리를 걸치기 시작했다. 바이든에게 인권 이슈로 압박을 받고 있는 사우디아라비아를 비롯하여 정권 정당성을 인정받지 못하고 있는 미얀마 군부 정권 등 중동, 아프리카, 남미, 중앙아시아의 여러 나라가 만일을 위해 중러를 주축으로 하는 경제권을 기웃거리고 있다.[8] 결과적으로 동방 시장의 틀이 점차 확립되어 가는 것이다.

동방 시장을 대표하는 중국의 시장 규모는 생각보다 크다. 특히 중국 특유의 대규모 거래는 그들의 시장 위력을 확연히 드러낸다. 예를 들어, 2023년 4월 중국과 프랑스는 에어버스 항공기 140대의 구매 합의를 이루었다.[9] 이를 위해 에어버스는 중국 톈진에 합자 공장을 세우기로 하였다. 프랑스는 이에 대한 감사의 표시로 초대형 컨테이너선 16척을 건조하는 사상 최대 규모의 단일 컨테이

　　　　　　　　　　　하나의 시장은 무너졌다

너선 오더를 중국에 발주했다.[10)

동방 시장에서 중국의 역할이 이렇게 결정적이며 비중이 크다는 것은 누구나 동의하는 사항이다. 실물 경제의 시각에서 본다면 중국은 세계 120여 개국[viii]에 있어 1위의 무역 파트너 국가이다.[11)] 특히 금융 서비스 등 자본 축적 국가 중심의 산업이 취약한 제3세계 국가에 있어서는 미국보다 더 영향력이 큰 국가라고 할 수 있다.

그러나 경제적 논리만으로 국제 시장이 결정되는 것은 아니다. 국가의 안보라는 우선순위의 국익이 있고, 중국의 강압적인 행동에 대한 국제적인 반발도 존재한다. 일부 국가에서는 미국의 지지가 정권의 성립에 결정적인 영향을 미치는 상황에서, 국제 질서의 주도적 역할을 하는 미국의 영향력을 간과할 수 없다.

그렇다면 미국의 국제적 영향력에도 불구하고 중국 편에 설 나라들은 여러 사건에서 신호를 감지할 수 있다. 노드 스트림[ix] 폭파 사건[12)]이 일어났을 때 러시아는 이를 미국의 소행으로 지목하였으나, 미국은 이를 부인하였다. 중국은 미국이 이 사건을 은폐하려고 한다며 조사를 요구하는 성명을 발표하였고, 이 성명에는 러시아, 벨라루스, 북한, 시리아, 에리트레아, 니카라과, 베네수엘라 등이 서명하였다. 이런 행동을 통해 이들 국가가 중국 주도의 동방 시장 진영에 가깝다는 것을 알 수 있다.

....

viii 특히 한국, 일본, 타이완, 베트남을 비롯하여 러시아와 우크라이나 그리고 아프리카의 남아공이나 케냐, 남미의 브라질, 중동의 사우디 아라비아 등에게도 교역 1위 국가이다. EU 블록에게도 중국은 교역 1위 국가이다.

ix 노드 스트림(Nord Stream)은 러시아에서 독일까지 발트해 아래를 흐르는 유럽의 연안 천연가스 파이프라인을 말한다. 우크라이나 전쟁 후 러시아로부터 독일로 천연가스를 공습하는 노드 스트림 파이프라인이 누군가에게 공격을 받아 폭파되었다.

BRICS 블록, 즉 브라질, 러시아, 인도, 중국, 남아공으로 구성된 국가들은 미국의 과도한 리더십에 반발하고 있다. 그러므로 동방 시장이 형성될 경우 이들도 참여할 가능성이 크다. BRICS는 13개국이 공식 신청[13]한 것을 포함하여 19개국[x]이 가입 신청을 하였다고 한다. 그러니 이들 국가들의 참여가 이루어지면 BRICS의 영향력은 더욱 커질 것이다. 이들 국가들은 서방 시장을 완전히 포기하고 싶어 하지는 않겠지만, 동방 시장도 동시에 중요하게 생각할 것이다.

필자는 《중국의 선택》에서 이미 20세기 말의 양안 전쟁 시점에 미국이 중국에 경제 제재를 가할 시나리오를 중국이 인지하고 대비하였다고 서술하였다. 현재 우크라이나 분쟁은 중국에 서방이 어떤 전략, 전술 및 역량으로 강대국을 무력화시키려고 하는지 연구할 수 있는 기회를 제공하였다. 중국은 이러한 분쟁을 통해 몇 가지 중요한 교훈을 얻었는데, 그중 가장 중요한 것은 '국제 파트너십'이라는 개념이다. 이는 미국에는 많으나 중국에는 없는 동맹 같은 존재라고 할 수 있다. 현재 중국은 상대를 같은 편으로 만들 수단이 상당히 미흡한 상태이다. 그래서 동방 시장의 형성은 바로 중국이 어떻게 당근을 만들 수 있는지 그리고 미국이 얼마나 많은 나라들을 밀어낼지에 따라 크게 좌우될 것이다.

우크라이나 전쟁 후, 미국이 러시아를 SWIFT에서 배제하는 극단적인 조치를 취했다. 이는 어떤 이유로든 미국에 경제 제재 조치

---

x 사우디아라비아, 이란, 아르헨티나, 아랍 에미레이트, 알제리, 이집트, 바레인, 인도네시아 그리고 터키도 가입을 고려하고 있다. 2023년 8월 BRICS 회의에서 사우디 아라비아, UAE, 이란, 이집트, 에디오피아, 아르헨티나가 가입 초대되어 BRICS는 11개국으로 확대될 예정이다.

하나의 시장은 무너졌다

를 받을 가능성이 조금이라도 있는 국가들에게 러시아처럼 달러 경제권에서 제외되었을 경우의 플랜 B가 있어야 한다는 경각심과 동방 시장에 한 다리 걸쳐야 한다는 생각을 가지게 하였다.

러시아의 우크라이나 침공 후 1년이 지난 지금, 세계 무역의 분열은 더욱 깊어지고 있다.[14] 미국은 러시아 제재를 이끌지만, 이는 제재에 부정적인 국가들을 밀어내는 결과도 초래하고 있다.

예를 들어 러시아는 중국이 국가 안보상 가장 필요하다고 여기는 '안전한 에너지'와 '안전한 식량'을 제공할 수 있는 나라이다. 공급 경로가 국토를 맞대고 있어 안전하다는 뜻이다. 그리고 러시아에 중국은 서방이 제공하지 않겠다는 자원과 물자를 모두 제공할 수 있는 국가이다. 이러한 배경 아래에서 중러 간의 경제 협력과 중국의 러시아 군수 물자 지원에 대한 주장들이 부상하고 있다.

우크라이나 전쟁 이후 중국이 러시아에 얼마나 크게 도움을 주었는지를 살펴보자. 2022년에는 중국의 대러시아 수출이 환율 변동의 영향으로 12.8% 증가했다.[15] 그러나 2022년에 중국과의 교역을 가진 상위 20개 국가 중 대다수는 수입이 10% 이상 증가하였으며, 호주와 인도의 경우 약 20% 증가하였다. 2022년 중국의 러시아 수출 규모는 760억 달러로, 이는 중국 전체 수출 중 2%에 불과하다. 이 수치는 경제 규모가 러시아의 4분의 1인 태국의 수출 규모와 비슷하다. 그렇다면 2022년 기준 중러 간의 경제 통합이나 접근은 아직 초기 단계에 머물러 있다고 볼 수 있다. 즉, 중국은 미국과 서방의 눈치를 보고 있는 것이다.

반면, 이 기간에 러시아와의 교역을 확대하는 국가들도 눈에 띈다. UNComtrade가 발표한 2022년 대러시아 무역량 변화 데이터에 따르면, 인도는 3.6배, 터키는 2배, 영국은 66%, 중국은 29%, 이집트는 21%, 독일은 20% 그리고 일본은 9% 증가하였다.

2022년 기준으로, 과거 5년 동안 러시아로부터 월평균 수입량의 변화는 다음과 같다. 인도는 430% 증가, 터키 213%, 브라질 166%, 스페인 112%, 중국 98%, 네덜란드 74%, 사우디아라비아 45%, 일본 40%, 독일 38%, 노르웨이는 21% 등이다.[16] 이러한 국가들은 러시아의 경제적 어려움을 기회로 삼아 저렴한 가격으로 에너지를 구매하는 등의 방법으로 자국의 이익을 극대화하고 있다.

중국은 러시아와 가장 밀접한 교역 관계를 맺고 있지는 않다. 그런데도 우크라이나 전쟁 이후 미국을 중심으로 한 서방 국가들의 제재로 인해 러시아는 중국을 의존하게 되었다. 이러한 변화로 인해 세계는 중러 간의 경제 블록 형성을 예상하게 되었고, 2023년에는 그들 사이의 시장 연계가 더욱 강화되고 있음을 볼 수 있다.

2023년에 들어와 본격화되고 있는 중러 무역은 1분기에 38.7% 증가했다.[17] 가제타닷알유Газета.Ru[xi]는 1분기 중국의 대러 수출한 금액은 47.1% 증가한 240억 7천만 달러, 러시아의 대중 수출 금액은 32.6% 증가한 297억 7천만 달러라고 보도했다. 중국 해관에 따르면 2022년 양국 간 무역은 29.3% 증가한 1,902.7억 달러였다.

무역뿐 아니라 외환에서도 양국은 근접했다. 엘비라 나비울리나 Эльвира Сахипзадовна Набиуллина 러시아 중앙은행 총재는 러시아가 금, 위안화 및 현금 보유 외화 등 서방의 제재 대상이 될 수 없는 자산

----

xi 모스크바에 기반을 둔 러시아 뉴스 사이트

하나의 시장은 무너졌다

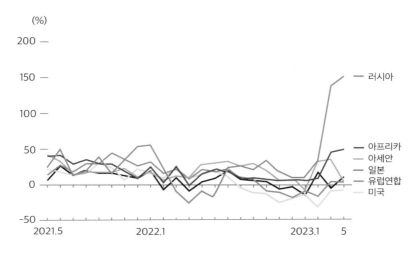

(%)

러시아

아프리카
아세안
일본
유럽연합
미국

2021.5 　　　　 2022.1 　　　　 2023.1 　5

[그림 3-1] 급증하는 중러 무역

으로 국제 외환 보유고를 구축하고 있다고 말했다.[18]

　이렇게 2023년에 경제 협력이 가속되자 2023년 5월 EU는 러시아의 우크라이나 침공을 도왔다는 이유로 중국 기업에 대한 제재를 검토하고 있다고 한다.[19] EU는 지금까지 10번의 제재 패키지를 발동했지만, 중국 기업에 제재를 가하는 것은 이번이 처음이다. 이렇게 중러는 자의 반 타의 반으로 시장이 결합되어 가고 있다.

양다리를 걸치려는 교차 시장 국가들

　2023년 히로시마 G7에 초대된 국가로 인도, 브라질, 인도네시아, 베트남, 호주, 한국 등이 있었는데 이 중 완전히 서방 시장을 선택한 국가는 호주와 한국뿐이었다.

　인도의 모디 총리는 동방과 서방 시장 양쪽에 발을 딛겠다고 공개적으로 발표했다. 이는 인도가 중러 동방 시장에도 참여하겠다는 의미로 받아들여져야 한다. 많은 한국인들은 중국과 인도 사이의 국경 분쟁 등으로 인해 두 나라 간의 관계가 악화되고 있어 경제 협력에 장애물이 있을 것이라 생각하지만, 실제로 인도와 중국 사이의 무역은 빠르게 확대되고 있다(그림 3-2). 특히 중국의 인도로의 수출이 급증하였다. 2022년 1월부터 11월까지 인도와 러시아 간의 무역은 전년 동기 대비 3.6배 증가하였다. 서방 국가들의 러시아와의 무역이 줄어들면서, 인도의 러시아와의 무역이 확대되었다는 것이다. 이와 관련하여 일본 대외무역기구 아시아경제연구소의 하야카와 카즈노부는 '인도가 서방의 러시아와의 무역 공백을 채우고 있다.'라고 지적했다.

　러시아와의 무역을 확대하고 있는 다른 국가로는 터키가 있으며, 화학, 전자, 의류 등 대러 수출이 크게 증가하여 무역액이 681억 달

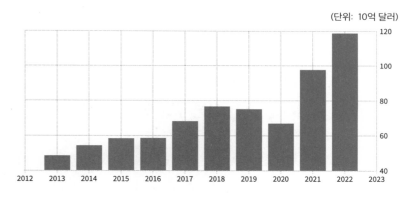

(단위: 10억 달러)

[그림 3-2] 중국의 대인도 수출 추이

　　　　　　　　　　　　　　　　　　하나의 시장은 무너졌다

러로 2배 증가했다. 이집트도 일상용품, 과일, 플라스틱 등의 러시아 수출을 확대하고 있다. 하야카와 카즈노부에 따르면 '**미중 디커플링의 중립국들은 경제 디커플링의 혜택을 받고 있다.**'라고 한다. 물론 중립이 아닌 한국은 이런 디커플링의 혜택은 생각하기 어렵다.

한편 중동 국가들은 중국의 성장하는 힘과 영향력을 미국 및 많은 서방 동맹국과는 달리 긍정적인 시각으로 바라보고 있다.[20] 서방 세계의 많은 국가들에서 중국에 대한 인식이 부정적으로 바뀌는 가운데, 중동 지역의 대다수 국가에서는 중국에 대한 호감도가 오히려 상승하고 있다. 프린스턴 대학의 제7차 아랍 바로미터 조사에 따르면 튀니지, 리비아, 모리타니, 요르단, 레바논, 팔레스타인 자치정부, 이라크, 수단에서는 미국보다 중국을 더 선호한다는 결과가 나왔다. 사우디아라비아의 시민 천 명 중 57%는 중국과의 관계가 중요하다고 응답했으며, 반면 41%만이 미국에 대해 같은 생각을 가지고 있다. 중동 지역의 일부 지도자들은 중국을 큰 기회와 본받아야 할 모델로 여기고 있다(그림 3-3).

중동 국가들의 이러한 태도의 변화 배경에는 미국의 중동 정책의 변화가 있다. 미군이 IS 극단주의 잔당과의 전투를 위해 시리아에 약 900명, 이라크에는 약 2,500명을 배치했음에도, 중동 국가들은 미국이 약속한 중동 안보를 믿어 왔지만 미국의 한계를 확인한 것이다.[21]

사우디아라비아의 경우, 이란이 드론과 순항 미사일로 자국의 석유 시설을 공격한 이후, 트럼프 행정부가 즉각적인 군사 지원을 제공하지 않은 2019년을 결정적인 순간으로 여긴다. 또한, 2018년

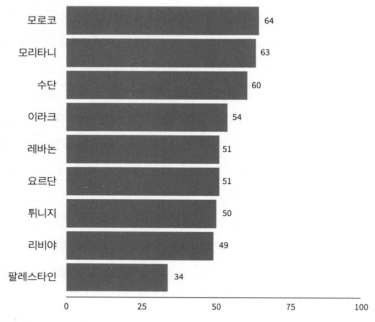

[그림 3-3] 중동 각국의 대중 호감도

바이든이 사우디 정권에 비판적인 입장을 취하면서 워싱턴포스트 칼럼니스트 자말 카쇼기의 살해 사건 이후 사우디아라비아와의 관계가 긴장되었던 것도 영향을 미쳤다.

하지만, 이는 페트로 달러의 안보 약속을 미국이 위반한 것으로 아랍 국가들은 동요했다고 알파고 시나[xii]가 전했다. UAE의 경우에도 2022년 예멘의 이란 지원군이 아부다비를 드론으로 공격했을 때, 바이든 행정부의 늑장 대응이 결정적이었다는 평가가 있다. 따

....
xii 터키에서 태어난 언론인으로 대한민국으로 귀화하여 언론인이자 작가, 방송인으로 활동하고 있다.

하나의 시장은 무너졌다

라서 중동 국가들로서는 미국의 안보 약속을 더 이상 신뢰하기 어렵다는 인식이 강화되었다.

과거 미국은 최대 원유 수입국으로, 중동 지역의 정세가 미국의 국익과 직접 연결되었다. 그러나 셰일 가스 혁명을 겪은 후, 미국은 에너지 수출국으로 전환하였다. 중동 산유국에게 미국은 이제 고객이 아닌 경쟁 상대가 되었다.

특히, 사우디아라비아는 현재 중국이 개혁·개방 초기에 있던 상황과 유사하다고 볼 수 있다. 이 경제 전환기에 있던 나라로 중국 기업들의 투자가 활발히 이루어지고 있다.[22] 2022년에는 사우디아라비아의 GDP 성장률이 8.7%에 이를 것으로 예상되며, G20 국가 중 인도를 넘어서 가장 빠른 성장률을 기록할 것으로 보인다. 사우디아라비아의 GDP 중 원유와 천연가스가 차지하는 비중은 약 32.7%로 크지만, 제조업 분야의 활성화가 이를 넘어서고 있다.

2013~2021년 사이, 중국의 사우디아라비아 투자는 23.2억 달러에 달했고[xiii] 사우디아라비아도 중국에 약 350억 달러를 투자했거나 투자할 계획이다. 중국과 사우디아라비아는 전면전략적 파트너 관계 Comprehensive Strategic Partnership[23]이고 사우디아라비아의 국가 전략인 '비전 2030'과 중국의 국가 전략인 '일대일로' 차원에서 양국은 상호 시너지를 도모하고 있다. 이는 제조업을 강화하려는 사우디아라비아의 목표와 미국의 제재를 회피하여 사우디아라비아에서 최종 생산을 통한 우회 수출을 추구하는 중국의 전략이 일치하기 때문이다.

최근 사우디아라비아는 장기간 유지해온 페트로 달러 체제를 깨

xiii 2005~2021년 사이 중국은 총 435억 달러 규모의 투자를 했다.

고 중국과의 원화 거래를 시작했다. 전문가들은 이러한 움직임을 사우디아라비아가 달러 기반의 경제에서 완전히 벗어나려는 의도 보다는, 미국에게 경고 또는 압박의 의미로 상징적으로 위안화 결제를 도입한 것으로 해석하고 있다.[24] 달러 페그제를 운영하는 사우디아라비아가 달러를 벗어날 수는 없다는 것이다.

그러나 중국의 중재로 사우디아라비아와 이란 간 평화 협정이 성사되면서 전반적인 상황이 달라졌다.[xiv] 중동의 이란과 사우디아라비아가 중국을 통해 국교 정상화에 합의했을 때 이란 핵문제[xv] 대응 등 5개 항목에서 합의한 것으로 밝혀졌다.[25] 사우디아라비아는 핵무기 개발로 이어지지 않는 한도 내에서 이란의 핵 개발을 인정하며, 사실상 양국 간의 대리전으로 볼 수 있는 예멘 내전 종료를 목표로 하기로 합의했다. 이러한 변화는 중동의 강대국인 사우디아라비아와 터키 등이 미국보다는 중국 측에 가까워지게 만들 것으로 예상된다.

인도와 사우디아라비아 등은 영향력이 큰 국가이다. 여기에 브라질 등을 포함한 BRICS 그룹이 동방 시장에 참여하게 된다면 중국은 서방의 경제 제재가 있다 해도 버텨 나갈 수 있을 것이다.

....

xiv 미국 월스트리트 저널 전자판은 미국 중앙정보국(CIA) 반스 국장이 사우디를 방문해 무함마드 왕세자에게 불만을 표명했다고 보도했다. 사우디가 중국의 중재로 이란과의 외교관계 정상화에 합의했을 때 미국이 모기장 밖에 놓여 있다고 느꼈다고 말했다고 한다. 반스는 사우디 정보기관 수뇌부와도 만나 '공동의 이익'을 논의하고 '대테러 분야의 정보 협력'을 확인했다고 한다.

xv 이란과 미국-영국-프랑스-독일-중국-러시아는 2015년 핵무기 전용을 막기 위해 우라늄 농축률을 제한하는 대가로 경제제재를 해제하기로 합의했지만, 트럼프 행정부가 이를 파기하면서 핵 협상은 결렬됐다. 미국의 파기에 이해를 표시했던 사우디는 이번에 핵 합의를 다시 수립할 것을 지지한다는 입장을 확약했다.

하나의 시장은 무너졌다

또한, 파산이 예상되는 파키스탄이 있다.[26] 실제로 파키스탄은 독립 이후 최악의 경제 위기에 처해 있으며, 외환 보유고가 10년 만에 최저 수준에 이르렀다. 현재 수준에서는 한 달 동안의 수입마저 감당하기 어렵다는 지적이다. 파키스탄 중앙은행의 외환 보유고는 현재 29억 1,700만 달러로 줄어들었다. 파키스탄이 채무 불이행 위기에 처하지 않도록, 중국은 2022년에 25억 달러의 대출을 지원하고 40억 달러 이상을 이월했다.

파키스탄의 경제를 지탱하고 있는 주체는 바로 중국이다. 중국은 국가 전략의 일환으로 파키스탄 회랑과 과다르 항구를 연결하는 일대일로 노선을 강화하려고 한다. 이에 파키스탄과의 협력이 절대적으로 필요하다. 동시에 파키스탄은 중국의 영향력을 벗어날 수 없는 처지이기도 하다.

러시아 주변 국가를 위주로 한 상하이 협력 기구[xvi]도 동방 시장에 참여할 유력한 국가들이다. 러시아 대통령의 SCO 특사이자 외무부 특사인 바흐티요르 하키모프는 3월 5일 베이징 방문 후 기자들과 만나 SCO에 가입을 원하는 국가들이 증가하고 있다고 전했다.[27] 그는 이란과 벨라루스가 가입 의사가 있다고 언급하며, 바레인, 쿠웨이트, 몰디브, 미얀마, UAE 등의 가입 협의는 거의 마무리 단계에 있다고 덧붙였다. 세르게이 라브로프 러시아 외무부 장관

---

xvi 상하이협력기구(SCO)는 러시아와 중국을 주축으로 하여 중앙아시아 국가들 위주로 구성된 국제기구이다. 8개 회원국, 4개 옵저버 국가, 6개 대화국으로 구성되어 있다. 회원국으로는 러시아, 중국, 인도, 카자흐스탄, 우즈베키스탄, 타지키스탄, 키르기스스탄, 파키스탄 등이 있다. 이란과 벨라루스의 회원국 가입 절차가 시작되었으며 기타 파트너 국가로 이집트, 사우디아라비아, 카타르, 바레인, 몰디브, 아랍에미리트, 쿠웨이트, 미얀마 등이 있다.

의 말에 따르면, BRICS와 상하이 협력 기구에 가입을 희망하는 국가들의 수는 2022년까지 이미 약 20개국에 이른다. 이러한 국가들은 동방 시장에서의 협력을 추구할 것이다.

동방 시장과 서방 시장의 경쟁

글로벌 단일 시장이 정말로 서방 시장과 동방 시장으로 나뉘게 된다면 두 시장은 경쟁을 피할 수 없다. 이 경쟁은 시스템 전반에 걸친 전방위적인 것이 될 것이며, 미국과 중국의 정치 엘리트들은 현재 미중 관계가 역사적 전환점에 접어들었다는 사실을 인지하고 있다.

시장의 경쟁력에서는 규모가 결정적이라는 리루의 지적처럼, 자본 시장의 규모는 서방 시장이 절대적 우위를 차지하고 있지만, 실물 시장에서는 동방 시장이 앞서 있다. 만약 시장이 완전히 분리된다면, 미국과 서방 국가들은 중국과 러시아 같은 동방 시장을 잃게 될 것이다. 동방 시장도 서방 시장의 장점을 상실하게 된다.

서방 시장은 북미, 유럽, 일본, 한국, 타이완 등 대략 70여 개국의 경제 블록으로 구성될 것으로 예상된다. 반면 동방 시장에 참여할 국가는 중국, 러시아, 이란, 북한 외에는 확정적이지 않다. 그러나 미국의 러시아 제재에 동참하지 않는 국가들을 잠재적 동방 시장 국가로 간주한다면, 동방 시장도 대략 70여 개국의 경제 블록이 될 것이다. 세계에는 두 진영 모두와 거래하고 싶어하는 국가도 많다. ASEAN을 대표하는 베트남, 중국의 대안으로 떠오르는 인도, 새로

하나의 시장은 무너졌다

운 제조 업체로 성장하고 있는 중동 그리고 남미 국가들을 포함하면 동방 시장의 규모는 대략 120여 개국에 이를 것이다. 여기에는 중국이 미국을 제치고 세계 최대 채권국이 된 것도 작용을 할 것이다.[28]

중국은 동방 시장과의 분리보다는 현재의 통합된 시장이 자국에게 더 유리하다고 판단하고 있다. 따라서 미국이 시장의 분리를 추진하는 디커플링을 추구할 때, 중국은 그러한 분리를 부인하고 통합된 시장을 유지하려고 노력하고 있다.

이를 위해 중국은 미국에 대해 나름대로 대응 조치를 취하고 있다. 하나는 자국 시장에 다국적 기업이 중국에 계속 투자하고 중국을 신뢰하도록 유도하는 것이다. 다른 하나는 특정 국가들에게 외교 자주를 갖도록 독려하는 것이다.[29] 바로 이들 교차 국가들에게 동방 시장을 선택할 것을 유도하고 만일 동방 시장을 선택하기 어려우면 동·서방 시장 모두를 왕래하는 하나의 시장, 아니면 교차 시장에 참여하기를 유도하는 것이다. 그리고 이는 대부분의 국가들의 국익에 부합한다.

반대로 두 시장이 거의 완벽하게 디커플링된다면, 중국은 두 가지 주요 문제에 대한 해결책을 찾아야 할 것이다. 내부적으로는 경제 성장과 고용에 대한 압력을 완화하는 것이 필요하며, 외부적으로는 전략적 자원의 안정적 공급을 확보해야 한다. 내수가 원하는 대로 성장한다면 좋겠지만, 그렇지 않을 경우 중국은 수출 확대나 내부 투자 증대를 통해 문제를 해결하기 어렵기 때문에 외국인 투자를 유치해야 할 것이다. 이때 해당 투자자를 동방 시장 내에서 찾아야 한다. 또한, 이념의 경쟁은 여전히 존재한다. 경제적 이익 때문에 동방 시장에 참여하고 싶어하는 국가들 중에도, 이념적 차이나 중국의 패권주의에 대한 우려로 동방 시장 참여를 꺼리는 국가들이 있을 것이다. 이념과 가치는 미국의 중요한 전략적 도구 중 하나이며, 2021년 12월에 열린 민주주의 정상회의는 이런 도구를 활용한 사례로 볼 수 있다.

미국의 정치적 영향력과 권한이 약화되고 있긴 하지만, 이는 중국의 정치적 영향력과 권한이 강화되고 있다는 것을 의미하지는 않는다. 실제로 중국의 영향력은 미국보다 더 가파르게 약화되고 있다. 이런 변화에 따라 시장은 앞으로 수년 동안 불안정할 것으로 예상되며, 점차 안정된 모습을 갖출 것이다. 동방 시장과 서방 시장은 경쟁의 가운데 세계 각국을 자신들의 편으로 끌어들이려 할 것이다.

그렇다면, 이 두 시장의 경쟁은 어떠한 결과를 가져올 것인가? 시장의 가장 결정적인 특성은 그 크기이다. 다시 말해, 시장의 규모는 그 어떤 특성보다도 중요하다고 볼 수 있다. 시장의 규모가 크면, 어려움이 있더라도 기업들은 진입하려 할 것이다. 중국이 자신의 큰 시장 규모를 활용하여 외국의 기술과 자본을 성공적으로 유치한 것이 좋은 예시이다.

글로벌 단일 시장에서 동방 시장이 분리된다면 그 크기는 글로벌 단일 시장 또는 서방 시장보다 성장하기 어렵다. 이중 중국이 유리할 수 있는 실물 경제를 대표하는 제조업 비중을 알아보자. 세이프가드 글로벌이 제시하는 세계 Top10 제조 국가의 비중은 표 3-1과 같다.[30]

중국 28.7%(인도를 합하면 31.8%)에 비교해 볼 때 한국을 포함한

하나의 시장은 무너졌다

1위 중국	28.7%	6위 한국	3%
2위 미국	16.8%	7위 이탈리아	2.1%
3위 일본	7.5%	8위 프랑스	1.9%
4위 독일	5.3%	9위 영국	1.8%
5위 인도	3.1%	10위 인도네시아	1.6%

[표 3-1] 세계 Top10 제조 국가 비중(자료원: 세이프가드 글로벌)

서방 국가들의 비중 합계는 38.4%이다. 단일 국가로 볼 때, 중국이 압도적이지만, 전체 서방 시장을 합친 비중은 중국보다 훨씬 크다. 이런 상황에서 중국은 디커플링에 직면하면, 지금까지 전략적으로 활용해 온 '시장을 통해 외국의 자본과 기술을 유치한다.'라는 논리가 역으로 작용하게 되는 사태에 직면하게 된다.

여기서 다시 고려해야 할 것은 섹터별 시장인 하부 시장이다. 만일 서방 시장이 하나의 시장으로 존재하지 않고 각 국가별 시장으로 존재한다면 중국 시장에 대한 경쟁력은 역전될 것이다. 저가 생필품 하부 시장이라면 해당 서방 시장은 중국 시장보다 작을 가능성이 크다. 이럴 경우 시장 경쟁력은 중국 시장 쪽이 더 강할 것이다. 명품 브랜드는 세계 명품 지출의 약 20%를 차지하는 중국에 많은 투자를 할 것이다. 화학 회사와 같은 산업재 및 서비스 제공업체는 여전히 중국 산업에 활력을 불어넣을 것이다. 전반적으로 서방 시장은 기술과 자본, 동방 시장은 제조와 상품에서 상대적 우위를 점할 것이다. 그리고 각국 입장에서 필요한 것이 무엇이냐에 따라 어느 시장이 중요한지 판단할 수 있을 것이다.

4장.

두 개의 시장과
교차 시장

두 개의 시장,
바뀌는 경쟁력

글로벌 공급망이 서방 시장과 동방 시장으로 파편화되면서, 새로운 형태의 공급망으로 재편되고 있다. 이에 따라 지역 허브의 중요성이 강조되며, 이러한 허브를 확보하기 위한 경쟁도 볼 수 있다. 이런 글로벌 및 지역 경쟁에서 주요한 요소는 원가 경쟁력이다. 특히 차별화나 품질 우위를 추구하는 선진국의 제품과 서비스는 주요 경쟁 대상에서 제외되는 추세다.

현재 원가 결정 요인은 크게 변화 중이며, 각 국가의 노력에 따라 원가를 조절할 수 있을 것으로 보인다. 21세기의 국가 경쟁력은 몇 년간의 노력으로 완전히 바뀔 수도 있는데, 이것은 어떤 나라에는 기회가 되고, 다른 나라에는 위기가 될 수 있다.

글로벌 공급망의 변화 속에서, 공급망에 속하는 기업은 크게 두 가지 유형으로 구분될 수 있다. 일반적으로 단가가 낮고 대량·장기적인 공급 조건이 필수인 '고정 원가형 기업'과 단가는 상대적으로 높지만 소량과 탄력적 공급이 가능한 '가변 원가형 기업'의 두 가지 유형이다. 전자는 유연성을 희생하는 대신 저렴한 비용을 제공하는 반면, 후자는 비용을 희생하는 대신 더 큰 유연성을 제공한다.

공급망이 변화 중이라면, 단가가 조금 높더라도 유연한 공급이 가능한 가변 원가형 기업이 상대적으로 유리한 상황이다. 그러나 새로운 시장 질서가 정착되면서 수요가 감소하게 되면, 원가에 대한 압박을 더 크게 느끼는 가변 공급 업체는 기본 공급 업체에 비해 더 큰 압박을 받게 된다. 그 결과, 이미 대량의 고정 원가형 기업이 배치된 중국과 같은 공급망이 더 큰 경쟁력을 지니게 된다.

이런 상황에서 아이러니하게도, 중국에 대한 의존도를 줄이려는 공급망 분리 과정이 진행될 때, 다른 국가의 공급망 기업과 중국의 공급망 기업 간 경쟁력 차이가 벌어져, 중국의 공급망 기업들이 더욱 강화되는 경향이 생길 수 있다.[1] 따라서 공급망 이전은 개별 기업의 이전이 아닌, 전체 산업 사슬의 이전이 필요하며, 이를 위해서는 정부의 전략적인 비전과 리더십이 필수적이다.

　　　　　　　　　　두 개의 시장과 교차 시장

교차 시장에서는
어떻게 경쟁해야 하는가?

　공급망은 이제 단순히 전 세계를 균질한 선택지로 보는 것이 아니라, 상정할 수 있는 위기와 예측 불가능한 상황에 대응할 수 있는 지정학적 환경 내에서의 다양하고 복잡한 선택을 고려해야 한다. 이런 관점에서 동방과 서방 시장 간의 교차 거래가 가능한 교차 시장은 지역 허브 구축이나 새로운 원가 우위 확보에 있어 전략적 우위를 갖는다.

　과거 공급망은 주로 원가를 낮추는 것을 중심으로 설계되었다면, 현대의 공급망은 지정학적 안전성과 변화에 유연하게 대응하는 안정성을 함께 고려해야 한다. 교차 시장에서 일단 공급망이 정착하게 되면, 해당 기업들은 고정 원가형으로 변화하게 될 것이고, 그렇지 못한 기업들은 시장에서 밀려날 것이다.

이것은 진영을 선택하지 않고 교차 시장에 잔류하는 국가가 된다 해도 이들 교차 시장 국가 간의 경쟁과 교차 시장 기업 간의 무한 경쟁이 일어난다는 의미이다. 그렇다면 교차 시장 국가들 내부의 경쟁은 어떤 양상을 보일지 짚어 보자.

아세안은 교차 시장에서 가장 먼저 혜택을 누리고 있다. 미국과는 다르게 동아시아 개발도상국들은 2022년에 미-중 간의 상품 수출입이 사상 최고치를 기록했다. 또한, 동아시아 생산 네트워크가 활발히 움직이고 있기 때문에 공급망 분리에 대한 다른 시각을 가지고 있다.[2] 자국에 큰 기회가 온 것이기 때문이다.

그리고 인도는 그 규모 때문에 많은 국가들이 주목하는 교차 시장이다. 미국에 가까운 멕시코는 교차 시장 국가로서 유력한 위치를 차지하며, 사우디아라비아는 EU 시장에 교차 시장으로서의 입지를 확보하려 노력 중이다. 그러나 사우디아라비아는 동유럽 국가들과의 경쟁도 눈앞에 두어야 한다. 브라질 같은 남미 대국 및 다른 남미 국가도 주의 깊게 봐야 할 중요한 교차 시장 후보국이다.

특히 베트남은 중국과의 지리적 가까움으로 물류 비용 절감의 이점을 가지고 있으며, 중국의 생산 거점 이전이 용이하다는 점에서 주목받고 있다. 20년 동안 연속 수출 성장세를 보인 베트남은 2018년에는 수출이 4배 이상 증가하여 미국과의 주요 교역 관계를 구축했다. 타이완, 한국, 말레이시아를 포함한 여러 아시아 국가로부터의 수입도 크게 증가했고, 그 결과 시장 점유율이 계속해서 늘어나고 있다.

교차 시장의 선두 주자, 베트남

베트남은 현재 정부의 개방, 규제 완화 그리고 시장화에 관한 역사적인 개혁의 중심에 있다. 이런 배경 아래 베트남은 법률을 단순화하고 불필요한 관료적 절차를 제거하여 투자 환경을 개선했다. 이코노미스트의 평가에 따르면 베트남의 FDI 정책은 10점 만점에 6점을 획득했으며, 인도와 중국은 각각 5.5점을 받았다. 또한, 대외 무역, 환율 정책, 기업의 세금 부담 등에서도 베트남은 중국과 인도를 앞섰다. 이러한 결과로, 베트남에 대한 FDI의 급격한 증가는 예상되는 것이었다.

국제 정책의 관점에서도 베트남은 2017년부터 2022년까지 큰 발전을 이루었다. CPTPP, EU-베트남 자유무역협정, RCEP 등과 같은 주요 국제 경제 및 무역 협정들을 체결하거나 가입하였다. 이 협정들은 중국, 미국, EU, 일본 그리고 아세안 회원국들 등의 주요 경제 체제를 포함하고 있어, 베트남에 독특한 정책적 환경을 제공한다. 이를 통해 베트남은 동서양 시장에 모두 접근할 수 있게 되어 글로벌 생산의 분업에서 이익을 얻고 있다.

그 외에도 베트남은 글로벌 가치 사슬에서 인도보다 더 높은 위치를 차지하고 있다. 이는 베트남의 수출 중 약 60%가 전기 기계 및 장비, 의류, 신발 그리고 기계 장비로 구성되어 있고, 반면 인도의 주요 수출 품목이 화석 연료와 보석류라는 차이 때문이다.

장기적인 시각에서 보면, 베트남의 인구와 경제 규모는 상대적으로 작아 중국의 '세계 공장'과 같은 위치를 차지하기는 어려울 것이며, 인도의 발전 잠재력 역시 경쟁 상대로 작용할 것이다. 그렇지만 현재 교차 시장 국가 중에서는 베트남이 가장 경쟁력 있는 위치에 있다고 볼 수 있다.

그렇지만 베트남은 아직 국가 인프라가 제한적이기 때문에 투자하려는 외국 기업들의 필요에 충분히 응답하기 어렵다. 특히 토지, 전력 및 인력 공급에 어려움을 겪고 있다. 국가 규모는 이러한 교차 시장 국가 간의 경쟁에서 중요한 역할을 한다. 인구 규모는 저렴한 노동력의 공급과 국내 시장의 잠재력 측면에서 핵심적이다. 베트남의 인구는 1억 미만으로, 멕시코, 중국, 인도와 같은 국가들에 비해 상당히 적다. 인구 규모만을 기준으로 볼 때, 인도나 인도네시아가 더 유력한 교차 시장 국가라고 할 수 있다.

또한, 현지에서 파트너로서 함께 일할 만한 기업의 존재는 결정적인 요소이다. 예를 들어, 과거에 한국에 진출하려던 외국 기업이 삼성이나 LG와 같은 기업들을 우선적으로 파트너로 고려했던 것은 그 기업들이 그나마 가장 발전한 기업이었기 때문이다. 이런 측면에서 보면, 베트남은 세계적 수준의 대기업이 아직 부족하다. 2021년 기준으로 포춘 500 기업 중 베트남 기업은 없었으나, 인도에는 7개, 중국에는 143개의 기업이 포함되어 있었다.

해당 국가의 산업 구조 또한, 중요하다. 베트남의 경우 공업 부문은 주로 경공업에 의존하고 있으며 중화학공업의 역량이 부족하다. 그렇게 되면 공급망 사슬의 구성에서 애를 먹을 수도 있다. 역설적이지만 베트남이 교차 시장에서 가장 두각을 나타내는 이유는 이렇게 공급망 가치 사슬의 문제를 인접한 중국을 이용하여 해결할 수 있기 때문이다.

하지만, 중국과의 지리적 근접성은 베트남과 중국 사이의 공급망이 종속적 관계를 형성하게 만든다. 실제로, 베트남으로 유입되는 FDI의 큰 부분은 중국에서 나온 것이며, 베트남의 수출에 대한 중국의 경쟁 압박 지수는 85.5%인, 반면 중국 수출에 대한 베트남의 경쟁 압박 지수는 9.3%에 불과하다. 이는 중국이 베트남과의 경쟁에서 상당한 우위에 있다는 것을 의미한다.

실제로, 중국과 베트남 간의 경제 및 무역 관계는 상호 보완적인 성격을 띠고 있다. 중국의 베트남에 대한 수출은 2000년의 8억 달러에서 2021년에는 1,260억 달러로 증가했고, 미국, 일본, 한국에 이어 중국의 네 번째로 큰 수출국이 되었다. 그리고 외국인 투자 기업이 베트남 수출의 약 70%를 차지한다. 중국의 막대한 수출과 베트남과의 무역 흑자는 베트남이 중국을 대체하기보다 **'중국과 미국 사이의 중요한 완충 지대'**로서의 교차 시장임을 시사한다.

프렌드쇼어링은 향후 몇 년 동안 외자 기업이 베트남에서 지배적일 가능성이 높다. 중국은 이를 고려해 오히려 베트남에 더 적극적으로 투자해야 한다고 보고 있다. **중국은 이들 교차 시장 국가를 완충의 역할로 삼으려 한다.** 베트남 경제를 중국의 생산 네트워크에 통합하고 베트남의 발전이 더 많은 중국 기업에 혜택을 줄 수 있도록 양국 간 광범위한 경제 및 무역 협력을 추진하고 있다. 또한, '신서부육해회랑新西部陆海回廊'i을 광시 접경을 따라 주강 지역을 연결하는 새로운 지역 산업 체인 클러스터로 개발하려 한다.

....
i 중국 서부 지방과 아세안 국가 간의 주요 무역 채널

교차 시장 잠재력은 크나 너무 먼 인도

베트남이 규모에 있어 제약을 받지만, 인도는 중국과 마찬가지로 방대한 인구로 인해 규모 경제의 이점을 누리고 있다. 2020년에 인도의 1인당 GDP는 1,930달러였지만, 그 방대한 인구로 인하여 총 GDP는 2조 7천억 달러에 달했다. 이는 멕시코의 거의 2.5배, 베트남의 10배에 해당한다. IMF에 따르면 2022년 인도의 GDP는 미국 달러 기준으로 영국을 추월, 미국, 중국, 일본, 독일에 이어 세계에서 다섯 번째로 큰 경제 대국이 되었다.[3]

인도의 거대한 인구와 시장은 강력한 연구 개발 능력과 세계 수준의 기업들을 지원한다. 타임스가 2023년에 발표한 세계 대학 순위에 따르면 중국은 95개, 인도는 101개의 대학이 순위에 이름을 올렸다.[4] 참고로 일본은 152개, 한국은 37개, 타이완은 46개[ii]였다. 그리고 베트남은 6개에 불과하다. 이러한 결과로 미루어 볼 때, 인도는 고질적인 인력 공급 면에서 매우 우수하다고 볼 수 있다.

2022년에는 인도 기업 중 9개 기업이 포춘 글로벌 500에 이름을 올렸다. 수많은 미국 기업들이 IT 서비스 분야에서 인도 기업들을 의존하고 있다. 게다가 인도는 경제적으로 자립하며 핵심 상품을 중국에 의존하지 않기 때문에, 중국과 독립적인 공급망을 구축하는 데 있어 교차 국가로서의 장점을 가지고 있다.

인도의 구조적 단점은 위치다. 주요 글로벌 생산 네트워크가 유

---

ii 인구수가 우리나라의 절반도 안 되는 타이완이 우리보다 순위권 대학이 많다는 것을 알아야 한다.

럼, 북미 그리고 동아시아에 집중되어 있으나 인도는 이 지역들과 상대적으로 멀리 떨어져 있다.

또한, 교차 시장의 관점에서 보면, 인도의 가장 큰 장점이자 단점은 바로 인도 정부 자체다. 인도는 행정 효율성이 떨어지며, 인프라 발전이 미흡하다. 특히 현 모디 정부는 'Make in India' 정책을 강조하면서 국내 산업에 크게 중점을 둔 반면, 국제 시장에 대한 개방 의지와 실행력이 부족하다. 2020년 인도 정부가 내놓은 내수 시장 강화를 목표로 하는 '자급자족 인도 이니셔티브Aatmanirbhar Bharat'라는 수입 대체 전략을 채택하였다. 이를 위해 인도 정부는 국내 생산을 촉진하기 위해 수입 관세를 상승시켰다. 이런 정책은 인도를 교차 시장으로 고려하던 많은 외국 기업들에는 실망을 안겨 주었다. 특히, 제조 기지 투자를 계획하던 기업들의 의욕은 높은 부품 관세로 인해 저하되었다.[5]

결과적으로, 세계경제포럼의 2020 글로벌 경쟁력 보고서에서 19개 주요 경제국 중에서 글로벌 비즈니스 리더들은 인도의 가치 사슬 세계화에 대해 최하위라는 부정적인 평가를 내렸다.

숨어 있는 교차 시장의 강적, 싱가포르

의외로 큰 수혜를 받고 있는 교차 국가는 싱가포르다. 중국 기업가들이 자산을 이동시키는 목적지로, 싱가포르에는 대규모의 자금이 유입되고 있다. 싱가포르는 미국의 무기 체계를 구매하는 동시에 미국과의 공동 군사 훈련을 진행하며, 미군 기지도 제공하고 있다. 이로 인해 친미 국가로 인식되기 쉽지만, 실제로는 중국과도 군사 훈련을 공동으로 진행하는 친중 국가이기도 하다. 장기적인 관점에서, 싱가포르는 중국 지도부와의 관계를 지속적으로 강화해왔고, 항상 차세대 지도자와의 좋은 관계를 유지하기 위한 전략적인 외교를 펴왔다.

싱가포르는 중국의 남부 지역에 주요 투자를 집중하고 있고, 중국이 주도하는 GBA 프로젝트에도 큰 비중으로 참여하고 있다. 더욱이, 중국에서 퇴출될 가능성이 있는 타이완 기업들에게 주목하여, 투자자들이 우량한 타이완 생산 기업들을 저렴한 가격에 인수하고 있다. 종합적으로 볼 때, 싱가포르는 중국의 국가 전략을 깊이 이해하고 있으며, 이에 따라 자국의 전략도 조절하고 있다.

2023년 4월, 싱가포르와 중국은 양국 간 FTA를 격상하기 위한 후속 협상이 실질적으로 완료되었다는 내용의 양해 각서를 체결했다.[6] 양국은 후속 협상에 대한 의정서에 서명한 뒤, 뉴질랜드-중국 FTA의 업그레이드 버전이 발효되기 전에 최종 승인 과정을 진행할 예정이다. 중국에는 말라카 해협이라는 전략적 요충지를 갖고 있는 싱가포르와의 관계가 중요하며, 직접적인 무력 충돌 가능성이 낮다.

싱가포르의 지정학적 위치와 전략 그리고 정부의 민첩한 대응은 중국을 비롯하여 아시아의 많은 부자들로 하여금 싱가포르를 안전한 자금처로 선택하게 만들었다. 이에 따라 싱가포르의 은행들에는 예금이 크게 증가하였으며, 이 중에서도 DBS는 싱가포르 통화

두 개의 시장과 교차 시장

청에 300억 싱가포르 달러(약 223억 달러)를 빌려주는 상황까지 발생했다.[7] 현재의 판단으로는 싱가포르가 가장 적극적인 교차 시장 전략을 구사하고 있는 것으로 보인다.

기회를 얻은 멕시코

라틴 아메리카에서 멕시코의 경제 규모는 브라질 다음으로 두 번째로 크다. 미국은 멕시코에 가장 큰 무역 파트너로, 미국으로의 수출이 멕시코 전체 수출의 80%를 차지한다. 2018년부터 시작된 미중 무역 전쟁은 멕시코의 경제 성장을 부분적으로 촉진시키는 요인 중 하나로 작용했다. CPTPP와 USMCA와 같은 국제 협정 덕분에 멕시코는 일본과 미국 같은 주요 경제국들과 더욱 긴밀한 무역 관계를 맺었으며, 멕시코는 캐나다처럼 미국에 인접한 국가지만 교차 시장 국가의 특성이 있다.

그렇지만 멕시코가 중국의 자리를 대체하기는 쉽지 않다. 멕시코의 사업 환경은 외국 투자자에게 부담스럽고, 전력과 교통 인프라가 부족하며, 더욱이 부패 문제도 심각하다. USMCA는 멕시코가 중국과의 밀접한 협력을 어렵게 만드는 제약 요인 중 하나다.

피터슨연구소의 매리 러블리Mary Lovely와 데이빗 쉬David Xu는 2021년에 멕시코의 대미 수출이 중미 무역 마찰의 결과로 3.4% 증가했다고 분석했다. 미국이 중국산에 관세를 부과한 산업에서는 멕시코의 시장 점유율이 평균적으로 1.6%포인트만 상승했다.

2018년부터 2021년까지 멕시코로의 외국 직접 투자(FDI)는 크게 증가하지 않았고, 그중 대부분이 3차 산업인 금융 및 보험 서비스에 집중되었으며 제조 산업으로의 투자는 매우 제한적이었다

2019년, 즉 팬데믹 발생 전에 멕시코의 경제 성장률은 0.2%였고, 팬데믹이 시작된 2020년에는 8.3% 감소했다. 2021년에는 5.7% 성장하였지만, 멕시코가 디커플링에서 큰 혜택을 받고 있지 않다는 것은 명확하다.

교차 시장의 언더독, 사우디아라비아

중국 국가 차원에서 교차 시장을 전략적으로 활용하려는 움직임은 아세안 외에도 사우디아라비아가 있다. 중국은 사우디아라비아와 국가 대 국가의 전략적 협력을 통해 사우디아라비아에서 제품을 완성하여 메이드 인 사우디아라비아 제품으로서 유럽에 수출하는 우회 방식을 도모할 것으로 보인다.

의외지만 당연한 중국

중국의 민간 기업 가운데는 본사의 국적을 바꾸려는 움직임도 나타나고 있다. 일부 기업들은 미국에서의 중국 기업에 대한 규제와 편견을 피하고자 해외에 본사를 설립하는 등의 대응을 시도하

고 있다. 심지어 일부 테크 기업의 주주들은 영주권이나 해외 시민권을 취득하는 것이 필요하다고 여기며, 홍콩, 캐나다, 일본, 미국, 싱가포르 등 다양한 국가에서 영주권이나 시민권을 획득하려는 노력을 기울이고 있다.[8] 이러한 움직임의 예로, 온라인 패스트 패션 소매업체인 Shein이 싱가포르에 지주 회사를 설립한 것이 있으며, 싱가포르는 중국 사업가들에게 본사 이전 및 국적 변경의 이상적인 목적지로 인식되고 있다. 2023년 5월에는 전자상거래 회사 PDD가 본사를 상하이에서 더블린으로 옮기기도 했다. 이 모든 움직임은 교차 시장 전략을 활용한 기업들의 생존 및 성장 전략의 일환이다.

5장.

새로운 경제 질서의 시작,
탈달러화

미국 중심 통화 체계의
리스크

미국 달러는 국제 외환 보유액과 거래액의 비율에서 패권을 차지하며, 외환 보유액, 부채 평가, 국제 대출, 외환 거래, 결제 대금에서 차지하는 비중이 절대적이다. UN, BIS_{Bank for International} Settlements, (국제결제은행), IMF, SWIFT 등에 따르면 전 세계 상품 가격의 95%가 미국 달러로 표기되고 있다.[1) 국제 무역 청구의 47%, 세계 국가들의 공식 외환 보유고의 58%는 달러 자산으로 구성되어 있다. 국가 간 결제에서 달러의 시장 점유율은 41.1%로, 그중 국제무역 금융에서의 달러 점유율은 84.32%를 차지한다. 외환 거래에서 미국 달러의 비중은 88%에 이른다.

국가 간 결제를 수행하는 SWIFT는 유일한 결제 정보 전송 시스템은 아니지만, 가장 널리 사용되는 금융 기관 간 메시지 교환 시스템 중 하나다. SWIFT는 국제 거래에서 자주 언급되며, 미국이 직접 통제하는 시스템이라고 생각하기 쉽다.

그러나 SWIFT는 벨기에 브뤼셀에 본부를 두는 중립적인 국제기구로, 벨기에와 EU의 법률을 따른다. 미국은 SWIFT에 직접적인 관할권을 가지지 않지만, SWIFT의 데이터 센터는 미국 내에 위치하며 미국 법률의 적용을 받는다. 2005년에 미국은 반테러리즘 목적으로 SWIFT에 모든 회원 결제 정보 제공을 요청하였고, 이로 인해 미국은 SWIFT를 통한 글로벌 달러 거래를 모니터링할 수 있게 되었다.

국가 간 결제에서 은행 간 결제 시스템을 사용하게 되는데, 그중 가장 큰 비중을 차지하는 것은 CHIPSClearing House Interbank Payments System이다. CHIPS는 미국의 민간 조직으로, 여러 은행들이 소유하며 주로 미국 내 송금을 위한 시스템을 제공한다. 두 번째로 큰 은행 간 결제 시스템인 FedwireFederal Reserve Communications System와 함께 미국에서는 물론 전 세계 결제에서 절대적인 비중을 차지한다. 실제로 전 세계은행 간 미 달러 결제의 약 95%가 CHIPS를 통해 처리된다.

전문가들은 달러 경제와 관련하여 여러 문제점을 지적한다. 첫째, 미국 달러는 안정적인 통화 가치를 보장하면서도 세계적인 유동성을 제공하는 데 어려움이 있어 '트리핀 딜레마'[i]를 겪고 있다. 둘째, 미국 정부의 채권 조달 비용이 상승하여, 미국의 재정 지속

---

i 트리핀 딜레마는 준비 통화가 국제 경제에 원활히 쓰이기 위해 풀려 하면 준비 통화 발행국의 적자가 늘어나고, 반대로 준비 통화 발행국이 무역 흑자를 보면 준비 통화가 덜 풀려 국제 경제가 원활해지지 못하는 역설을 뜻한다.

새로운 경제 질서의 시작, 탈달러화

가능성에 대한 의문이 제기되고 있다. 셋째, 미국 연방준비은행의 통화 정책은 미국뿐만 아니라 전 세계의 금융 안정에도 영향을 미치는 상황이다. 넷째, 미국은 자국의 달러 지위와 관련된 의결권을 과도하게 활용하는 경향이 있다.

2022~2023년까지 지속되고 있는 미 연준의 급격한 금리 인상으로 킹King 달러 현상을 만들었다. 이 결과 재정이 취약한 국가들의 경제는 큰 타격을 입는 '스필오버spillover' 현상을 보이고 있다. 미국 국내 경제를 위해 설정된 연준의 통화 정책이 글로벌 금융 시장에 영향을 미치고 있기 때문이다. 특히, 디커플링 이후에는 이러한 영향이 더욱 강화될 것으로 예상된다.

이와 관련해 여러 국가들이 불만을 표현하며, 심지어 서방 국가들마저도 반발하고 있다. 2018년, 미국이 2차 이란 경제 제재를 단행했을 때, 독일, 프랑스, 영국 같은 유럽 국가들은 이에 동의하지 않았다. 그들은 이란과의 초기 합의를 지키기 위해 2019년 1월에 INSTEXThe Instrument in Support of Trade Exchanges를 공동으로 설립했다. 이후에는 벨기에, 덴마크, 핀란드, 노르웨이, 네덜란드, 스웨덴 등이 INSTEX에 차례대로 합류하였다. INSTEX에서의 거래 통화는 미국 달러를 사용하지 않으며, 메시지 전송 역시 SWIFT 시스템을 이용하지 않는다

미국의 우방이 이런 정도이니 러시아는 말할 것도 없다. 크림반도 합병 이후 미국이 주도하는 경제 제재를 받던 러시아는 중앙은행 금융 정보 전송 시스템인 SPFSSystem for Transfer of Financial Messages를 구축했다. 러시아판 SWIFT이다. 현재 SPFS는 14개 국가의 115

개 외국 기관을 포함해 총 469개 기관이 이용 중이다.

그리고 중요한 것으로 중국이 자체 개발한 국가 간 위안화 결제 시스템인 CIPS를 들 수 있다. 이 시스템은 2015년부터 정식으로 도입되어 국가 간 위안화 지불 및 청산을 담당하고 있다. 2019년 말 기준으로 33개의 공식 참여자와 903개의 간접 참여자가 있으며 총 94개국에서 활용되고 있다. 실제로 167개 국가의 약 3천 개 금융 기관이 이 시스템을 이용하고 있다.[2] 미중 갈등 이후 CIPS는 SWIFT의 대체 수단으로 간주되기 시작했다.[3] 2022년 3월 말 기준으로 CIPS 참여 기관은 1,304개에 달하지만, 이는 SWIFT 참여 기관 수의 약 10분의 1에 불과하다.

탈달러화를 주장하는 일부 전문가들은 위안화의 국제화, 특히 디지털 위안화의 활용이 확대됨에 따라 위안화가 미국 달러 체제에 도전을 할 수 있다고 보고 있다. 반면, 위안화의 국제화 추진과 관련하여 중국 경제에 미칠 '역 리스크reverse risk'에 대한 우려도 있다.

적어도 향후 국제 통화 체제의 변화는 달러 위주의 단일 주권 통화[ii]에서 이탈하려는 방향인 것은 인정해야 할 것이다. 이에 따라 다양한 지역 통화를 포함하는 다원 통화 배분 체제를 거쳐 EURO와 같은 새로운 초주권 통화나 BRICS 공동 통화 같은 체제가 등장할 수 있다. 이러한 국제 통화의 변화는 미국 달러 체제의 한계와 다극화 시대의 도래로 인해 각국의 원심력이 강화되고 있음을 나

---

ii 세금을 내거나 민간에서 부채를 청산할 때 국가가 그 수단으로 인정해 주는 국가가 직접 발행한 화폐

새로운 경제 질서의 시작, 탈달러화

타낸다. 특히 미국이 주도한 디커플링의 영향이 이러한 변화에 큰 역할을 하고 있다.

자본 시장의
미중 분리와 갈등

디커플링은 자본 시장에도 큰 영향을 미쳤다. 중국의 국채에 투자한 미국의 금융 기관들은 영향을 받지 않을 수 없으나, 중국 국채는 중국 정부의 통제 아래 있어 위험성이 낮다. 중국 국채의 해외 보유량은 2조 4,300억 위안으로, 미국 국채 규모에 비해 크게 작다. 중국 정부의 신속하고 보수적인 안전 자산 운용 전략은 외국 투자자들을 안심시키고 있다. 정치적 입장에서는 중국에 반감을 가지더라도 금전적인 손익을 따져 보면 중국의 위안화 자산이 더 안전한 것이다.

반면, 달러 자산의 안전성은 점차 떨어지고 있다. 2014년 11월의 1조 3,200억을 정점으로, 중국의 미국 국채 투자는 줄어들어 2023년 2월에는 12년 만의 최저치인 8,488억 달러까지 떨어졌다. 이것은 미

새로운 경제 질서의 시작, 탈달러화

중 간의 자본 디커플링의 영향으로 볼 수 있다.[4] 2019년 6월부터 미국 국채의 최대 보유국은 일본이 되었고, 이는 국채 투자에서도 서방과 동방의 디커플링 경향이 나타나는 것으로 해석될 수 있다.

정치적으로 디커플링을 추진할 의사가 없다 하더라도 미 연준의 기준 금리 인상은 미국 채권 가치 하락으로 이어졌고 미 국채를 줄이는 것은 각국 입장에서는 당연한 것이었다. 중국 전문가인 맥심 로만추크Maxim Romanchuk는 미국 국채가 평가절하되어 중국 자본이 미국보다 금리가 낮은 EU 및 일본과 같은 다른 선진국의 자산으로 흘러 들어갔다고 설명했다. 다만 정치 분석가 드키트리 라에브스키Dmitry Raevsky는 이러한 현상이 시장이 무너지지 않도록 천천히 진행되고 있다고 지적한다.

러시아의 경우는 미국 채권 투자를 거의 없앴다. 이전에는 러시아가 상위 30대 보유 국가 중 하나였으나 현재는 약 6,500만 달러 수준에 불과하다. 러시아의 외환 보유고 내에서 달러 대신 위안화의 비중이 계속해서 상승하고 있으며, 동방 시장에서는 위안화가 달러 대비 안전 자산으로 여겨지고 있다.

안전 자산을 찾기 위한 다른 접근법으로, 지금까지 제한적이었던 중국의 자본 시장에 대한 동방 국가들의 접근 확대가 있다. 2022년 12월에 중국과 싱가포르는 ETF를 이용하여 서로의 주식 시장 접근을 확장하였다.[5] 싱가포르 증권 거래소와 선전 증권 거래소 사이의 ETF 연결을 통해 상호 간의 지수 투자가 가능하게 되었다. 이로 인해 양국의 자본 시장이 더욱 연동되며, 서방 자본 시장의 변동성에 대한 안정화 효과가 기대된다.

미국의 러시아 제재와
달러의 위기

2022년 2월, 미국, EU, 영국 그리고 캐나다는 러시아 은행을 SWIFT에서 제외하기로 합의했다.[6] 이로 인해 러시아 중앙은행의 자산이 동결되면서 러시아의 해외 준비금 접근 능력이 제한되었다. 러시아 중앙은행이 보유한 유로와 달러로 된 외환 보유고의 동결로 인해, 러시아가 자금 조달을 위해 중국 자산을 매각할 가능성에 대한 추측[iii]도 나왔다. 초대 미 재무부 테러자금조달 및 금융범죄 차관보를 지낸 후안 자라테Juan Zarate는 러시아 제재의 범위, 속도 및 명확한 의도의 조합이 놀랍다며 러시아 경제가 고립되었을 때 회피 수단을 걱정해야 한다고 지적했다.[7] 미 재무부는 제재로

---

iii 하지만, ING의 패드레익 가비(Padhraic Garvey)는 추세라고 하기에는 너무 이르다고 지적했다.

새로운 경제 질서의 시작, 탈달러화

인해 러시아가 약 1,400억 달러 상당의 금 보유고를 매각할지 모르며 이를 막을 수도 있다고 밝혔다. 하지만, 러시아는 현금을 마련하기 위해 금을 팔 필요가 없었다. 에너지 판매로 하루 11억 달러를 벌어들이고 있었기 때문이다.[8]

2022년 3월 31일, 푸틴 대통령은 '비우호적인' 국가들에 천연가스 거래에 대한 루블 지불을 4월 1일부터 의무화하며, 그렇지 않을 경우에는 디폴트로 간주하겠다고 발표했다. 이 '루블화 결제 명령'은 서방 국가들에 큰 압박을 주었다. 헝가리와 다른 몇몇 국가들은 천연가스 거래를 위해 루블을 사용하겠다고 밝혔다. 폴란드는 덴마크를 통한 노르웨이 가스 수입을 검토했지만, 단기간에는 이것이 불가능했다. 리투아니아는 가스 파이프라인을 포기하고 천연가스 터미널을 사용하기로 결정했다.[9] 그러나 이러한 조치들은 러시아의 외환 위기에 대한 단기적인 대응일 뿐 궁극적인 해결책은 아니었다.

달러를 대신하기 시작한 위안화

2022년까지 러시아에서는 위안화를 주로 중국과 거래할 때만 사용하는 통화로 여겼다. 그러나 현재 러시아는 위안화를 국제 준비금, 대외 무역 그리고 일부 개인 금융 서비스에서 주요 통화로 사용하고 있다. 중국은 러시아의 수입 상품 중 4분의 1을 차지하는 반면, 미국은 11% 미만을 차지한다. 중국이 러시아로부터 큰 규모의 에너지와 식량을 수입하는 점을 고려하면, 위안화를 통한 결제는 중국과 러시아가 달러를 거치지 않고 무역을 진행하는 매우 합리적인 방법이다.

2022년 5월, 루블과 위안화 간의 월간 거래량은 우크라이나 전쟁 발발 이후 약 40억 달러로, 1,067%나 급증했다.[10] 블룸버그의 데이터에 따르면, 같은 달 모스크바 현물 시장에서는 약 259억 1천만 위안(약 39억 달러)이 루블로 변환되었는데, 이는 우크라이나를 침공한 2월의 거래량의 거의 12배에 해당한다. 한편, 달러와 루블의 거래량은 20일 이동 평균 기준으로 10년 만의 최저를 기록했다. SWIFT의 대안으로 중국의 CIPS는 러시아에 거의 유일한 선택지가 되었다. 위안화 경제에 지나치게 종속되는 것을 꺼리던 러시아는 이렇게 미국의 제재에 의하여 중국 경제에 밀착할 수밖에 없었다.[11]

중국 위안이 미국 달러의 대안으로 부상하자, 러시아 중앙은행은 2022년 1월에 중단했던 국내 시장의 외환 매입을 2023년 1월에 위안화 거래로 재개하였다. 러시아 은행의 데이터에 따르면, 2023년 2월 위안화 거래량의 비중이 40%로 급증하였다. 위안의 거래량은 러시아 정부의 에너지에서 예상되는 월별 수익에 따라 결정[iv]된다.[12] 결과적으로, 위안화는 러시아의 주요 안전 자산으로 간주되게 되었다.

2023년 3월, 러시아는 위안화를 국제 준비금, 대외 무역 그리고 일부 개인 금융 서비스에서 주요 통화로 선택하였다.[13] SWIFT의

....
iv 미국의 제재로 외화가 동결된 러시아로서는 에너지 수출 대금이 외화의 주 원천이므로 외화 수입금 규모에 따라 거래량을 결정한다는 것이다. 에너지 판매 예상 수입이 기준선을 초과하면 재정부는 여분의 돈을 사용하여 위안화를 매입하고 수입이 기준선에 미치지 못하면 위안화를 매각하여 보충한다.

자료에 따르면, 우크라이나 침공 전에는 15위 안에도 들지 못했던 러시아의 역외 위안화 거래량이 2023년 2월에는 홍콩을 제외한 국가 중에서 4위를 차지하였다. 현재 러시아의 사람들은 중국과 관련이 없는 해외 거래를 포함하여 다양한 거래에서도 위안화를 활용한다.

러시아 중앙은행CBR에 따르면 수출 결제에서의 위안화 비중도 16%로 증가했다. 한 발 더 나가 푸틴은 시진핑과의 회담에서 '러시아와 아시아, 아프리카, 라틴 아메리카 국가 간의 결제에 위안화를 사용하는 것을 지지한다.'라고 말했다. 현재 러시아의 50개 이상의 은행에서 '실크로드', '크레센트' 등의 이름으로 위안화 예금을 제공하고 있으며, 미국 달러보다 더 높은 이자율로 고객들을 유치하고 있다. 추정으로는, 러시아 중앙은행과 국부 펀드가 총 1,400억 달러 상당의 중국 채권을 보유하고 있을 것이며, 이는 중국 국내 채권 시장에서 외국인 소유 지분의 약 4분의 1을 차지한다.

확대되는 달러 자산 리스크 우려

2023년 5월 IC 우니베르 카피탈IC Univer Capital의 아르템 투조프 Artem Tuzov는 미국이 러시아의 외환 보유고를 동결[v]함으로써 인도와

---

v 크림반도 합병 이후 서방의 경제 제재를 받고 있는 러시아 경제는 외부 차입에 최소한으로 의존한다. GDP 대비 공공 부채 수준은 매우 낮아 약 15%이며 전체 부채는 준비금으로 완전히 충당할 수 있다. 러시아의 외환 보유고는 2022년 3월 이즈베스티야의 보도에 의하면 유로화 32.3%, 금 21.7%, 달러 16.4%, 위안화 13.1% 등이었다. 여기에 중국이 제재에 참가하고 있지 않은 이상 러시아가 경제 제재에 굴복할 가능성은 없다고 할 수 있다.

중국도 똑같은 상황에 처할 수 있음을 보여 주었다고 했다.[14] 중국과 인도의 달러 자산을 미국이 동결하는 것은 불가능하겠지만, 제3세계 국가들이 그간 안전 자산으로 여기던 달러 자산이 미국의 정치적 의사에 따라 동결될 수도 있다는 위기감을 가지게 된 것은 사실이다. 그 결과 많은 국가들이 디커플링에 대응하여 안전 자산, 특히 비달러 안전 자산을 추구하기 시작했다.

바이든의 대러시아 달러 제재 조치가 달러 패권 자체를 무너뜨릴 수도 있다는 견해들도 나왔다. 영국 헤지 펀드 칼더우드 캐피털 Calderwood Capital의 딜란 그라이스Dylan Grice는 이런 규모의 금융 무기는 전무후무하며 단 한 번 밖에 사용할 수 없는 것이라고 평가했다.[15] 러시아는 막대한 규모의 달러 준비금을 마련해 왔기에 '러시아 요새'라는 별명으로 불린다. 하지만, 이번 조치로 달러 자산은 어쩌면 필요한 시기에 사용할 수 없는 자산이 될지도 모른다는 인식이 제3세계 국가들을 중심으로 퍼져나갔다.

당연히 미국의 러시아에 대한 금융 제재는 중국에도 똑같은 일이 발생할 수 있다는 우려를 불러일으켰다. 국제금융연구소Institute of International Finance에 따르면 러시아가 우크라이나를 침공한 이후 투자자들이 전례 없는 규모로 중국에서 자금을 빼돌려 신흥 시장의 글로벌 자본 흐름에 매우 이례적인 변화를 가져왔다고 한다.[16] 글로벌 채권 투자자들은 환매에 박차를 가하면서 중국 국채 보유량을 사상 최대로 줄였다.

결국 각자가 생각하는 안전 자산으로 갈아타는 움직임이 전 세계적으로 시작된 것이다. 중국의 경우 믿을 수 없게 된 미국 국채

새로운 경제 질서의 시작,탈달러화

보유량을 계속 줄이고 있다. 2023년 2월 미국 재무부가 발표한 국제 자본 통계에 따르면 중국의 미국 국채 보유액은 2022년 12월 말 기준 8,670억 달러로 전월 대비 5개월 연속 감소하며 12년 반 만에 최저치를 기록했다.[17] 2022년에도 전체 해외 국가의 미국 국채 보유액은 6% 감소했지만, 중국의 감소 폭은 더 컸다.

달러를 대신 하는 금

각국이 미국 달러 자산 대신 주목한 것은 금이었다. 각국 중앙은행들의 역대급 매수와 개인 투자자들의 활발한 관심에 힘입어, 2022년 글로벌 금 수요는 11년 만에 최고치로 치솟았다(그림 5-1).[18] 세계금위원회The World Gold Council, WGC의 보고서에 따르면, 2022년 장외 거래를 제외한 금 거래량은 전년 대비 18% 증가하여 4,741톤에 달하며 2011년 이후 최고치를 기록하였다. 중국 인민은행 역시 3년여 만에 금 보유량을 확대하여 2022년 62톤을 추가, 총 2,011톤을 보유하게 되었다. WGC의 자료에 따르면, 이는 세계에서 7번째로 큰 금 보유량이다. 2023년 4월 말에 중국 인민은행 PBOC이 발표한 외환 보유액 데이터에는 금 보유량이 약 2,076톤으로 늘어난 것으로 나타났다.[19]

중국은 이런 방식으로 비달러 기반의 안전 자산을 확대하여 외부 변동성에 대한 저항력을 강화하였고, 이로 인해 글로벌 투자자들이 안전 자산을 찾아 중국 금융 기관으로 몰렸다. 특히, 러시아

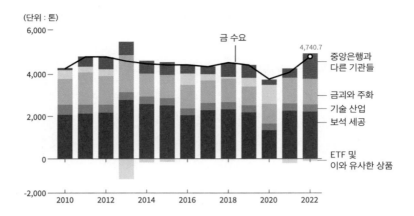

[그림 5-1] 글로벌 금 수요

중앙은행은 준비금의 달러화 비중을 2022년 21%에서 같은 해 1월에는 11%로 줄이고, 반면에 위안화 비중을 13%에서 17%로 늘렸다.[20]

　　　　　　　　　　　　　새로운 경제 질서의 시작, 탈달러화

위안화의 부상과
급물살을 타는 탈달러화

앞서 언급한 바와 같이 많은 국가들이 달러가 안전 자산으로서의 역할을 잃을 수 있을까 봐 우려하게 되었다. 미국의 특정 자산에 대한 달러 동결이 걱정거리가 되었을 뿐만 아니라, 방만하게 관리된 달러 체계 자체에 대한 의문이 커지기 시작했다. 이러한 상황이 달러에 대한 리스크를 회피하게 만들었으며, 탈달러화 움직임을 촉발시킨 원인 중 하나가 되었다. 현재 미국에 대한 외국인 투자는 18조 달러를 초과한다. 그 외에도 외국인은 미국 이외의 금융기관에 약 16조 달러를 예금으로 보유하고 있다. 이 두 금액을 합치면 대략 34조 달러가 되는데, 이는 미국의 GDP인 23조 달러를 웃돈다. 사람들은 외국 투자자들이 중국에서 자금을 일시에 회수하면 중국 경제가 붕괴될 것이라고 종종 농담하곤 하지만, 이는 미국에 대해서도 마찬가지라는 것이다.

만일 글로벌 경제가 디커플링을 겪게 되어 외국 투자자들이 미국에서의 예금, 주식, 부동산을 대량으로 처분하게 된다면, 미국 경제에는 어떤 영향이 있을까? 지금까지는 상상조차 하기 어려웠던 일이지만, 현재는 그런 일이 절대로 일어나지 않을 것이라고 단언하기는 어려워진 상황이다. 예컨대, 미국과 중국 사이에 타이완을 둘러싼 군사적 충돌이 발생하면, 그것은 금방 세계적인 규모의 전쟁으로 확대될 수 있다. 이런 상황에서는 미국을 지지하지 않는 자본이 미국에서 빠져나가는 상황도 상상할 수 있다.

탈달러의 움직임

이런 상황에서 미국의 리더십을 따르지 않는 국가가 증가하고 있고 점점 더 세계는 달러 없이도 무역을 할 수 있는 체계로 변하고 있다. 달러의 상대적 취약성에 비해 중국 위안화는 글로벌 통화로서의 지위를 점차 확대하고 있다. 런던에서는 역대 최대 규모의 위안화 거래가 이루어지고 있으며, 위안화 옵션 거래량은 엔화 옵션을 넘어섰고, 거래 비용도 파운드에 비해 줄었다.

국경 건너와 역외 시장에서의 위안화 사용량을 매달 측정하는 스탠다드차타드의 위안화 국제화 지수는 2022년에 26.6% 상승, 2018년 이후 연간 최대 증가율을 기록했다. 2019년 9월부터 2022년 초, 우크라이나 전쟁 직전까지 위안화는 미국 달러에 대해 12%

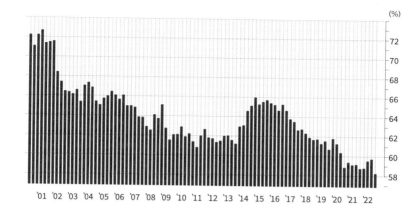

[그림 5-2] 세계 외환 준비금 달러 비중 추이

이상 절상됐다. 반면 1999년부터 2021년까지 글로벌 금 및 외환 보유량에서 달러의 비중은 71%에서 59%로 줄었다(그림 5-2).

하지만, 2022년 2월에 우크라이나 전쟁이 발발하자 중국에서 현금이 급속도로 유출되기 시작했다.[21] 로이터는 직접적인 언급을 피했지만 사실상 중국인들의 자산 유출 러쉬 때문임을 암시했다. 미 연준 금리 인상까지 더해지자 위안화는 11% 이상 평가절하되어 투자자들은 주식과 채권을 매도했다.

중국의 국제수지에서 452억 달러의 순유출이 발생했다. 이에 대한 분석에서 일부 경제학자들은 중국 내부의 자금이 불법적이거나 회색 영역을 통해 해외로 유출되고 있다고 지적했다. 중국 본토와 홍콩 그리고 국제 시장을 연결하는 국가 간 채권 연결을 통한 해외 투자는 8월 말 기준으로 420억 달러에 달했으며, 한 달전보다 34%, 3월 대비로는 19배 증가했다. 이로 인해 중국의 외환

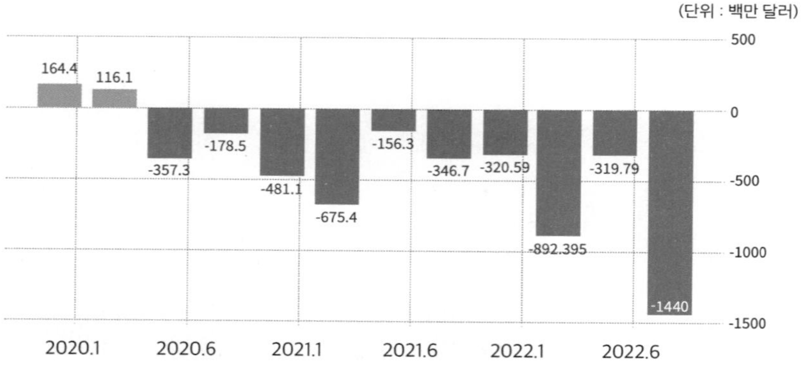

164.4　116.1

-178.5

-357.3

-481.1

-675.4

-156.3

-346.7　-320.59

-892.395

-319.79

-1440

500

0

-500

-1000

-1500

2020.1　2020.6　2021.1　2021.6　2022.1　2022.6

[그림 5-3] 2020~2022년 중국의 외환 수지 추이

거래는 순유출을 보였다. 중국 경제가 위기에 처하게 된다면 바로 이렇게 중국인의 자산 유출로 무너질 것이다(그림 5-3).

러시아와 인도 사이에는 2022년 3월, 인도 준비은행이 러시아의 인도 무기 판매 수익을 현지 통화 회사채에 투자하도록 허용하는 결정이 있었다. 이는 비달러 거래를 간접적으로 허용하는 특별한 외환 거래 방식이었다. 결과적으로 인도는 러시아 무기 구매를 인도 루피로 결제하게 되었고, 러시아는 제재로부터 상대적으로 안전한 인도 금융 시장에서 자산을 확보할 수 있게 되었다.

러시아에 대한 제재에 참여하지 않은 중국, 인도, 브라질 등의 국가들[vi]은 전 세계 인구의 76%를 차지하며, 이들 국가는 주로 비달러 화폐로 거래를 진행하고 있다. 아시아 국가들 역시 아시아 내 무역을 지원할 수 있는 3,800억 달러 규모의 환율 스와프를 보유

....
vi 명확하게 제재 불참을 선언한 국가는 약 70여 개국이라고 한다.

새로운 경제 질서의 시작, 탈달러화

하고 있다. 골드만삭스는 달러가 과거의 영국 파운드처럼 점차 약화될 것이라는 전망을 내놓기도 했다.[22]

위안화의 부상

2022년 4월의 IMF 보고서에 따르면, 달러는 서서히 글로벌 금융 질서에서의 지배적 위치를 잃어가고 있다. 버클리의 배리 아이첸그린Barry Eichengreen[vii]이 참여한 연구에 의하면 중국의 위안화가 주요 수혜자이다.[23]

2022년 9월, 중국과 러시아는 러시아 천연가스 공급에 대한 결제를 미국 달러 대신 위안화와 루블화로 진행하기로 합의했다.[24] 사우디아라비아는 2023년 3월 위안화 결제를 결정했다.[viii] 일부 인도 기업들도 석탄 수입 비용을 미국 달러가 아닌 위안화로 지불하기 시작했다. 이에 대해 크레디트 스위스의 졸탄 포자르Zoltan Pozar는 2022년 12월 GCCGulf Cooperation Council가 '페트로 위안의 탄생'을 기념했다고 말했다.[25] 포자르에 따르면 중국은 세계 에너지 시장의 규칙을 다시 쓰고 싶어 한다. 또한, 그는 석유 거래의 대부분이 위안화로 이루어질 것이며, 생산이 더욱 지역화되고 현지화될 것이라고 예측했다. 그리고 공급망은 더욱 수직 통합될 것이라고 덧붙였다.

....

vii 1997~1998년 아시아 위기 동안 금융계에서 이름을 알린 IMF 최고 고문
viii 이란은 2012년부터 중국에 위안화로 원유 대금을 받고 있는 것으로 알려져 있었다.

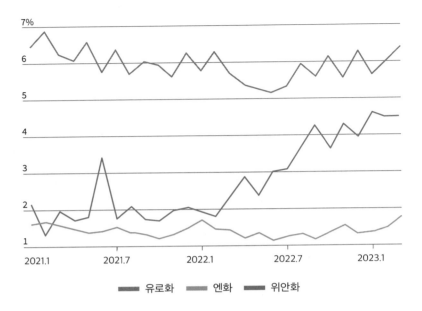

[그림 5-4] 2022년 2월 우크라이나 전쟁 이후 글로벌 무역 금융 중 중국 비중

이렇게 되자 위안화가 달러화에 대해 하락세를 보였음에도 불구하고 국제 거래와 역외 위안화 표시 채권 판매가 급증하면서 위안화의 글로벌 인기가 상승하기 시작했다.[26] 2021년 3월부터 2023년 3월 사이 무역 금융에서 위안화의 점유율은 두 배 이상 증가하였다(그림 5-4).

러시아와 중국이 탈달러를 도모하게 되자 이 움직임은 고스란히 SCO 국가들에게 전파되었다. 미하일 미슈스틴Mikhail Mishustin 러시아 총리는 SCO 정부 정상 회의에서 회원국들에게 금융 정보와 은행 지불의 전자 교환 시스템을 자체적으로 만들 것을 2022년

새로운 경제 질서의 시작, 탈달러화

10월에 요청했다.[27] 러시아는 SWIFT 배제를 대비하여 SPFS 시스템을 보유하고 있어[ix], SCO 국가들과 이 프로젝트를 함께 진행한다면 SWIFT의 대안으로 작동할 수 있다. 그러나 SCO 국가들은 중국의 CIPS를 SPFS보다 우선으로 고려할 가능성이 크다. 러시아의 SPFS와 중국의 CIPS를 연동하는 것도 고려될 수 있다.

2023년 1월에는 러시아와 이란이 디지털 토큰을 스테이블 코인[x]으로 활용하는 방안을 논의했다는 소식이 전해졌다. 이들 국가는 SWIFT 차단 및 서방 제재를 극복하기 위해 금을 기반으로 한 '페르시아 토큰Persian Token' 활용을 검토하고 있다. 이는 다른 국가의 화폐와 달리 유형 자산을 기반으로 한 안정된 화폐를 개발하려는 의도로 해석된다. 이러한 움직임은 탈달러화에 대한 이들 국가의 강한 의지를 보여 준다.

그런데 러시아와 이란이 다원 통화 또는 초주권 통화를 추진하는 것은 처음이 아니다. 2019년 사우디 통화청Saudi Monetary Authority과 UAE 중앙은행Central Bank of the United Arab Emirates은 공동으로 범용 디지털 통화 프로젝트 'Aber'를 시작하여 분산 원장 기술을 통한 양국 간의 금융 결제를 모색했다. 그리고 2022년에는 Aber 프로젝트를 기반으로 위안화, 홍콩 달러, 태국 바트, UAE 디르함과 같은 4개의 디지털 통화로 교차 통화 거래 테스트를 완료하며 미국 달러를 우회하는 결제 방식을 구현했다. 이렇게 함으로써 중국은 태

---

ix 2022년 6월 기준, 이미 12개국에서 70개의 외국 조직이 SPFS에 가입했다. 러시아 은행 외에 아르메니아, 벨라루스, 독일, 카자흐스탄, 키르기스스탄, 타지키스탄 및 쿠바의 은행이 가입되어 있다.
x 달러화 등 기존 화폐에 고정 가치로 발행되는 암호 화폐를 말한다.

국 및 UAE와 사실상 위안화 기반의 경제 협정을 체결한 것이다.

그뿐 아니라 남미의 브라질과 아르헨티나가 공동 통화인 수르sur
화에 대한 준비를 시작할 것이라고 발표했다. 이 발표는 광범위한
반응을 불러왔으며, 수르화의 주요 목표는 기존 국내 통화를 대체
하는 것이 아니라 지역 무역 활성화와 달러 의존도 감소에 있다고
전해졌다.[28] 다만, 수르화 구현을 위해서는 아직 많은 논의가 필요
해 보인다.

2023년 2월에 이라크는 중국과의 무역 결제를 위안화로 진행하
겠다고 발표했다. 또한, 아세안 국가들의 재무장관과 중앙은행 총
재들은 인도네시아에서 열린 회의에서 미국 달러, 유로, 엔화 등의
통화 의존도를 낮추고 점차 국내 통화 결제로의 전환 방안을 논의
했다. 이들의 논의에는 현지 통화 기반의 결산 시스템 구축과 거래
규모 확대 등이 포함되었다. 이러한 움직임은 21세기의 세계 통화
체계와 경제 지도를 재정립하는 것을 의미할 수 있다.

2023년 3월, 위안화를 이용한 국제 결제가 급증하였고, 중국의
무역에서의 위안화 결제 금액이 전년 대비 40% 증가하여 1조
1,271억 위안으로 역대 최고치를 기록했다. 중국 해양석유공사와
프랑스 종합에너지회사는 천연가스 구매에 위안화를 사용하였으
며, 브라질은 중국과의 무역에서 위안화 결제를 진행하겠다고 발
표했다.[29] 그리고 **블룸버그는 중국의 무역 거래에서 위안화의 비
중이 처음으로 미국 달러를 넘어섰다고 보도했다.** 그야말로 위안
화 국제화가 빛의 속도로 진행되어 갔다.

인도는 이러한 상황을 기회로 활용하여 러시아와 루블과 루피

간의 직접 태환을 제안하였고 러시아는 받아들였다. 인도 수출 단체 협회FIEO 회장 삭티벨Sakthivel은 2023년 3월 인도와 러시아가 미국의 대러시아 제재를 회피하기 위해 루피와 루블 간 통화 스와프를 체결할 것이라고 언급하였다. 인도-러시아 스와프는 달러 체제와의 공개적인 단절이었다.[30] 그리고 양국의 화폐 환율은 위안화를 기준으로 결정하기로 합의하였다.

그러나 러시아의 인도 상품 수입액은 많지 않다. 반면 상대적으로 저가에 러시아의 에너지를 수입할 수 있게 된 인도는 대규모로 러시아의 에너지를 수입하였다. 당연히 러시아에는 인도 루피가 쌓여 갔으나[xi] 이를 사용할 수 있는 거래는 극히 제한적이었다. 결국 2023년 5월 양국은 루피 무역을 중단하였다.[31] 인도의 루피는 아직 국제 화폐로 통용되기에는 국력이 너무 약했던 것이다.

인도와 말레이시아는 2023년 4월 루피로 상호 무역을 수행하는 새로운 메커니즘을 발표했다.[32] 이는 러시아에 대한 미국 주도의 제재에 동참하지 않은 모디 정부는 이런 메커니즘을 통해 국제 거래에서 달러의 의존도를 줄이려고 노력했다. 아세안 회원국들은 지역 무역 및 투자를 위해 자국 통화 사용 활성화에 합의했기 때문에 이런 동향이 가능해졌다. 또한, 한국과 인도네시아는 원화와 루피의 직접 교환을 촉진하기 위한 협정을 체결했다.

이렇게 된 데에는 미국의 중소은행 위기도 영향을 주었다. 2023년 3월, 미국의 실리콘밸리 은행과 퍼스트 리퍼블릭 은행 등의 위기가 악화됨에 따라 미국 달러 자산의 전망이 암울해졌다. 미 재무

---

xi 연간 누적 루피는 400억 달러 규모에 달한다고 한다.

부는 이 위기가 확산되지 않도록 강력한 대응책을 마련했지만, 중소 은행 위기의 근본적인 원인은 여전히 해결되지 않아 리스크가 남아 있었다. 그리고 이러한 미국의 중소은행 위기는 연준의 인플레이션 대응 정책을 복잡하게 만들었으며, 미국 경제의 불확실성을 더욱 확대시켰다. 연준이 은행 위기에 대응하여 추가로 달러를 방출할 가능성이 높아진 상황에서 달러의 안정성이 위협받는 것으로 보였다. 테슬라의 일론 머스크도 트위터에서 미국의 강경한 정책과 과도한 정부 지출이 다른 국가에게 고통을 주며, 달러의 포기를 촉진하고 있다고 지적했다.[33]

이어서 아르헨티나가 중국 수입 상품 결제를 위안화로 한다고 발표했고 핑안증권平安证券의 종정성钟正生은 구글 데이터에서 '탈달러화Dedollarization'의 검색 지수가 2023년 4월에는 만 점인 100점을 기록했다며 국제 사회에서 탈달러화 논의가 뜨겁다고 전했다. 그는 달러의 약세가 금과 암호 화폐의 강세를 초래할 것이라 예상하면서, 탈달러화 추세가 과도하다고 우려했다.[34] 중국의 금융인이 탈달러화 정서를 걱정한 것이다.

탈달러화 추세에는 미국 정부의 부채 상황도 영향을 줬다. 2023년 1월, 미국 정부 부채가 법적 한도인 31조 4천억 달러에 도달했다. 이에 따라 미 재무부는 채무 불이행을 피하기 위해 '특별 조치'를 취하며 의회가 새로운 부채 한도를 결정할 때까지 기다려야 했다. 옐런 재무부 장관은 4월 의회 청문회에서 부채 한도를 31조 4천억 달러에서 51조 달러로 상향 조정할 것을 제안하며, 이 새로운 한도가 2033년까지 유효하길 희망한다고 밝혔다.

비록 재무부 장관의 희망이었지만, 수십 차례 부채 한도를 늘리는 것과 20조 달러 증가를 요청하는 것은 미국 시민들이 정부의 운영에 대한 불만과 거대한 규모의 정부 채무에 대한 우려를 증폭시켰다. 그러나 미국은 사실상 다른 대안이 없었기 때문에, 미 의회는 6월에 정부 부채 한도 증액에 합의하게 되었다. 그러나 미국 시민들과 세계 각국은 미국의 무분별한 재정 운영과 점점 심화되는 디커플링을 우려스럽게 지켜보았다.

이런 상황이 반영되어 2023년 3월 초부터 5월 초까지 미국 달러 인덱스는 105에서 101 정도로 하락해 두 달 만에 약 4% 하락했다. 같은 기간 동안 CME^{Chicago Mercantile Exchange[xii]}의 EUR/USD의 순매수 포지션은 24% 증가했다. 국제 금값은 3월 초부터 5월 초까지 온스당 약 1,800달러에서 2천 달러 이상으로, 10% 이상 급등했다. 동일한 기간에 비트 코인의 가격은 2022년 6월 이후의 최고치인 2만 2천 달러에서 약 40% 상승하여 3만 달러를 넘겼다. 요컨대, 전 세계는 달러 자산을 축소하고 있으며, 이에 따라 달러 가치도 하락하고 있다.[xiii]

확실히 중국은 위안화 결제 비중을 확대해 갔다.[35] 주요 대두 공급국인 브라질과의 무역 및 투자에서는 미국 달러 대신 다른 결제

---

xii 미국 시카고에 위치한 세계 최초, 세계 최대 선물 거래소.

xiii 2023년 3월 31일에 발표된 IMF의 데이터에 따르면, 2022년 4분기 미국 달러 외환 보유고의 전 세계 점유율이 1995년 이후 최저 수준인 58.4%로 떨어졌다. 2023년 4월 19일에 발표된 미국 재무부의 자료에 따르면, 2023년 2월 기준, 외국인 투자자가 보유한 미국 채권은 전월 대비 590억 달러 감소하였고, 이 중에서 일본과 중국의 채권 보유는 각각 221억 2천만 달러와 1,799억 달러 줄었다. 세계 금 위원회의 '2023년 1분기 글로벌 금 수요 동향 보고서'에 따르면, 2023년 1분기 글로벌 중앙은행의 금 보유량은 228톤으로 증가하여 같은 기간 최고치를 기록했다.

시스템을 도입하였다. 또한, 주요 국영 석유 회사는 처음으로 위안화로 천연가스를 구매하였고, 러시아와의 석유 거래에서도 위안화 결제가 점차 확대되고 있다.

중국의 탈달러

중국이 탈달러화를 추진하는 이유는 명확하다. 타이완과의 충돌이 발생할 경우 달러 결제가 제한될 수 있기 때문에 중국은 자원 조달을 위해 비달러 결제를 확대하고 있다. 중국은 이를 통해 환율 리스크를 줄이며 안정적으로 자원을 확보하려 한다. 2022년 중국과 러시아 간의 총교역량은 전년 대비 30% 증가하여 역대 최고치를 기록할 것으로 예상된다. 중국 언론의 보도에 따르면 이 중 대략 50%는 위안화 또는 루블화로 결제되었다. 2023년 이후, 위안화는 국제적인 영향력을 강화하고 있으며, 이는 미 달러의 부족을 완화하고 외환 접근성 향상을 추구하는 중국의 목표를 반영한다.

디커플링에 직접 영향받지 않는 중국 외 국가들까지 탈달러화가 발생하는 이유는 몇 가지 있다.

첫째, 미국 달러의 주기적인 변동성과 신흥 시장의 금융 위기 때문이다. 달러는 국제 통화로서의 역할을 하지만, 미국은 국내 경제 문제를 해결할 때 다른 국가들의 상황을 크게 고려하지 않는다. 1982년 중남미 위기, 1994년 멕시코 금융 위기, 1997년 아시아 금융 위기(한국의 IMF 사태 포함), 2001년 아르헨티나 금융 위기,

2018년 터키 금융 위기는 미국의 무관심과 방관으로 인해 발생했다. 또한, 미국이 해외 기술 판매를 제한하고, 달러 자산 몰수의 위험이 커짐에 따라 일부 국가들은 미국 국채 보유의 필요성에 의문을 가지고 있는 상황이다.

둘째, 미국의 경쟁 우위는 점차 중국에게 따라잡히고 있다. 미국은 중국 제품을 수입하면서 지속적으로 달러를 해외로 보냈고, 이 결과 제조업은 공동화되는 추세를 보였다. 주요 공급망은 대부분 동아시아에 집중되어 있다. 개발도상국들은 국가 현대화에 필요한 중국제 상품을 수입할 때 달러보다 위안화가 더 효과적이라는 것을 알게 되었다.

물론 탈달러화의 실현은 아직 갈 길이 멀고 하루아침에 이루어지지 않을 것이다. 논란이 되는 여러 리스크가 소멸된 후에 탈달러화는 없던 일이 될 수도 있다. 미국 달러는 세계에서 여전히 결제 및 준비금 기능에서 압도적인 위치를 차지하며, 미국 달러 준비금의 글로벌 비중이 약간 줄었을지라도 2위인 유로보다는 여전히 3배가 넘는 규모를 유지하고 있다. 달러는 SWIFT 시스템에서도 가장 큰 비중을 차지하는 통화이다. 그리고 위안화나 유로의 결제는 대부분 중국과 유럽 같은 주요 경제 국가들의 지역 무역에서 발생하므로, 국제화 수준에서는 달러에 미치지 못한다.

더욱이, 위안화의 국제적 사용 확대에 있어 가장 큰 장애물은 그것이 아직 완전한 기축 통화로서의 역할을 수행하기에는 부족하다는 것이다. 중국인들조차도 위안화보다는 달러나 유로로 결제하는 것을 선호한다고 BCS 미르 투자BCS Mir Investments의 드미트리 바빈

Dmitry Babin은 말한다.[36]

그러나 중국 국가외환관리국의 자료에 따르면, 2023년 3월 말 기준 중국의 해외 관련 결제에서 위안화 비중이 48%를 차지했다.[37] 동일한 기간에 미국 달러의 비중은 83%에서 47%로 감소하여, 위안화가 대외 무역에서 처음으로 달러의 비중을 초과한 것이다. 분석가들은 중국의 위안화 사용이 점진적이지만, 확실히 국제 결제에서 더욱 확장되고 있으며, 이는 달러와 병행하는 무역 시스템의 토대를 마련할 수 있다고 말하고 있다.[38]

2021년 9월 이후로 통화 디커플링의 현상이 두드러지게 나타나면서, 위안화의 향방에 대한 불확실성이 높아졌다. 위안화와 미국 달러 지수DXY는 역의 관계에 있는 경향이 있으며, 게이지가 상승하면 달러에 대해 위안화가 약세를 보여 왔다. 그러나 그 관계는 2021년 9월 이후 무너졌고, 달러 지수가 상승해도 위안화가 달러 대비 강세를 보이기 시작했다.[39] 이는 두 통화 간의 디커플링 현상이 점점 뚜렷하게 나타나고 있음을 시사한다.

중국뿐만 아니라 여러 국가들이 2023년부터 탈달러화 방안으로 위안화를 사용하기 시작했다. 현재까지 인도네시아, 이란, 러시아, 독일 등 30개 이상의 국가가 무역 결제나 투자에서 점점 위안화를 선호하게 되었다. 위안화의 국제적 지위가 강화되고 있으며, 특히 신흥 경제국에서는 그 인지도가 크게 증가하였다. 블룸버그 리서치의 치-수안 치우는 중국의 자본 계정 개방에 따라 외국에서의 투자가 증가함에 따라 위안화의 사용이 확대된 것이라고 분석했다.

아무도 달러의 지배적인 위치가 곧 사라질 것이라고 주장하지는 않지만, 탈달러화의 움직임은 확실히 증가하고 있다. 국제결제은행의 최근 3년간의 조사에 따르면, 39개 통화 중에서 위안화의 성장세가 가장 빨랐다.[40] 특히 2022년 10월 보고서에 따르면 위안화는 세계에서 다섯 번째로 가장 많이 거래되는 통화였으며[41] 그 비중이 일본 엔화를 초과하여 국가 간 지불에서 네 번째로 많이 사용되는 통화가 되었다. SWIFT의 데이터에 따르면, 중국의 통화는 시장에서 약 2.7%의 비중을 차지했으며, 반면에 엔화는 2.58%로 뒤를 이었다.[42]

글로벌 경제 시스템에서 중국의 역할이 점점 커지고 있어, 2020년에는 전 세계 GDP의 17%를 차지하였다.[43] 또한, 중국의 세계 상품 무역 비중이 13%로 미국을 추월하게 되었다. 스탠다드차타드의 위안화 세계화 지수는 2022년에는 전년 대비 26.6% 상승하여, 2021년의 18% 증가 폭을 넘어섰다. 중국을 통한 위안화 결제의 국가 간 지불 및 수령액은 계속해서 증가했으며, 2022년에는 15% 성장하여 총 6조 1천억 달러에 달했다.[44]

그런데도 위안화는 외환 보유액, 외환 거래, 글로벌 지불, 무역 융자, 증권 가격 등에서 달러와 큰 차이를 보인다. 위안화의 국제화는 왜 한계에 부딪혔는지에 대한 IMF의 연구 결과, 기축 통화 사용의 관성과 금융 연관성이 결정적인 요소로 나타났다. 반면 무역 연관성은 상대적으로 중요도가 낮게 나타났다. 그러니까 무역보다 금융이 기축 통화를 결정한다는 뜻이고 위안화보다 달러가 더 기축 통화로서의 힘이 강하다는 의미이다.

국가	위안화 수용 내용
러시아	2022년 9월, 중국과 러시아는 천연가스 공급에 미국 달러 대신 위안화와 루블화로 지불하기로 합의했다.
말레이시아	2023년 4월, 말레이시아 총리 안와르는 말레이시아 중앙은행이 중국과 양국 간 무역을 링깃과 위안화로 결제할 수 있도록 논의를 시작했다고 밝혔다.[45]
방글라데시	2023년 4월, 방글라데시는 원자력 발전소 개발 자금으로 사용된 러시아 차관의 일부를 청산하기 위해 3억 1,800만 달러 상당의 위안화 지불을 승인했다고 발표했다. 중국이 개입되지 않은 국제 거래에 위안화를 사용하는 것은 이례적인 일이다.
브라질	2023년 3월 말에 중국과 브라질은 무역 거래를 자국 통화로 진행하기로 합의했다. 브라질 중앙은행은 위안화가 유로화를 제치고 브라질에서 두 번째로 큰 국제 준비 통화가 되었다고 발표했다. 이를 위하여 교통은행의 자회사인 리우의 Banco BOCOM BBM이 중국의 국가 간, 은행 간 결제 시스템 CIPS에 연결할 예정이다.[46] 그리고 브라질 투자진흥청(ApexBrasil)에 따르면, 이 은행은 남미에서 CIPS에 직접 참여하는 첫 번째 은행이 될 것이다. 또한, 중국 공상은행의 브라질 지점이 브라질 내에서 위안화 결산을 담당하는 은행이 될 것이라고 밝혔다.
사우디아라비아	사우디아라비아는 최대 고객인 중국으로 향하는 석유 운송 비용을 위안화로 받아들일 것으로 알려졌다. 이는 사우디 왕국이 중국 통화로 상당한 양의 준비금을 유지할 것임을 의미한다.
아르헨티나	2023년 4월, 아르헨티나 경제부 장관 펠리페 마사는 아르헨티나가 중국으로부터 수입 대금을 결제할 때 미국 달러 사용을 중단하고 대신 위안화를 사용할 것이라고 발표했다. 대신 위안화를 사용하여 중국 수입을 지불하기 시작할 것이라고 2023년 4월 발표했다.[47]
이라크	2023년 2월, 중국과의 무역 결제에 위안화를 사용하겠다고 발표했다.
인도	일부 석탄 등의 비용을 지불할 때 위안화를 사용하기 시작했다.
카자흐스탄	중국 중앙은행이 카자흐스탄 중앙은행과 중앙아시아 국가에서 중국 위안화 정산 협정을 체결하기 위한 협력 각서에 서명했다고 중국 인민은행이 20일 밝혔다.
태국	태국 중앙은행도 2023년 무역을 위한 위안화 사용에 대한 규정을 완화할 것이라고 말했다.
프랑스	2023년 프랑스는 위안화를 통해 천연가스를 중국에 판매했다.[48] 신화통신 보도에 따르면, 국영 중국 해양석유총공사는 프랑스의 토탈 에너지로부터 천연가스를 구매했다. 이번 거래에서는 UAE에서 생산된 6만 톤 이상의 연료가 포함되었고, 이 거래는 상하이 석유 및 천연가스 거래소(SHPGX)에서 체결되었다.

[표 5-1] 세계 각국의 위안화 수용 현황

새로운 경제 질서의 시작, 탈달러화

애널리스트들은 중국이 이제 국제 거래에서 영향력을 키울 수 있는 위치에 있다고 말한다.[49] 이와 관련하여 태국 중앙은행도 2023년에는 위안화를 무역에 사용하는 규정을 완화할 계획이라고 발표했다. 영국의 파이낸셜 타임스는 2023년 5월에 위안화 국제화와 탈달러화가 화두라고 보도했다.[50] 특히 아시아 시장에서는 탈달러화라는 발상이 코앞으로 다가왔다는 것이다.

이에 대해 타이완 연합보는 2023년 5월의 기사에서 '중국이 미국 달러를 위안화로 대체하려는 움직임은 세계로부터 동떨어지려는 것인가, 아니면 더 큰 국제적 영향력을 추구하는 것인가?'라는 질문을 던졌다.[51] 이는 중국이 미국 달러를 '위안화 결제'로 대체하려는 움직임의 실현 가능한가에 대한 의문과 함께 많은 이들이 관심을 가지는 주제이다. 왜냐하면 중국의 탈달러화는 미국과의 전쟁을 대비한 쇄국 정책인 '내순환 경제로 가는 길'일 수도 있고 미국과 글로벌 금융 체제를 두고 경쟁하는 '외순환 경제를 강화하는 길'일 수도 있다. 이 두 가지 시나리오는 그 결과에서 큰 차이를 가져올 것으로 예상된다.

위안은 달러를 대체할 수 있는가?

이렇게 각국이 달러 리스크에서 벗어나려는 움직임은, 역설적으로 달러화가 국제 거래에서 필수적인 요소라는 것을 재확인하는 것이다. 디커플링에 따라 중국과 러시아 같은 국가들은 달러가 부족한 상황에서 큰 어려움에 직면하게 된다. 그와 대조적으로 미국을 중심으로 한 서방 국가들은 달러 공급에 큰 문제를 느끼지 않는다.

아시아 투자 은행장 진리춘金立群이 '미국 달러의 중요성은 변하겠지만 여전히 국제 기축 통화다. 위안화의 중요성은 커졌지만 '대체'한다는 것은 미국 달러가 완전히 철수한다는 뜻'이라며 '이는 불가능하다.'라고 말한 것은 이런 맥락에서 이해할 수 있다. 반면 알리바바의 부회장 차이종신蔡崇信은 미국이 경제가 작은 러시아를 제재하는 것은 상대적으로 쉽지만, 중국을 제재하는 것은 미국 달러의 자멸을 뜻한다고 말했다.[52] 이것은 달러가 부담해야 하는 세계 경제의 무게가 미국 정부에 점점 부담스러워지고 있음을 반증한다.

상하이 통지대학 왕첸王倩 교수는 지난 몇 년 동안 위안화의 국제화가 중국 내에서 통화 완화를 동반하면서 수입 물가의 상승과 위안화 환율의 하락을 가져왔다며, 위안화 국제화의 비용도 증가했다고 지적했다.[53] 그래서 그는 미국 달러와 유로화와의 기축 통화 경쟁이 중국의 거버넌스와 국가 상황의 접근 방식과 일치하지 않는다고 주장했다. 간단히 말하면, 그는 중국이 전쟁이나 패권 추구를 멀리하며, 마찬가지로 위안화의 국제화도 추구하지 말아야 한다는 견해를 표현했다.

왕첸 교수는 중국이 독립된 주권 국가로서 객관적으로 행동해야 하며, 위안화가 달러나 유로와 같은 지위를 달성하는 것은 현실적이지 않다고 강조했다. 주권 통화의 가치와 힘은 국가의 권력 및 국제적 발언권에 의해 제한된다. 국내의 민생을 개선하는 것이 과

새로운 경제 질서의 시작, 탈달러화

도한 대외 확장보다 훨씬 더 합리적인 선택이다. 그러나 왕첸의 이런 시각은 현재의 중국 사회에서는 크게 언급하기 어려운 의견 중 하나로 여겨진다.

왕첸의 요지는 중국의 내순환 경제를 중점으로 보며, 위안화 발행 규모가 중국의 통화 정책 요건과 부합해야 한다고 강조한다. 그의 관점에서 중국의 내순환 경제가 우선시되어야 하며, 대외 무역이나 외순환 경제는 그 뒤를 따라야 한다고 본다. 왕첸은 **중국 경제의 근본적인 특성은 자급자족 경제**[xiv]이며, 이러한 특성이 위안화의 통화 및 경제 정책에 큰 영향을 미친다고 주장한다. 그렇기에 국가의 자산을 담보로 발행하는 통화의 규모는 중국의 GDP, 즉 거래 부문의 수요와 연동되어야 한다고 본다.

중국 외의 나라들은 위안화는 국제화가 될 능력이 부족하다는 의견이 다수이다. IMF의 고피나스Gopinath 제1부총재도 중국이 위안화를 기축 통화로 만들기 위해서는 자본 시장의 개방이 필요하다는 점을 지적했다.[54] 글로벌 통화는 자본의 자유로운 이동, 완전한 자본 계정 자유화 및 환율의 완전한 태환성이 필수적인데, 위안화는 아직 이러한 조건을 만족시키지 못하고 있다는 것이 핵심이다.

그가 지적한 바와 같이 위안화의 국제화는 중국 정부가 자본 흐름에 대한 통제를 완화하고 자유시장의 원활한 작동을 허용해야 함을 의미한다. 그러나 중국 정부가 이러한 조건을 수용할지는 불확실하다. 중국 정부는 자국 경제 운영에는 절대에 가까운 통제를

----

xiv 필자가 내순환 경제와 타이완 전쟁 간의 관계를 강조하는 것과 같은 맥락이다.

행사하고 있는데 위안화의 국제화는 자국 경제에 대한 통제력을 크게 약화시킬 것이기 때문이다.

한 가지 가능성은 중국이 세계적으로 위안화의 국제화를 추구하기보다는 동아시아 지역 내에서의 지역화를 목표로 할 수 있다는 생각도 제기된다. 기술적 측면에서, CIPS를 이용하여 일부 통제 가능한 국가들과의 거래에 초점을 맞출 수 있다. 국제결제은행의 어거스틴 카스튼스Agustin Carstens 총재는 중국 위안화는 은행 간 결제에서 보완적 역할을 하지만, CIPS는 SWIFT를 대체할 수 없다고 말했다.[55] 이러한 주장은 전통적인 의미에서는 옳을 수 있으나, CIPS가 SWIFT를 대체하려는 의도를 가지고 있지 않다는 전제하에 하는 발언일 것이다. 2021년 CIPS는 약 80조 위안(약 11조 4,400억 달러)의 거래를 처리했다. SWIFT 데이터에 따르면, 위안화는 2022년 10월 기준으로 전 세계 결제 시장에서 2.13%의 점유율을 보이는데, 이는 상대적으로 작은 비율이다. CIPS의 점유율도 이보다 낮을 것이라 예상되기 때문에, 중국이 이를 감당하는 데 큰 어려움이 없을 것으로 보인다.

타이완의 연합보는 카네기 국제 평화 재단Carnegie Endowment for Peace의 알렉산더 가부에프Alexander Gabuev의 말을 인용하자면, 자유 시장에서 '보이지 않는 손'이 작동하지만, 중국에서는 국가 규제 기관의 개입이 절대적이라고 지적했다. 이에 따르면, 중국 정부는 국내 금융 통제를 유지하고 안정적으로 권력을 보호하기 위해 그러한 개입을 필요하다고 지적했다.[56] 이는 중국이 현재로서는 위안화를 국제화할 준비가 되지 않았음을 의미한다.

필자도 이 견해에 동감한다. 중국이 양안 전쟁의 위험에 직면한 상황에서 국내 경제 통제 강화의 필요성이 더 커지고 있으며, 국제 경제에 대한 통제력을 확보할 수 있는 가능성은 낮다. 그러므로, 현재의 위안화 국제화는 기축 통화로의 추진보다는 안보를 위한 대비책으로 해석되어야 한다. 다시 말해, '현재 중국의 위안화 국제화는 내순환 경제의 준비'로 볼 수 있다.

그럼에도 불구하고 중국과 유사한 통제 체계를 갖는 국가들, 예컨대 러시아 같은 국가가 중국과 유사한 방식으로 위안화 통제에 협력하고 중국의 위안화 국제화 체제와 호환되는 방식으로 운영한다면, 중국이 그것을 거부할 이유는 없다. 특히 달러 자산이 동결되고 SWIFT에서 제외된 러시아는 중국과 협력하기에 매우 적합한 상황에 있다.

따라서 향후에는 CIPS 영역이 확장될 것으로 본다. 이는 중국을 중심으로 여러 국가가 위안화를 주요 통화로 채택하고 CIPS 시스템을 활용하는 방향을 나타내며, 경우에 따라서는 디지털 위안화나 심지어 BRICS의 공동 화폐 추진이 가능하다고 생각한다. 그리고 가장 가능성이 높은 시나리오는 BRICS 공동 화폐 체제일 것이다. 이는 위안화와의 연동성이 낮고, 중국 경제가 BRICS 내에서 과도한 비중을 차지하지 않기 때문이다. 중국이 달러 중심의 체제에서 벗어나려는 의지는 확실하지만, 그것이 반드시 위안화가 달러를 완전히 대체한다는 의미는 아니다. 또한, 필자가 지적한 것처럼, 위안화의 국제화는 내순환 경제를 강화하는 방향으로 해석될 수 있다.

BRICS와
새롭게 그려지는 통화 지도

2022년 중반에 개최된 제14차 BRICS 정상회담에서 푸틴은 BRICS 국가들이 '새로운 글로벌 예비 통화'를 발행할 계획이며, 이를 위해 모든 공정한 파트너와 공개적으로 협력할 준비가 되어 있다고 발표했다. BRICS의 공동 통화 추진 배경에는 BRICS 국가들의 경제 통합 강화, 미국 달러의 영향력 약화 그리고 달러 의존도 감소에 따른 글로벌 변동성 위험 완화 등이 포함되어 있다.[57]

2023년 4월, 브라질 대통령 룰라는 BRICS 국가들에게 자국의 통화로 결제할 것을 촉구했다.[58] 이것은 사실상 BRICS의 공동 통화 추진을 겨냥한 것이었다. 브라질은 외환 부족으로 디폴트 위기에 처했지만, 룰라 대통령은 중국을 방문해 시진핑 주석과 만나 철광석 공급 계약을 체결하면서 106억 달러를 확보해 이 위기를 극복할 수 있었다.

　BRICS는 2023년 6월, 남아공 역사에서 탈달러 운동이 본격적으로 시작된 회의가 열렸다.[59] 이때 BRICS 공동 통화에 대한 논의가 있었고, 푸틴 대통령은 통화의 신뢰성을 확보하기 위해 금이나 석유 같은 경질 자산을 제안했으나, BRICS 회원국의 통화 바스켓으로 이를 뒷받침하는 방안이 더 타당하다는 의견이 제기되었다.

　로위 연구소는 15차 BRICS 회의에서 공동 통화에 대한 본격적인 논의가 이루어질 것으로 예상했다.[60] 아마도 그들은 회원국들이 금본위제를 향해 나아가며 금을 적극적으로 비축하고 있을 것이라고 추정했다.[xv]

　현행 BRICS의 5개 회원국은 블록 내 무역에서 BRICS 공동 통화를 매개로 자체 화폐를 도입하여 달러 의존도를 줄일 수 있다. 특히, 중국과 러시아 간에 과거 주도권 및 자존심 문제로 인한 마찰이 있었지만, BRICS 화폐의 도입으로 그러한 문제를 넘어서 표준화된 화폐를 사용할 수 있게 되면, 특히 중국에는 부담을 크게 줄일 수 있는 기회가 될 것이다.

　더욱이 2022년 BRICS 블록은 중국의 무역 흑자 덕분에 3,870억 달러의 무역 흑자를 기록했다. 개별 국가들이 무역 적자를 보이더라도, BRICS 블록 전체로 봤을 때 무역 흑자 상태이기 때문에 외화, 즉 달러나 유로가 계속 쌓이게 된다. 이로 인해 BRICS 블록 차원에서는 외화 부족 문제가 사라지게 된다.

....

xv IMF 세계금위원회에 따르면 2023년 1, 2월 동안 싱가포르(51.4톤), 터키(45.5톤), 중국(39.8톤), 러시아(31.1톤), 인도(2.8톤)에서 금을 가장 많이 구매한 것으로 나타났다. 터키는 BRICS 가입을 신청한 국가이다.

인도는 나라 규모는 크지만 자국의 루피가 국제 사회에서 널리 사용되지 않아 러시아와의 무역도 중단된 상황이다. 그러나 BRICS 공동 통화의 도입이 이루어진다면, 인도의 외환 문제는 크게 해결될 가능성이 있다. BRICS 회원국의 중앙은행이 보유한 금 량은 전 세계 중앙은행의 총 금 보유량 중 15% 이상을 차지하고 있다. 그렇지만, 이런 시스템을 구축하기 위해서는 멤버 국가들이 중국에 더욱 의존적이게 될 것이며, 중국에는 부담이 커질 수 있다.

종합적으로 볼 때, BRICS 공동 통화는 BRICS 회원국에 외환 문제의 근본적 해결책을 제시할 가능성이 높다. 기술적인 구현 난이도도 높지 않을 것으로 예상되며, 중국의 대규모 외환 보유량은 BRICS에 전략적 장점을 가져다줄 것이다. 이러한 환경에서 중국은 BRICS 내에서도 압도적인 영향력을 행사하게 될 것으로 보인다.

이런 관점에서 보면 현재 5개국으로 구성된 BRICS에 19개국이 추가로 가입하려는 것은 그다지 놀랍지 않은 사실이다. 트럼프 행정부의 백악관 경제 고문 위원회 참모였던 이코노미스트 조세프 설리반Joseph W. Sullivan은 **디지털 위안과는 달리 BRICS 공동 통화는 실제로 달러를 대체하거나 흔들 수 있는 잠재력을 가지고 있다고 평가하였다.**[61] 반면 남아공의 금융 기업 베스택트Vestact는 BRICS에 대한 가능성에 회의적이며, 달러를 대체할 수 있는 통화는 유로뿐이라고 주장한다.[62]

중요한 점은 BRICS의 공동 통화 도입 과정에서 중국이 느낄 부담이다. 엘레나 사프로노바Elena Safronova는 대부분의 국가들이 위안화를 중심으로 통화 바스켓을 구성하려 할 것이며, 중국이 이런 규모의 국제 금융 부담을 짊어질지 여부에 의문을 제기했다.

그런데도 BRICS 공동 통화는 이 국가들에 큰 난제의 해결책으로서의 위치를 차지할 것이다. 미국과 서방으로부터의 압박이 증가할수록, 이 통화에 대한 추진력은 더욱 강화될 것이다. 결국, BRICS 공동 통화의 성사 여부는 미국이 중국과의 디커플링을 어떻게 추진하느냐에 달린 셈이다.

6장.

전략 자원의
공급망 리스크가 밀려온다

전략 자원의 가치와 위험
그리고 미래

힘의 우위를 점하고 있는 상황에서 경쟁자를 미리 제압하는 전략은 미국의 싱크탱크 그룹 및 오피니언 리더들 사이에서 광범위하게 공유되어 왔다. 예를 들어, 태평양전쟁 이전의 일본에 대한 자원 제한, 냉전 시기의 소비에트 연방에 대한 봉쇄 그리고 고도성장 시기의 일본과 체결된 플라자 협정 등이 있으며, 이러한 전략들로 봉쇄와 압박의 성과를 얻어낸 역사적 경험도 있다.

전략적 봉쇄나 압박 전략에서 핵심적으로 사용되는 요소는 전략 자원이다. 특정 자원의 공급이 몇몇 국가에 집중되어 있고 그 자원이 필수적일 경우, 그것은 전략적 자원으로 볼 수 있다. 70년대 중동 국가들의 석유 국유화나 중국이 일본에 희토류 수출을 중단한 사례가 대표적이다. 미중 간의 디커플링 논의도 이러한 전략적 자원의 공급망 문제를 중심으로 이루어진다.

글로벌 컨설팅 회사 맥킨지는 디커플링과 관련하여 공급망에서의 5가지 주요 위험 요소로 물량 부족, 가격 변동성, 지리적 소싱의 종속성, 긴 공급 시간 그리고 품질 문제를 지적한다.[1] 특히, 지리적 소싱의 종속성은 자원의 공급이 지정학적, 사회적, 규제적 요인 등에 따라 특정 지역에 크게 집중되어 있는 상황을 말한다. 디커플링 시대에서 국가의 전략 자원을 고려할 때, 공급원의 지정학적 문제가 가장 중요한 요소로 여겨진다.

아르스 프락시아의 빅데이터 분석

아르스 프락시아Ars Praxia의 김도훈 대표는 빅데이터 분석을 통해 발견한 특정 신호들과 자신의 통찰을 바탕으로 바꾸어야 할 관념들과 한국 사회의 새로운 방향성에 대한 담대한 제안을 내놓았다. 그는 특히 전략 물자 공급망에 대해 통찰 깊은 분석을 제시했다.[2] 아르스 프락시아는 서울대 아시아연구소와 함께 2017~2022년까지 한국, 미국, 일본, 중국의 824개 언론사에서 나온 영문 기사(총 550만여 건)를 분석하여 '안보', '무역', '기술', '가치 사슬' 등의 주요 키워드가 어떻게 변화하였는지 연구했다(그림 6-1).

분석 결과 2017년에는 미-중 갈등이 격화되기 직전에 비해, 2022년에는 첨단기술에 필요한 희토류, 에너지 자원 및 공급망과 같은 글로벌 가치 사슬에 대한 관심이 크게 증가했다. 이에 따라 공급망

전략 자원의 공급망 리스크가 밀려온다

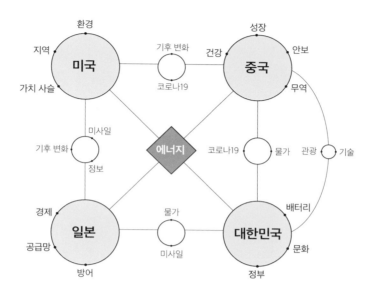

[그림 6-1] 4개국의 핵심 키워드 연결망

과 국가 안보 간의 연계성이 크게 부각되었다. 특히 미중한일 네 국가에서는 에너지와 희토류와 같은 핵심 전략 자원의 안정적 수급이 중요한 공통 이해관계로 떠올랐다.

　미국 중심의 연결망에서 한국은 일본과 함께 미국과 기능적으로 연계되어 있지만, 일본의 하위 파트너로 위치하고 있다. 북한의 핵 문제는 한-미-일 사이의 공통된 이해관계를 형성하는 주요 요인으로 보이지만, 한국 내부에서는 이 가치가 상대적으로 충분히 인식되지 않는 것 같다. 한국이 미국의 방향성에 무조건 따른다면, 일본의 하위 파트너로서의 위치가 더욱 강화되어 입지가 약화될 위험이 있다. 아르스 프락시아 대표인 김도훈은 일본의 방위 전략과의 충돌 가능성에 대해서도 언급하였다.

그리고 그는 북핵 문제의 중요성이 양안 문제의 30분의 1에 불과하다는 정량적인 분석 결과를 바탕으로, 현 정부의 북한 대응 전략이 미국 중심의 전략 틀에서 큰 영향을 미치지 않을 것으로 보았다. 이는 북한이나 북핵보다 중국이 더 큰 문제로 여겨진다는 것을 의미한다.

그의 결론을 이 책에서 소개하지는 않겠다. 이렇게 공급망이 한미일을 포함하여 중러 진영과 대치하는 시각에서 국가 안보에 절대적으로 전략적인 중요성을 가지고 있다는 점을 피력하는 것이 보다 중요하기 때문이다. 미일은 이제 한국이 한일 국방 협력에 나서기를 요구하고 있다. 이는 중국에는 한국이 가상 적국이 되며 그들의 공급망 체계에서 한국이 배제되는 결과를 초래할 것이다.

생존의 핵심,
전략 자원이란 무엇인가?

　전략 물자의 특성은 생존에 필수적이며, 제한된 공급자가 있고, 가격 탄력성이 거의 무한대라는 것이다. 예를 들어, 무인도에서 구조를 무한정 기다려야 하는 사람들이 가진 식량이 빵 한 봉지라면, 그 빵 한 조각의 가격도 천정부지가 될 것이다.

　비상사태나 전쟁 상황에서는 국가에 필요한 주요 물자나 자원을 파악하는 것이 중요하다. 한국 정부의 전략 물자 수출입 고시[3]에 나열된 물자들을 보면 대부분이 무기나 무기 제조와 관련된 것들로, 군과 군수 기업에서 주로 사용한다. 이러한 물자들은 전쟁 시 엄격하게 관리될 것이다. 그러나 전략적 자원 선점의 관점에서는 무기, 인력, 식량, 에너지와 같이 보다 광범위한 자원들을 고려해야 한다.

모든 한정된 공급원을 가진 물자가 전략 물자로 간주되는 것은 아니다. 예를 들어, 중국은 태양광 패널용 실리콘 잉곳과 웨이퍼의 첨단 기술 수출을 통제하는 방안을 검토하고 있지만[i], 이것을 전략 물자로 볼 수는 없다. 전 세계 태양광 등급 실리콘 잉곳 및 웨이퍼의 대부분이 중국산이며, 대형 웨이퍼는 2023년에 중국이 세계 시장 점유율의 96%를 차지할 것으로 예상된다. 그러나 웨이퍼 없이도 다른 대체 수단으로 발전이 가능하므로, 이 물자를 전략 물자로 간주하지 않는다.

비상 상황에서 가장 이상적인 것은 모든 물자와 자원을 독립적으로 조달할 수 있는 상황이다. 현재로서는 이 조건을 충족하는 국가는 미국과 러시아 두 나라뿐이다. 식량, 에너지, 무기 등 주요 자원의 자급이 가능한 몇 안 되는 국가들 중 하나이다. 그렇지만 현재 진행 중인 우크라이나와의 전쟁을 볼 때, 러시아가 정말로 무기 자급을 완벽하게 해내는 국가인지는 의문이다.

전략 자원에 변화가 발생하면, 그 영향은 전체 글로벌 공급망에 파급된다. 미국과 중국 간의 무역 전쟁 중, 중국이 미국산 대두에 관세를 부과하여 수입 경로를 브라질로 바꾸자, 브라질은 중국에 대두를 대량 수출했다. 그 결과, 국내 수요가 부족해져서 아이러니하게도 브라질이 미국산 대두를 수입하게 되었다. 또한, 러시아의 아시아 지역으로의 석유 수출이 증가하면서, 전 세계 에너지 가격이 상승하더라도 2022년 미국의 대중 에너지 수출은 13% 감소했다.

---

i 중국에서는 우리나라의 입법 예고에 해당되는 절차로서 정부가 추진하는 법규나 방침에 대하여 공개 의견 청취를 거친다.

미국은 전략 자원의 공급 차단을 위해 경제 및 기술 제재를 자주 사용한다. 그러나 후안 자라테의 주장처럼, 이러한 제재가 효과를 발휘하기 위해서는 회피 방법을 차단할 수 있어야 한다. 대부분의 전략 자원은 제한된 공급처가 있고, 수요는 높아서 제재가 있더라도 사람들은 대체 방법을 찾게 된다. 결과적으로, 전략 자원에 대한 제재는 단기적으로는 효과가 있을 수 있으나 장기적으로는 실행하기 어렵다. 받는 쪽에서는 어쩔 수 없이 수량 감소와 가격 상승을 겪게 된다.

대한민국에는 중국이 절대적인 영향을 준다

대한민국은 자원이 부족한 국가이다. 또한, 내수 시장의 규모가 작아 수출에 크게 의존한다. 제품을 생산하고 수출하기 위해 필요한 자원과 많은 부품, 반제품을 수입해야 한다. 이는 한국의 전략 자원 공급망이 국내에서 독립적으로 완성되지 못하고, 글로벌 환경에 크게 의존하는 취약한 구조를 의미한다.

대한민국이 서방 시장에 포함되어 있어서, 자유 무역 체제 아래에서 서방 시장을 활용할 수 있다면 큰 문제가 되지 않을 것이다. 그러나 두 가지 우려되는 시나리오가 있다. 첫째, 서방 시장만으로는 확보하기 어려운 자원이 필요한 경우이다. 해당 자원이 서방 시장에서 제공되지 않는다면 우리는 그 자원을 이용할 방법이 없다.

둘째, 비상시에 전략적 자원이 부족해져 각 나라가 자국의 자원을 보호하려고 경쟁할 경우이다. 현재의 곡물 시장은 이를 잘 보여 준다. 우크라이나 전쟁의 영향으로 세계적인 식량 부족 사태가 발생하였고, 국가들 중 일부는 쌀 수출을 제한하거나 금지하였다. 이런 상황에서 대한민국이 필요한 자원을 안정적으로 확보할 수 있을지는 자문해 보아야 한다.

만일 서방 시장이 우리에게 필요한 자원을 공급하지 못하면, 우리는 자연스럽게 동방 시장 쪽으로 관심을 기울일 것이다. 그러나 서방 국가들 사이에서 공급해 주지 않는 자원을 동방 시장에서 조달할 수 있을 확률은 비교적 낮다. 만약 동방 시장이 해당 자원을 여유롭게 확보하고 있다면 공급받을 수 있겠지만, 그렇지 않다면 해당 자원의 확보는 매우 어려울 것이다.

모든 상황을 고려할 때, 우리에게 공급이 가능한 동방 시장 중에서 중국이 가장 중요한 위치를 차지한다. 특히 중국은 우리나라와 접하고 있어 공급 원가도 상대적으로 낮다. 만약 서방 시장이 공급할 수 없는 자원을 중국에서도 받을 수 없게 된다면, 해당 자원 부족은 우리나라에 큰 충격을 주게 될 것이다.

이 책에서는 글로벌 전략 자원의 공급망 리스크를 분석할 때 중국을 중심으로 다음 주제들을 다루려고 한다. 첫 번째는 중국이 어떤 항목을 전략 자원으로 간주하는지와 그 자원에 대한 중국의 대책은 무엇인지 그리고 두 번째는 중국의 상황과 그 조치들이 우리나라 공급망에 어떤 영향을 줄지 살펴보고자 한다.

전략 자원의 공급망 리스크가 밀려온다

미중의 전략 자원은 각기 다르다

그렇다면 중국은 어떤 상황일까? 중국 역시 에너지와 식량 등을 자체적으로 조달하기가 쉽지 않다. 만약 미국과 같은 국가와 전쟁이 발발하면서 외부 보급선이 차단된다면, 중국은 큰 위기에 처하게 될 수 있다. 따라서 중국이 미국과의 무력적 충돌을 고려한다면, 반드시 전략 자원에 대한 대비책을 마련해야 한다.

그리고 2021년 2월, 바이든 대통령이 서명한 반도체, 배터리, 희토류, 바이오 의약품에 대한 공급망 조사를 지시하는 행정 명령은 미국이 중점을 둔 전략 자원이 바로 이 네 가지임을 나타낸다. 도서에서는 필자가 중요하다고 생각하는 보편적인 전략 자원인 에너지와 식량 그리고 반도체와 희토류를 중심으로 살펴볼 것이다. 바이오 의약품에 대해서는 필자가 문외한인 관계로 기술하지 않았다.

중국의 운명이 달린
에너지 공급망

앞서 언급했듯이, 서방을 대표하는 구미와 동방을 대표하는 중러가 군사적으로 대치하게 될 때, 전략적으로 가장 중요한 자원은 에너지이다. IMF는 '에너지 무역 패턴이 변화하며, 공급망이 재편되고, 지불 네트워크가 분열되며, 국가들이 기축 통화의 보유량을 재고하게 될 경우, 전쟁은 세계 경제 및 지정학적 질서에 근본적인 변화를 가져올 수 있다.'라고 한 바 있다.[4] 특히, 세계 최대 에너지 수입국이 중국이기 때문에 그 영향은 더욱 커질 것이다.

팬데믹과 우크라이나 전쟁 그리고 미중의 경제적 디커플링에 따른 글로벌 에너지 공급망 변화도 명확하다. 석유 소비가 줄어든 것이 그 예이다. 석유 생산과 판매로 큰 부분의 경제를 이끌고 있는 OPEC+는 유가 유지를 위한 조치를 취하게 되었다. 인도와 중국은 러시아의 석유 수입을 증가시키는 반면, 유럽은 에너지 산업에서 러시아 의존도를 줄이려는 움직임을 보이고 있으며, 이러한 추세는 앞으로도 지속될 것으로 예상된다. 결국, 에너지 공급망이 동서 진영 기준으로 디커플링되어 가고 있다.

디커플링에 따른 석유 공급망의 변화는 시장의 효율성 저하를 야기한다. 2022년 12월, 유럽이 러시아에 대한 가격 상한제를 도입한 것은 러시아의 원유 수출 이익을 제한하기 위한 조치였다.[5] 러시아가 에너지 수출에 대한 제재를 받게 되면서, 이로 인해 이익을 얻은 국가는 미국이었다. 로이터의 보도[6]에 따르면, 미국은 2023년에 원유 순 수출국이 될 것으로 전망되고 있다.

미국은 이미 사우디아라비아와 러시아를 포함한 세계의 다른 국가들보다 더 많은 석유를 생산하고 있다. 또한, 미국의 천연가스 수출도 향후 급증할 것으로 예상된다. 리서치 회사 라이스타드 에너지Rystad Energy의 전망에 따르면 미국의 천연가스 생산량은 2030년까지 전 세계 생산량의 30%를 차지할 것으로 전망되며, 현재는 20%를 차지하고 있다.[7]

대니얼 유진Daniel Eugene은 2023년 에너지 시장이 직면한 위험에 대해, 에너지 안보가 점점 중요한 이슈로 부상했다고 지적했다.[8] 그는 새로운 석유 공급망이 형성되었다고 지적하면서, 인도는 중국과 함께 러시아의 주요 석유 수입국이 되었으며, 이전에 인도가 중동에서 수입하던 석유는 현재 유럽으로 수송되고 있다고 말했다. 이는 전 세계의 원유 시장이 디커플링되었다는 것을 의미한다. 그리고 양안 전쟁이 발발할 경우, 그 충격은 전 세계에 큰 영향을 미칠 것이며 에너지 시장은 혼란스러울 것이라고 그는 보았다.

테인 구스타프슨Thane Gustafson은 러시아의 중국으로의 에너지 수출에 대해, 러시아의 이전 에너지 수출 규모를 중국이 모두 수입할 수 없을 것이라고 지적했다.[9] 그는 러시아 극동 지역의 천연가스 인프라가 유럽에서 판매되는 양의 일부만 중국에 공급할 수 있다며, '파워 오브 시베리아2' 파이프라인이 현재 중단 상태에 있고, 러시아에는 천연가스 운송 선박도 부족하다고 언급했다. 따라서, 러시아가 에너지 수출 방향을 중국으로 전환하려면 많은 비용과 시간이 들 것이라는 것이 구스타프슨의 주장이다.

그러나 2021년과 2022년에 러시아의 석유 수출은 일평균 750만 배럴이었으나, 2023년 4월에는 우크라이나 침공 이후로 최고치인 830만 배럴로 증가했다.[10] IEA 석유 보고서에서는 '러시아는 원유와 석유 제품에 대한 구매자를 찾는 데 큰 어려움이 없는 것 같다.'라고 밝혔다. 이러한 증가는 서방 제재 이후 러시아가 천연가스의 새로운 구매자를 찾는 데 성공한 것으로 보인다. 주요한 신규 물량의 수요처는 아시아 지역이며, 매일 수백만 배럴이 아시아로 운송되고 있다. 2023년에 대한 IEA의 세계 석유 수요 증가 예측치는 220만 배럴로 상향 조정되었고, 중국이 이 중 60%를 차지할 것으로 예상하였다. 전략적 물자는 대개 어떠한 상황에서도 수요처를 찾아나간다는 것을 기억해야 한다.

이러한 배경에는 미국이 에너지 수출을 확대하는 동안, 러시아의 저렴한 에너지를 구입하려는 나라들의 움직임이 있다. 인도는 이미 서방이 러시아에 대한 가격 상한선을 도입하는 방안에 참여하지 않겠다고 여러 차례 명확히 밝혔다. 인도는 세계에서 세 번째로 큰 원유 소비국이며, 현재 일일 정유 능력은 500만 배럴이다. 이 수치는 앞으로 2~3년 이내에 약 600만 배럴로 증가할 것으로 예상되므로, 석유 수입량도 그에 따라 증가할 것이다.

에너지 종류별로 볼 때, 원유는 중국의 에너지 수입에서 가장 큰 부분을 차지하며, 이는 중국의 최대 전략적 약점이다. 중국이 특히 에너지 수입에서 위안화의 사용을 추구하고 있는 것은 자국의 에너지 안보를 보장하기 위한 것이다. 때문에 차이나에너지中国能源建设集团投资有限公司의 쉬진徐进 수석 이코노미스트는 중국이 에너지 공급을 보호하려면 '위안화의 국제화를 추진하기 위해 더 빨리 노력해야 한다.'라고 주장했다.[11]

천연가스의 경우, 중국은 러시아에서 상당량을 공급받고 있어, 리스크가 상대적으로 낮다. 미국이 중국과 러시아 내륙까지 동시에 공격할 계획이 없다면, 천연가스 공급에 큰 위험이 생길 가능성은 적다. 석탄에 대해서는 중국이 증산을 통해 자급자족을 목표로 하며, 신재생 에너지와 수력 발전은 중국이 세계에서 가장 큰 규모를 가지므로, 이 역시 자급자족이 가능하다.

중국의 에너지 공급망의 업 스트림은 모두 국유 기업이 완전히 장악하고 있다. 이에 따라, 에너지의 수입은 국가가 전적으로 통제하고 있다. 중국 정부는 원유 수입을 통제하여 에너지 수입 총량을 줄이려는 동시에, 국유화된 에너지 산업의 규모 확대를 추구한다. 또한, 에너지 소비를 억제하는 다양한 방안을 시행하고 있다. 일반 기업과 소비자는 이런 상황에서 별다른 선택의 여지가 없다. 그런데도, 중국은 자신의 구매력을 최대한 활용하고, 해외 에너지 개발에 적극 참여하여, 경쟁력 있는 가격으로 에너지를 공급받고 있다.

중국은 전 세계 인구의 20%를 차지하며, 석유, 천연가스, 석탄의 매장량은 각각 세계 에너지의 2.1%, 1%, 11%를 차지한다. 그러나 중국의 1인당 에너지 소비율은 세계 평균의 11.1%, 4.3%, 54%에 불과하다. 이를 통해 중국의 에너지 수요가 앞으로 지속적으로 증가할 것임을 예상할 수 있다. 역사적으로 에너지 공급원을 통제하는 것은 상대 국가의 무력화 수단으로 사용되어 왔으며, 에너지는 중국의 주요 약점 중 하나이다. 시진핑은 '풍부한 석탄, 빈약한 석유, 적은 가스'가 중국의 국가적 특성이라며 국내 에너지 생산 기반을 강화하고 석탄 공급의 안전을 보장해야 한다고 강조하고 있다.[12]

그러나 문제는 중국이 에너지 자립을 추구해야 하는 상황에서 오

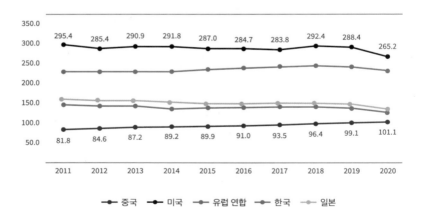

[그림 6-2] 주요 국가별 인당 에너지 소비

전략 자원의 공급망 리스크가 밀려온다

히려 해외 에너지 의존도가 증가하고 있다는 점이다. 2021년 중국의 해외 에너지 의존도는 20.6%로, 2012년에 비해 5.7%포인트나 상승했다.[13] 중국전력기업연합회가 발표한 '2023년 국가 전력 공급 및 수요 상황 분석 및 예측 보고서2023年度全国电力供需形势分析预测报告'에 따르면 2023년 중국의 전력 소비량은 9조 1,500억kwh에 이를 것으로 예상되며, 이는 2022년에 비해 약 6% 증가한 것이다.[14]

따라서 중국의 에너지 안보 전략은 세 가지로 나뉜다. 첫 번째는 에너지 소비를 억제하는 것이고, 두 번째는 에너지 수입을 통제하는 것이며, 세 번째는 자체 에너지 생산 능력을 키우는 것이다.

중국의 에너지 소비 억제

중국은 에너지 소비를 줄이기 위해 전기 자동차 산업을 적극적으로 장려하고 산업 구조의 조정을 강화하고 있다. 또한, 석유 등의 에너지 수입을 줄이기 위해 태양광과 풍력 발전을 강화하면서 동시에 석탄 및 원자력 같은 국산 에너지의 사용 비중을 늘리고 있으며, 안보 리스크가 낮은 천연가스로의 전환을 추진하고 있다. 이와 함께, 자국 내의 에너지 자원 개발에 노력하고 있다.

에너지 저장 및 운송 능력을 강화하기 위해 주요 파이프라인 네트워크 구축에 집중하고 있다. 가스 저장 창고와 파이프라인의 병목 현상을 해소하기 위해 전국의 파이프라인 네트워크를 상호 연결하고 있다. 해안 지역에는 천연가스 수용 시설과 가스 저장 시설을 연결하며, 국내 다양한 지방 간에도 파이프라인 네트워크를 확장하고 있다. 그리고 **중국 북부와 중국 서북 지역의 지하 가스 저장 공간을 수백억m³로 확장할 예정이다.** 이는 실질적으로 몇 년 동안 사용할 수 있는 에너지를 비축하고 있다는 것을 의미한다.

석탄 분야에서도 소비 유통 센터, 철도 운송 허브, 주요 항구에 석탄 저장 기지를 건설 중이다.[15] 더불어, 중국은 수천만 톤 규모의 정유 시설 건설 프로젝트 여러 개를 진행 중이며, 이로 인해 공급 과잉 문제가 발생할 수 있을 것으로 우려된다.[16]

2022년 3월에 국가발전개혁위원회 부주임 렌웨이량连维良은 중국이 석유와 가스 공급을 다양화하고 있으며, 상대국들이 계약을 잘 이행한다면 수입이 안정적으로 유지될 것이라고 말했다. 그는 또한, 정부가 2억 톤의 석탄을 축적하고, 50억m³ 이상의 가스를 저장할 계획이며, 비상 백업 전력을 30GW 이상으로 확보할 것이라고 밝혔다.

이와 함께, 지방 정부들은 2030년까지 탄소 배출량의 정점에 도달하고, 2060년까지 탄소 중립을 달성하기 위한 중국의 주요 계획인 '1+N'[ii] 정책을 이행하기 위한 조치들을 취하고 있다. 2019년 9월 시진핑 주석이 탄소 중립 정책을 발표한 후, 중국은 탄소 중립에 대한 정책적 압박을 지속적으로 강화하고 있다.[17] 시진핑 총서

---

ii '1+N' 정책 시스템에서 '1'은 2021년 5월에 발표된 '탄소 중립을 위한 신발전 개념의 완전하고 정확한 이행에 관한 중국공산당 중앙위원회 국무원의 의견(中共中央国务院关于完整准确全面贯彻新发展理念做好碳达峰碳中和工作的意见)'을 가리킨다. 이 문서는 전반적인 장기 정책으로서 핵심적인 역할을 수행한다. 한편 'N'에는 에너지, 산업, 교통, 도시와 농촌 건설 등의 하위 부문에서의 탄소 정점 도달 계획 그리고 과학 기술 지원, 에너지 안보, 탄소 흡수 능력, 금융 및 가격 정책, 표준 측정 시스템 그리고 검사와 평가와 관련된 보장 계획 등이 포함되어 있다.

전략 자원의 공급망 리스크가 밀려온다

기는 '4개 혁명, 하나의 협력四个革命、一个合作'이라는 새로운 에너지 안보 전략[18]을 공포했고 석탄이 중국의 주 에너지원이 되어야 한다고 강조했다.[19] 이러한 접근은 국가의 에너지 자급률을 높여 비상 상황에 대응하기 위한 목적을 저탄소 정책의 기초에 둔 것으로 보인다.

특히, 칭화대학의 기후 변화 및 지속 가능 발전 연구원清华大学气候变化与可持续发展研究院에 따르면, 전력 소비는 앞으로 에너지 수요의 주된 부분을 차지할 것으로 예상된다. 2023년에는 최종 에너지 소비에서 전기가 차지하는 비율이 약 25%가 될 것이며, 2030년에는 30% 이상, 2050년에는 55% 이상으로 증가할 것으로 예측하였다.[20]

중국의 전력 생산 구조를 살펴보면, 수력 발전은 17.8%, 풍력 발전은 6.1%, 태양광 발전은 3.4%, 원자력 발전은 4.8%, 화력 발전은 67.9%의 비중을 차지한다.[21] 이러한 분포를 바탕으로 볼 때, 석탄은 에너지 생산의 주력이 될 것으로 예상된다. 중국석탄공업협회가 발행한 '2020년 석탄산업발전연보'에 따르면, 14차 5개년 계획 종료 시점까지 중국의 석탄 생산량은 약 41억 톤, 국가 석탄 소비량은 약 42억 톤으로 제한될 것이라고 전망한다.

그러나 중요한 점은 중국의 에너지 수요가 경제 발전 속도를 초과하여 증가하고 있다는 것이다. GDP 대비 에너지 소비는 줄어들고 있지만, 전체 에너지 수요는 계속해서 증가하는 추세다. 이는 중국의 생활 수준과 그에 따른 욕구 증가 때문에 에너지 소비가 계속 늘어나고 있기 때문이다. 특히 중국 내부의 에너지 수요가 급증하는 상황에서, 이를 통제하지 못하면 에너지 안보를 확보하는 것은 어려울 것으로 보인다.

중국의 에너지 수요 정점은 2030년에서 2035년 사이로 예상된다.[22] 신에너지 발전 설비의 용량은 15.9% 증가하여 눈에 띄는 성장을 보였다. 그렇지만 2023년 1분기 중국의 에너지 생산량을 보면, 석탄은 5.5%, 원유는 2%, 천연가스는 4.5% 증가한 것으로 나타났다.[23]

비록 중국의 에너지 생산이 증가하고 있지만, 수요의 성장 속도를 따라잡지는 못하고 있다. 탄소 정책과 함께, 국가 전략의 관점에서 에너지 자급자족을 빠르게 확보해야 하는 중국 공산당의 입장에서는 에너지 절감이 중대한 문제로 다가온다. 이러한 문제를 해결하기 위한 국가 전략의 핵심에는 전기 자동차 산업 육성과 산업구조의 고도화가 있다.

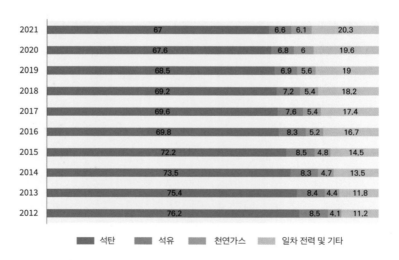

[그림 6-3] 중국의 에너지 생산 구조

전략 자원의 공급망 리스크가 밀려온다

먼저 전기 자동차 산업은 단순히 에너지 절감뿐만 아니라 반도체, 미중 기술 제재, 탄소 정책 등 다양한 요소를 고려한 국가 전략으로서 주목받고 있다. 중국 정부는 2022년 12월 31일에 13년간 진행해 온 신에너지 자동차 구매 보조금 정책을 종료한다고 발표했는데, 이는 전기 자동차 정책의 확고한 정착을 상징하는 사건이었다. 중국은 2015년부터 세계 최대의 신에너지 자동차 생산국 및 시장으로 우뚝 섰다. 현재 중국에서 제작한 전기 자동차는 전 세계 판매 점유율이 60% 이상을 차지하고 있으며, 차량용 반도체 분야에서도 기술 독립을 달성했다.[24]

중국의 목표는 미국의 기술 제재 아래에서도 자체 설계 및 제조가 가능한 신에너지 자동차 반도체를 개발 및 생산하면서 기술 독립을 달성하는 것이다. 또한, 중국이 전략적으로 보유하고 있는 희토류를 활용한 전기 배터리, 즉 핵심 부품을 통제하여 전 세계에서의 경쟁력을 확보하려 한다. 동시에 신에너지 자동차를 통해 국내 시장을 재편성하고, 석유 수요의 절반을 차지하는 운수 산업을 신에너지 체계로 전환하려는 계획이다. 이런 전략으로 에너지 자급자족 목표의 절반 이상을 해결하려 한다.

다른 전략적 접근 방식인 산업 구조의 고도화는, 에너지를 크게 소모하면서 국가 경제나 기술 발전에 크게 기여하지 않는 산업의 성장을 제한하고, 에너지 소비가 적으면서 경제와 기술 발전에 큰 역할을 하는 산업을 적극 육성하는 정책을 의미한다. 바로 이런 정책이 2021년 당시 중국 전역의 전력 부족과 그로 인한 조업 중단의 주요 원인이 되었다.[iii] 이 정책의 궁극적인 목표는 중국이 2차 산업 중심의 제조업에서 빠르게 벗어나 4차 산업을 중심으로 한 제조업으로 전환하면서, 동시에 에너지 안보도 확보하는 것이다.

에너지 생산 능력 확대

먼저 중국의 국내 에너지 공급 능력 확대에 대해 살펴보자. 국가에너지국이 발표한 데이터에 따르면 2022년 말까지 중국의 풍력과 태양광 발전 용량은 7억kW를 돌파했으며, 중국의 재생에너지 용량은 12억kW로 석탄 발전 용량을 초과하였다.

2022년 중국에서 풍력 및 태양광 발전은 전체 사회 전력 소비량의 13.8%를 차지했다. 전체 사회 전력 소비량의 거의 60%가 석탄 발전에서 나왔다. 언뜻 보면 중국이 석유를 주로 소비하는 것처럼 보이지만, 중국의 핵심 에너지 소스는 여전히 석탄이다.

류지전劉吉振[iv]과 거시룽格希龍[v]은 석탄의 깨끗하고 효율적인 사용이 국가 에너지 안보를 보장하는 핵심이라고 주장했다.[25] 거시룽은 에너지 안보를 우선시하며, 그다음으로 환경 안보를 고려해야 한다고 강조했다. 그는 에너지 안보를 기반으로 화석 에너지와 비화

---

iii 당시 중국의 석탄 부족으로 인한 전력난이 발생함에도 불구하고 각 지방 정부가 산업 구조 고도화 정책을 강력히 집행하였다.

iv 중국공정원 학자이자 북중국전력대학 교수이며 신에너지전력시스템 국가핵심실험실 주임.

v 중국공정원 학자이자 중국광업과기대학 총장.

전략 자원의 공급망 리스크가 밀려온다

석 에너지의 비율을 결정해야 한다고도 말했다.

중국의 석탄 수입이 상대적으로 증가하지 않는 것은 중국이 내부에서 석탄 생산을 증가시키고 있기 때문이다. 2021년 말까지 중국의 탄광 수는 4,500개 미만으로 감소하였다. 이로 인해 연간 생산량이 120만 톤 이상인 대형 탄광이 전체의 약 85%를 차지하게 되었다. 따라서 탄광이 대형화되고 있음을 알 수 있다. 중국 내의 석탄 생산량은 2017년 이후로 5년 연속 증가하였다.

2023년 3월에 중국의 31개 성 중 3분의 2 이상이 '청정'[vi] 석탄 사용을 장려하며 '고급' 석탄 발전 용량의 건설 또는 석탄 공급을 확보하겠다고 약속했다.[26] 이 중 17개 성은 풍력 및 태양광 발전소나 산업 단지 건설을 가속화할 계획이고, 해상 풍력 발전도 동시에 추진하려 한다. 21개 성에서는 새로운 에너지 저장 장치ESS의 개발을 목표로 하고, 15개 성에서는 전통적인 양수 발전소[vii]를 개발할 계획이다.

중국이 석탄을 천연가스로 전환하는 기술 혁신에 성공하였고, 이를 통해 외국 기술에 대한 의존을 줄이면서 에너지 안보를 보장할 수 있다는 말도 있다. 중하이 석유기전中海石油气电集团有限责任公司과 시난 화공 연구원西南化工研究设计院이 개발한 새로운 촉매는 석탄을 천연가스로 전환할 수 있다. 이 촉매는 신장의 석탄 가스 프로젝트에

---

vi 중국은 환경 오염을 크게 일으키는 석탄 사용에 대한 문제를 해결하기 위해 '청정 석탄' 기술을 연구하고 개발해 왔다. 이 기술은 오염 발생을 크게 줄이면서 에너지 효율을 향상시킨다. 이렇게 생산된 에너지를 청정 석탄 에너지라고 부른다.

vii 전력이 남는 주간에는 태양광 등의 에너지로 발전을 통해 모터를 작동시켜 물을 고지대로 올린다. 그리고 전력이 필요한 야간에는 그 물을 방류하여 발전을 한다. 이 방식은 고가의 에너지 저장 장치를 대체할 수 있는 발전 방식이다.

서 메탄 농도를 61.7%로 증가시켰는데, 이는 외국 기술을 사용했을 때보다 약 3% 더 높다.[27] 이는 중국이 자체적으로 석탄을 이용해 가스 수요를 충족하려는 노력의 일환이다.

중국이 자국이 보유한 석탄 사용을 확대하는 것 다음으로 투자하려는 것이 원자력이다. 14차 5개년 계획에 따르면, 자동차를 비롯한 다양한 소비 에너지를 비화석 에너지로 전환하는 것이 주요 목표다. 그러나 신에너지의 전환 속도만으로는 탄소 중화를 지정된 시기에 달성하기 힘들기 때문에 중국은 과도기적으로 원자력을 강화하여 사용할 계획이다.[viii] 중국의 핵발전 기술은 고도가압경수로 원자력발전, 고도비등수형 원자력발전소 그리고 고급 칸두 CANDU형 중수로 ACR 등의 제3세대 원자로를 기반으로 한다. 현재 운영 중인 핵발전소는 45기, 건설 중인 것이 11기 그리고 준비 중인 것이 15기로 대규모로 확장되고 있다.

여기에 단기간에 신속하게 설치할 수 있는 해상 원자력 발전 기술이 도입되고 있다. 쩡밍광 郑明光 상하이 원자력공학 연구설계원 上海核工程研究设计院 원장은 수상 원자력 발전 플랫폼[ix]이 해양 경제 발전

....

viii 중국의 14차 5개년 계획에 따르면 핵발전 관련 내용은 다음과 같다. '서남부에서 수력 발전 건설을 가속화하고, 바다 연안에서 핵발전소 건설을 안전하게 추진한다. 또한, 여러 다기능 클린 에너지 기지를 설립하며, 비화석 에너지의 비중을 에너지 소비 총량의 20%까지 늘린다.'

ix 해상 원전 건설은 이미 현실화 단계에 이르렀다. 지역과 환경에 따라 다양한 전력 공급이 가능하며, 해상 원전에 사용되는 원자로는 주로 핵잠수함이나 쇄빙선에 사용되는 소형 원자로다. 이러한 원자로 중에서도 가장 작은 것의 가격도 2천만 달러 이상이다. 일반적으로 원자로는 12년마다 핵 연료를 교체하며, 그 수명은 약 50년으로 IAEA의 비확산조약(NPT) 요구사항을 만족한다. 러시아의 핵잠수함 원자로 제작사 OKBM에서 제작한 KLT-40C 원자로(출력 70MW)는 5만 명 규모의 도시의 전력 수요를 만족시킬 수 있다고 알려져 있다.

전략 자원의 공급망 리스크가 밀려온다

에 크게 기여할 것이라고 전했다. 중국 선박 중공업 그룹 제719연구소는 발해와 남중국해의 환경 조건에 맞는 '부유식' 및 '잠수식' 해상 원자력 플랫폼 설계를 완료했다. 이러한 해상 원자력 발전소는 주로 발해만에 설치될 예정이다.

잠수식 원자력 발전소는 주로 푸젠과 광둥 연안에 설치될 전망이다. 이 두 지역은 전력 수요가 많지만, 동시에 전력 공급도 풍부한 지역이다. 잠수식 원자력 발전을 추진하는 것이 군사 용도로 전력을 급히 공급하면서 보안을 유지하려는 의도일 수 있다.

또한, 중국은 모듈 방식의 소형화와 60만kW급 해상 부유식 원전의 현대화를 추진한다고 밝혔기 때문에, 이번 5개년 동안 부유식 해상 원전 건설은 확실한 것으로 보인다. 실제로 중국의 온라인상에서는 이보다 훨씬 많은 수의 수상 및 잠수식 원자력 발전소 프로젝트에 대한 이야기가 오가고 있다.

중국은 수소 에너지에 큰 관심을 가지고 있다. 중국 중앙 및 지방 정부는 14차 5개년 계획(2021~25년)에 수소 산업을 중요 산업 중 하나로 포함시켰다. 화석 연료 대기업들은 수소 에너지 시장을 선도하려는 경쟁을 벌이고 있고, 여러 도시들은 청정 전력으로 수소 에너지를 개발하려는 계획을 세우며, 자동차 제조사들은 수소 차 개발에 속도를 내고 있다.[28] 정부 지원 산업 단체인 중국수소동맹은 2025년까지 국내 수소 에너지 산업의 생산 가치가 1조 위안(152억 달러)에 달할 것이며, 2030년까지 중국의 수소 수요가 3,500만 톤에 이를 것으로 예상하고 있다. 이는 중국 에너지 시스템의 약 5%를 차지할 것으로 전망되고 있다.[29]

필자는 중국의 수소 에너지 개발이 동·서부의 에너지 불균형 문제와 연결될 것으로 생각한다. 지난 몇 년 동안, 신재생 에너지 투자는 대부분 땅값이 싸고 일조량이 많은 서북부 내륙 지역인 사막, 신강 위구르, 깐수 등에 집중되었다. 그러나 전력 소비가 주로 이루어지는 지역은 연해안의 도시이므로, 서부에서 생산된 저렴한 에너지를 동부의 수요 지역으로 전달하는 것이 큰 과제로 부상했다.

또한, 물리적 이동이 필요 없는 정보 처리 분야에서도 유사한 전략이 적용되고 있다. 중국의 지방 정부들은 동부의 데이터 처리 수요를 충족시키기 위해 서부에 큰 클라우드 데이터 센터를 건설하려는 노력을 하고 있다.[x] 데이터는 네트워크를 통해 전송되므로, 대량의 전력을 필요로 하는 빅데이터 분석이나 AI 딥러닝 같은 연산은 서부의 저렴한 전력을 사용하는 데이터 센터에서 처리될 수 있다.

그렇지만, 이러한 접근법도 완전한 해결책이 될 수는 없다. 결국 서부에서 신재생 에너지를 활용하여 발전한 에너지를 동부로 실질적으로 전송해야 한다. 이러한 상황에서 수소 에너지는 주요한 대안으로 부상하였다. 수소를 활용하면, 서부에서 저렴하게 생산된 신재생 에너지를 중부와 동부로 효율적으로 전달할 수 있다. 특히, 전기 자동차 충전 인프라의 중요성이 갈수록 커지는 상황에서, 수소를 운반하여 충전소에 공급하는 방식은 중국의 현재 상황에 잘 부합한다고 볼 수 있다.

베이징 KIC 센터장 김종문 박사에 의하면 중국 정부의 송전 기술 개발이 기존 한계를 돌파하여 이제 중국의 송전 기술이 세계 최

---

x 이를 동식서산(东息西算) 정책이라고 한다.

전략 자원의 공급망 리스크가 밀려온다

고의 효율에 도달하게 되었다. 그렇다면 수소 에너지 외에도 배전 기술에서 큰 효과를 보게 될 것으로 전망된다.

에너지 수입 억제

앞서 중국이 국가 전략적 관점에서 석유 에너지 수입을 줄여야 하는 이유를 설명하였다. 석유는 미중 갈등 시에 말라가 해협을 통과해야 하는데, 이 해협은 언제든 봉쇄될 위험이 있다. 중국은 우크라이나 사태를 계기로 에너지 공급 확보를 위한 조치를 취하고 있다. 이는 에너지 공급망에 문제가 발생한 것도 있지만, 중국에는 전략적으로 에너지 공급선을 재검토하고 강화하는 좋은 기회로도 보인다.

중국은 전 세계 원유 수입량의 22.4%를 차지하는 세계 최대 원유 수입국이다. 원유 순수입량은 2019년에 5억 톤을 돌파하고, 2021년에는 5억 1천만 톤에 달했다.[30] 그러나 2021년의 수입량은 2020년에 비해 감소했으며, 2022년에는 다시 -0.9%의 감소를 보였다. 이는 중국의 원유 수입 감소 노력의 결과라 해석될 수 있다. 그러나 2023년에는 4.6% 증가하는 대폭의 상승을 보였다(그림 6-4).

이러한 현상은 원유 수입 금액을 통해 해석될 수 있다. 수입량은 증가했지만 금액은 감소한 것으로 나타났다. 특히, 2021년과 2022년에는 원유의 가격이 40% 이상 급증하면서 수요가 줄어들었다.

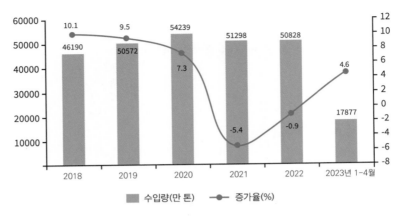

[그림 6-4] 2018~2023년 4월 중국의 석유 수입량 추이

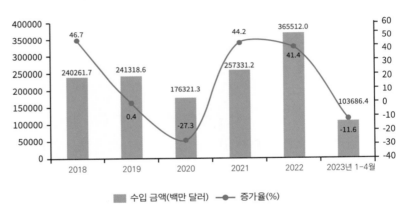

[그림 6-5] 2018~2023년 4월 중국의 석유 수입 금액 추이

반면, 2023년에는 가격이 -11.6% 감소하면서 수요가 다시 늘어났
다고 볼 수 있다(그림 6-5).

이 가운데 중국의 러시아 원유 수입액은 전년 대비 44% 증가하
여 583억 달러에 이르렀으며, 천연가스 수입액은 2.6배 증가하여

전략 자원의 공급망 리스크가 밀려온다

39억 달러, 또 다른 천연가스 수입액은 2.4배 증가하여 67억 달러를 기록했다. 수입량 측면에서 원유는 8.3% 증가하였고, 천연가스는 44.0% 증가했다.[31]

2023년 1월부터 4월까지의 기간 동안 아라비아만의 원유 수출량은 전년 대비 3.8% 증가하여 2억 9,050만 톤을 기록했고, 이는 전 세계 해상 원유 무역의 40.5%를 차지했다. 러시아의 원유 수출량은 전년 대비 7.2% 증가했다.[32] 같은 기간에 EU는 해상 원유 수입량에서 전년 대비 11.6% 증가하여 1억 5,860만 톤을 기록, 전체 해상 원유 수입량의 22.1%를 차지했다. 인도도 원유 수입량 증가를 보여 11.0%를 차지했다.

안정적인 에너지 수입 공급을 확보하기 위한 중국의 주요 전략 중 하나는 내륙 운송이 가능한 러시아와의 에너지 협력을 강화하는 것이다. 2022년 3월부터 7월까지 중국의 러시아 에너지 자원 수입량은 1.5배 이상 증가했다. 7월에는 중국이 2개월 연속으로 사상 최대 규모의 에너지 자원을 구매했고, 러시아는 그 달에 중국에 750만 톤의 석탄을 공급했다. 이는 전년 동기 대비 14% 증가한 수치다. 같은 기간에 중국은 러시아로부터 8% 증가한 7백만 톤의 석유와 20% 증가한 41만 톤의 천연가스를 수입했다. 현재 러시아의 에너지 수출은 중국으로의 전체 수출의 70%를 차지하고 있다.

중국은 세계 최대 천연가스 수입국 중 하나이다. 석유에 비해 천연가스 수요는 상대적으로 덜하지만, 수입에 대한 의존도는 동일하다. 중국이 석유 의존도를 줄이기 위해 천연가스로의 전환을 추구하고 있어, 앞으로 중국의 천연가스 수요는 계속 증가할 것으로 예상된다. 2023년 1월부터 4월까지 중국의 천연가스 수입은 가격 상승의 영향으로 0.3% 감소하여 3,568.7톤이 수입되었다. 이는 석유나 석탄을 가스로 대체하는 추세의 영향으로 보인다.

러시아에서의 천연가스 수입은 중국에 최적의 선택이지만, 아직 중국의 전체 수요를 충족시키지는 못한다. 주요 문제점 중 하나는 천연가스 운반선을 원활하게 확보하기 어렵다는 것이다. 천연가스 운송 도구로서 천연가스 운반선은 매우 높은 기술적 문턱을 가지고 있다. 천연가스 운반선 건조는 한국의 현대중공업, 삼성중공업, 대우조선, 중국의 후동중화沪东中华 등 소수 기업만 건조 기술이 있다. 특히 후동중화의 기술력은 아직 한국 기업들에 비해 뒤떨어진다.

하지만, 한미일 군사 협력이 강화되고 있는 상황에서, 중국이 국가 전략적으로 중요한 천연가스 운반선을 한국이나 일본에 의뢰하기는 어렵다. 따라서 중국에 최적의 선택은 러시아와의 가스 파이프라인을 통한 대량 수입이다. 그러기 위해서 대규모의 가스 파이프라인 건설이 이루어졌다. 바로 파워 오브 시베리아Power of Siberia 이다. 러시아의 극동 지역에서 중국 북부로 가스를 수출하는 4천억 달러 규모의 가스 파이프라인이다.

중국과 러시아 정부는 현재 러시아 서부에서 중국 북서부로 이어지는 '파워 오브 시베리아2' 프로젝트를 추진 중이다. 몽골을 통과하는 '동방 연합Oriental Union' 파이프라인도 계획에 포함되어 있어, 이를 통해 더 짧은 거리로 천연가스를 운송할 계획이다. 오윤 에르덴Oyun-Erdene 몽골 총리도 2022년 9월에 '파워 오브 시베리아

전략 자원의 공급망 리스크가 밀려온다

2'의 건설이 2024년부터 시작될 것이라고 언급했고[33], 푸틴은 9월 7일 동방경제포럼Eastern Economic Forum에서 몽골을 통해 중국에 천연가스를 공급하기 위한 협상에서 주요 변수들, 예를 들면 가격 등이 합의되었다고 발표했다. 이 2,600km 길이의 파이프라인은 2030년경에 가동될 것으로 예상된다.

당연히 이 가스 파이프라인은 국가 전략 시설이다. 중국 정부는 국내 가스 파이프라인도 여기에 통합하여 거대 국유 회사를 만들었다. 이 새로운 전국 파이프라인 법인은 바로 일명 파이프차이나PipeChina로도 알려진 국가관망国家管网이다. 이 회사는 지난 수년 동안 다수의 가스 파이프라인 자산, 저장 시설, 수입 터미널 등을 중국석유PetroChina 명의로 인수했다. 당국은 이렇게 단일 파이프라인 사업자 체계를 구축[xi]함으로써 보다 효율적이고 통제할 수 있는 방식을 도모하고 있다.[34]

만약, 파워 오브 시베리아2가 완성되면 중국은 서방이나 중동 지역에 대한 에너지 의존도를 크게 줄일 것으로 보인다. 중국의 에너지 구조는 국내에서 생산되는 석탄, 원자력 및 신재생 에너지가 주축을 이룰 것이며, 러시아로부터의 천연가스 수입이 안정화되면, 중국은 서방 국가들에 대한 에너지 의존도를 크게 낮출 것으로 예상된다.

중국은 러시아 외에 카타르 에너지Qatar Energy와 중국 석화와 함께 연간 400만 톤의 액화천연가스를 27년 동안 공급받기 위한 계약

---

xi 중국 정부는 통신 산업에서 선로 확보 경쟁이 과열되자 철탑공사(铁塔公司)를 설립하여 통신 회사들이 중복 투자를 하지 않게 하는 등 여러 분야에서 국가 인프라 투자의 낭비를 막는 방법을 취하고 있다.

을 2022년 11월에 체결했다. 카타르 에너지 장관이자 카타르 페트롤리움Qatar Petroleum 사장인 사드 세리다 알-카비Saad Sherida Al-Khabi는 이를 천연가스 산업 역사상 가장 장기적인 공급 계약이라고 언급했는데[35], 이러한 발언은 카타르와의 가스 계약이 중국에 있어 국가 전략적 중요성을 가지고 있음을 의미한다.

다른 전략적 프로젝트로는 일대일로 구상의 핵심 중 하나인 미얀마-차이나 파이프라인이 있다. 미얀마 구간은 793km, 중국 구간은 1,727km로, 총길이는 2,520km에 달한다. 이 미얀마 파이프라인은 2013년부터 가동을 시작하여 지금까지 안정적으로 운영되고 있으며, 총 265억 5,800만m³의 천연가스를 중국으로 운송해 왔다. 반대로 중국은 미얀마에 46억 7,600만m³의 가스를 공급하고 있다. 중국의 이 파이프라인 프로젝트에 투자된 자금은 300억 달러를 초과하며, 서방 국가들이 말라카 해협을 차단할 가능성을 고려하면, 이 파이프라인의 전략적 중요성은 매우 크다.

중국의 급소,
식량 공급망

대한민국은 식량 자급률이 매우 낮은 국가이다. 그러나 일상생활에서 식량을 걱정하는 국민은 거의 없을 것이다. 이는 대한민국의 식량과 식품에 관한 국력과 무역 공급망이 탄탄하기 때문이다. 그러나 **글로벌 시장이 분리될 경우 기존의 식량 공급망이 파편화되면서 우리의 식량 공급 시장은 크게 충격을 받을 것으로 예상된다.** 이와 비슷하게, 일본에서도 식량 공급망의 위기를 우려하는 목소리가 커지고 있다. 산케이 신문은 국제적인 식량 사정을 다루면서 식량 안보 문제를 근본적으로 재검토하고 대책을 마련할 것을 촉구하고 있다.[36]

대한민국에서는 쌀의 자급률은 상대적으로 높지만, 이는 쌀이 우리의 주식량을 대체하고 있기보다는, 밀가루나 대두와 같은 다른 곡물의 섭취가 증가한 결과로 보인다. 특히 육류 소비에 있어서는 수입 고기에 크게 의존하는 문제점이 있으며, 한우나 한돈 같은 국내 육류도 사료의 대부분이 수입에 의존하고 있다는 점이 약점으로 여겨진다.

반면 중국은 다르다. 시진핑은 식량 안보를 지속적으로 강조해 왔다. 그의 이런 강조의 원인으로 문화대혁명 시절 그가 농촌에서 경험한 일들을 들기도 하지만, 그것만이 원인은 아닐 것이다. 시진핑의 이러한 관점을 우리도 주목하며 그의 생각을 깊이 고찰해 볼 필요가 있다.[37]

'전 세계에는 70억 인구가 있으며, 정상적인 상황에서의 세계 곡물 생산량은 약 25억 톤이다. 이 중에서 국제 무역 시장에서 거래되는 양은 약 3억 톤이다. 매년 대두 생산량은 약 2억 5천만 톤이며, 국제 무역으로 유통되는 양은 1억 톤에 미치지 않는다. 현재 글로벌 식량 시장의 최대 거래량은 약 6천억 근으로, 이는 중국의 곡물 수요량의 절반에 해당한다. 쌀의 국제 유통량은 약 7백억 근으로 중국의 국내 총소비량의 25% 정도이다. 곡물의 국제 무역 유통량 전체를 중국이 수입하더라도, 중국의 1년 수요량의 절반에도 못 미친다. 따라서 중국은 식량에 대해 수입에 절대적으로 의존할 수 없다.'

그리고 글로벌 식량 사정은 녹록하지 않다. 2022년 12월에 OECD는 글로벌 식량 공급망의 불안정성에 대한 우려를 표명했다.[38] OECD는 공급망의 복원력과 지속가능성을 동시에 강화하기 위한 지속가능성 표준과 검증 요구 사항을 조사하였다. 그들은 2022년을 농업과 어업의 지속가능성 측면에서 중요한 전환점으로

전략 자원의 공급망 리스크가 밀려온다

평가했다. 또한, 2022년 11월의 OECD 농업장관회의에서는 식량 안보와 영양 보장을 위한 국제적 합의 및 지속 가능한 농업과 식량 시스템을 위한 혁신적인 대책에 대한 선언을 고려했다. 이에 대해 OECD 회원국들은 공동의 입장을 찾았다. 이 보고서에서는 다소 냉소적으로 느껴질 수도 있지만, OECD는 세 가지 주요 보고서를 강조하였다. 이 보고서들의 제목만으로도 우리가 현재 어떤 문제에 직면하고 있는지 파악할 수 있다.

- 왜 농업 생산성이 앞으로 10년 안에 28%나 증가해야 하는가 (Why agricultural productivity needs to increase by 28% in the coming ten years)
- 왜 각국 정부는 이것에 도달하기 위해 필요한 것을 하지 않는가 (why governments are not doing the necessary to reach this)
- 우리는 어떻게 진행 상황을 모니터링할 수 있는가(how they can monitor progress)

이는 세계적으로는 향후 10년 안에 식량 생산이 28% 증가해야 하는데 각국 정부는 아무 일을 하고 있지 않으며 식량 문제의 진행 상황을 알 방법이 별로 없다는 의미이다. OECD의 지적대로, 인류는 앞으로 식량 부족에 직면할 것이다. 특히, 10년 이내에 식량이 28% 증가해야 한다면 이는 매우 심각한 문제이다. 공업 생산과 달리, 농업은 10년 동안 큰 변화를 가져오기 어렵다. 더욱이, 공급망의 단절과 미중 갈등으로 인해 중국의 식량 공급망에 문제가 발생한다면 여러 나라에 큰 위기가 초래될 것이다.

더구나 우크라이나 전쟁의 영향으로 밀, 보리, 옥수수, 호밀의 주요 생산국인 러시아와 우크라이나의 수출이 어려워지면서, 유럽, 중동, 아프리카의 대부분 지역 공급에 지장이 생기고 있다. 실제로 우크라이나와 러시아는 전 세계 밀 수출량의 약 4분의 1을 차지하며, 전 세계 질소 비료 수출 중 러시아의 비중은 약 15%에 달한다.

여기에 기상 이변으로 인한 가뭄, 홍수, 고온과 같은 자연재해뿐만 아니라 최근의 코로나19 팬데믹도 식량 부족 문제에 영향을 미쳤다. 복잡해진 사회 구조와 지속적인 개발로 인해 언제든 새로운 팬데믹 발생 가능성이 있으며, 미중 갈등은 이미 글로벌 공급망에 부정적인 영향을 미치고 있어 공급망의 인력 수요는 계속 증가하는 반면, 인력 자원은 제대로 확보되지 못하고 있다.

대한민국은 쌀은 충분히 생산하지만, 대부분의 식품, 특히 사료에 대해서는 수입에 크게 의존하고 있다. 따라서 글로벌 식량 공급망에 문제가 발생하면 우리나라는 큰 위기에 직면하게 될 것이다. 이와 유사하게 중국도 같은 문제를 겪고 있으나, 그들의 경우 상황이 훨씬 더 심각하다. 만약 글로벌 식량 공급망에 큰 문제가 발생한다면, 많은 나라들이 식량 수출국으로부터 식량을 구매하려고 할 것이다. 그렇다면 어떤 나라들이 식량을 수출하는 주요 국가일까? 시진핑의 말에 따르면 다음과 같다.

'세계의 강대국들을 보면, 그들은 모두 식량 문제를 잘 해결하고 있는 국가들이다. 미국은 세계에서 가장 큰 식량 수출국으로, 농업 분야에서도 선두를 달리고 있다. 러시아, 캐나다 그리고 유럽의 주

전략 자원의 공급망 리스크가 밀려온다

요 국가들도 모두 식량 생산 강국이다. 이들 국가의 경제 발전은 그들의 강력한 식량 생산 능력과 밀접한 관계가 있다. 따라서 식량 문제는 단순한 경제 문제를 넘어 정치적 측면도 고려해야 하며, 국가의 식량 안보 보장은 경제, 사회 그리고 국가 안보의 중요한 기반임을 인식해야 한다.'[39]

시진핑은 이렇게 식량 안보에 대하여 뼛속 깊이 중요하게 여기고 있다. 유럽의 경우에도 '유럽 식량 안보 위기 대비 및 대응 메커니즘European Food Security Crisis preparedness and response Mechanism, EFSCM'을 만들어 식량 위기 상황에 대비하고 있다.[40]

여기서 우리가 주의해야 하는 것은 향후 식량 공급망이 미국, 캐나다, 유럽을 중심으로 한 서방 식량 공급망과 중국, 러시아를 중심으로 한 동방 식량 공급망 두 축으로 나뉠 것이다. 따라서 대한민국은 서방 진영에 속하므로 곡물에 관한 공급 문제는 크게 걱정할 필요가 없다. 그러나 **손쉬운 채소와 식품 공급원으로 중국에 오랜 기간 의지했던 관행은 이러한 공급망 전환 과정에서 엄청난 비용 증가와 품목별 공급 부족이 발생할 가능성을 높인다.** 특히 김치와 같은 가공식품과 채소류 등이 해당된다.

중국은 식량 자급이 불가능한 국가이다

중국의 현재 식량 안보 상황은 어떠할까? 중국의 식량 관련 데이터는 국가 안보 정보로 분류되어 정확한 파악이 어렵다. 중국 정부는 식량 자급률이 90% 이상이라고 주장하지만, 다양한 학술 자료에 따르면 실제 자급률은 약 81~83%로 추정된다. 대한민국에서 약 20% 정도의 식량이 부족한 것은 그리 큰일이 아닐 수도 있다. 그러나 **중국의 규모에서 20% 정도의 식량이 부족해지면 글로벌 식량 공급망에 큰 변수가 될 수 있다.**

시진핑은 중국의 '경작지 레드 라인' 정책을 엄격히 준수할 것을 요구하고 있다.[41] 경작지 레드 라인은 중국 공산당이 어떤 상황에서도 최소한으로 보장해야 하는 농지의 규모를 의미한다. 지방 정부가 특정 농지를 개발하려면, 해당 농지보다 우수한 토지를 그 이상의 면적으로 대체해야 한다.

루위쟈 등의 연구자들은 중국의 식량 공급망에 대한 도전 요인으로 감소하는 경작지 면적[xii]과 토지의 생산성을 제기하였다. 특히 우량한 농지와 예비 토지의 생산성이 이미 최적화되어 있어 더 이상의 향상 여지가 거의 없다는 점이 주요 문제이다. 또한, 중국의 인구와 가계 소득의 증가, 식생활의 변화 등은 식량 수요를 더욱 높일 것으로 예상된다.[xiii]

식생활의 변화는 중국인들의 육류 섭취 증가를 의미한다. 한국인이 중국인보다 더 많은 음식을 섭취하는 것을 대부분 한국인들은 모를 것이다. 한국인은 곡물류와 육류를 중국인과 비슷한 양을

----

xii 이들에 따르면 제3차 전국 토지 조사 결과 2019년 중국의 경작지 총면적은 약 0.13억ha로 2013년의 753만ha보다 감소했고 1인당 경작지 면적은 1996년 0.106ha에서 2018년 0.085ha로 감소하여 세계 평균의 약 46.3% 수준에 그쳤다.

xiii 중국의 식품 소비에서 육류 소비 비중이 증가하고 있어 2030년에 1억 2,344만 톤으로 정점에 도달할 것으로 예상된다. 게다가 유제품 및 수산물에 대한 수요 증가의 여지도 많다고 한다.

전략 자원의 공급망 리스크가 밀려온다

섭취하며, 수산물에 있어서는 중국인보다 훨씬 더 많은 양을 섭취한다. 대부분의 사람들이 생각하는 것과는 달리, 중국인의 인당 육류 소비량은 한국인보다 적다. 육류의 소비는 소득 증가에 따라 급격히 증가한다.

육류나 가금류의 생산에서는 사료의 문제가 중요하다. CSIS에 따르면, 전 세계적으로 경작할 수 있는 토지의 약 35%가 가축 생산에 사용되며, 재배되는 모든 작물의 칼로리 중 36%가 동물 사료로 활용된다.[42] 모든 곡물 중 41%가 동물 사료로 사용되지만, 사료의 에너지 중 오직 2~13%만이 먹을 수 있는 고기로 변환된다. 이는 육류 생산을 위해 훨씬 많은 양의 곡물이 필요하다는 것을 의미한다.

전략적으로 고려해야 할 또 다른 중요한 요소는 식량 산업의 주요 기업들의 독점적 지위이다. 지금까지의 상대적으로 안정된 시장은 공급망이 분리될 경우 큰 변동을 겪을 것이다. 소수의 대기업이 시장을 지배하게 될 경우 그들의 행동을 예측하기는 어려울 것이다. 소수의 기업이 전 세계의 식량 공급을 통제하게 되면, 공급망의 분리와 같은 상황에서 큰 위험을 초래할 수 있다.

예를 들어 미국의 경우, 단 네 개의 대기업이 주요 육가공 시장의 대부분을 차지하고 있다. 가금류 시장의 54%, 소고기 시장의 85% 그리고 돼지고기 시장의 70%가 이들 기업의 손에 있다. CSIS는 이 현상을 미국 식량 안보의 주요 문제점 중 하나로 지적하고 있다. 만일 사료 수입에 문제가 발생하면 우리나라가 이들 기업에 크게 의존하게 될 위험이 있다.

2020년 8월에 시진핑은 음식 낭비를 막으라는 이례적인 지시를 내렸고, 이 지시는 전국적인 캠페인으로 번졌다.[43] 이러한 시진핑의 발언 배경에는 다양한 추측이 있으나, 필자는 중국의 식량 안보에 대한 그의 꾸준한 관심에서 나온 것이라고 생각한다. 시진핑은 '중국은 식량에 있어 타국에 의존할 수 없다.'라고 강조하였다.

농업 전문가들의 의견을 종합해 보면, 중국의 식량 중 곡물류의 자급률은 90% 초반으로 추정된다. 따라서 시진핑의 주장처럼 음식의 낭비만 잘 관리한다면, 곡물의 부족 문제를 해결할 수 있을지도 모른다.

그렇다면, 구체적으로 중국은 얼마나 식량이 부족할까? 누군가에게는 새삼스러운 이야기일 수 있지만, 놀랍게도 이 정보는 국가기밀이다. 우리는 중국이 부족한 식량에 대한 정보에 접근할 수 없다. 또 중국이 얼마나 식량을 비축해 놓고 있는지도 알 수 없다. **한 가지 분명한 것은 중국이 식량 공급망 변화에 체계적이며 계획적으로 대비하고 있는 유일한 국가라는 점이다.**

글로벌 전략 컨설팅 기업인 맥킨지의 다니엘 아미네짜Daniel Aminetzah는 '세계는 심화되는 식량 위기에 대비가 충분치 않은 것 같지만, 중국은 그 예외다.'라고 말했다. 중국은 2008년 이후 전략적으로 비축량을 70% 이상 늘렸으나, 다른 많은 국가들은 이와 같은 준비 수준에 미치지 못하고 있다고 그는 지적했다.[44]

기술적 혁신, 제도적 변화, 시장 개혁 및 농업 투자의 증가로 중국의 농업 생산량은 지난 40년간 연간 5% 이상 증가하였다. 그렇지만 중국의 경작지와 물 부족 문제는 잘 알려져 있다. 중국의 14억 인구는 전 세계 인구의 18%를 차지하는 반면, 중국의 경작 가능한 땅은 전 세계의 8%에 불과하다. 또한, 중국의 1인당 물 가용량은 전 세계 평균의 4분의 1 수준이다.

중국 사회과학원에 의하면 중국은 2025년까지 1억 3천만 톤에 달하는 곡물 부족을 겪을 것이라고 한다. 중국의 주요 곡물인 밀, 쌀, 옥수수의 국내 공급량은 2025년 말까지 2,500만 톤으로 줄어들 것이며, 이로 인해 중국의 식량 수입 의존도가 증가한다는 것을 의미한다.[45]

또 하나의 문제는 자주 발생하고 있는 이상 기후이다. 게다가, 전 세계 밀 수출의 약 29%를 담당하는 러시아와 우크라이나 사이의 전쟁으로 밀 공급에 차질이 생기면서 밀 가격이 14년 만에 최고 수준으로 치솟았다. 식품 물가는 계속 상승하는 추세이며, 정부는 이를 팬데믹에 따른 물류 문제 때문이라고 주장한다. 그러나 장강의 대홍수, 북부 지역의 가뭄 및 무역 갈등 등이 주된 원인으로 생각된다.[46]

이러한 상황은 중국의 식량 안보 문제 해결이 단순하지 않다는 것을 암시한다. 이를 통해 시진핑이 중국인들에게 '적게 먹는 것'의 중요성을 강조하는 배경을 이해할 수 있다. 만약 중국인들이 식사량을 20% 정도 줄일 수 있다면, 중국의 식량 안보 문제는 크게 해결될 것이다. 매년 춘절을 앞두고 중국은 음식물 낭비를 방지하는 캠페인을 진행한다. 전인대 상임위원회에서는 음식 낭비에 관한 법안을 검토하고 있는데, 그 내용에는 음식을 낭비한 고객에게 쓰레기 처리 비용을 청구하고, 고객이 과도하게 음식을 주문하도록 유도하는 음식점에 대한 처벌 규정이 포함되어 있다고 알려져 있

다.[47]

왕단은 중국의 주요 문제가 곡물 부족이 아닌 사료 부족이라며 식량 안보는 사실상 '사료 안보'라고 지적한다. 아마도 중국에서는 육류, 특히 돼지고기와 그 돼지를 키우기 위한 사료 부족이 큰 문제로 여겨지고 있을 것이다. 돼지고기는 중국인의 생활에 꼭 필요한 부분이다. 재배된 모든 곡물의 41%는 동물 사료로 사용되는데, 이 사료에서 얻어진 에너지의 2~13%만이 소비 가능한 고기로 전환된다. 이것은 중국이 많은 돼지를 키우기 위해서는 상당한 양의 사료가 필요하다는 것을 의미한다. 2021년 1분기 해관 자료에 따르면, 중국은 전년 동기 대비 438% 증가한 670만 톤의 옥수수를 수입했다.

중국의 식량 문제의 핵심은 사료 부족이다. 중국에서 생산되는 대두와 옥수수는 주로 국민의 식용으로 사용된다. 대량으로 수입된 대두와 옥수수는 일부는 가공식품이나 과자 등의 제조에 사용되고, 나머지는 압착하여 식용유를 추출한다. 이 과정에서 남은 부산물은 사료 제조에 활용된다.

중국이 매년 소비하는 대두의 80% 이상은 수입품이다. 이러한 수입 덕분에 쌀이나 밀과 같은 다른 주요 작물의 재배를 위한 토지 확보가 가능했으나, 대두에 대한 의존도는 국가의 식량 안보에 큰 위협으로 작용해 왔다. 2021년 중국의 국내 대두 생산량은 16.4% 감소하였는데, 이는 대두 수입량의 3.8% 감소보다 훨씬 급격한 감소세였다. 또한, 대두의 재배 면적도 약 147만ha 줄었다. 이에 따라 중국 농업부는 북동부 지방에서의 대두 재배 확대, 염분 알칼리성

전략 자원의 공급망 리스크가 밀려온다

토지에서의 대두 생산 시험 그리고 옥수수와 대두의 간작에 대한 보조금 증액 등의 대책을 진행하고 있다.

중국의 식량 정책

중국 정부는 매년 춘절이 지나면 '중앙 1호 문건'이라는 문서를 발표한다. 이름에서도 알 수 있듯, 1호 문건은 그해 중앙 정부의 중점 사항과 국내 정치적 상황을 다루기 때문에 언론의 큰 관심을 받는다. 이 문건은 대부분 14억 중국인의 식량과 농촌 문제에 관해 다룬다.[48] 2023년 1호 문건[xiv]은 식량 문제를 강조하며 현재의 식량 상황이 긴박하다고 지적했다. 이는 지속적인 식량 안보 문제가 본질적으로 해결되지 않았음을 시사한다.

세계에서 유일하게 식량 공급망에 대비하고 있는 중국의 대응은 어떠할까? 2023년 3월 초, 홍콩의 사우스 차이나 모닝 포스트는 제20차 전인대를 앞두고 중국 정부가 곡물 자급률 향상을 최우선 과제로 보고 있다고 전했다.[49] 이 보도에 따르면 중국이 5가지 사안에 대하여 주의를 기울이고 있다고 했다. 그것은 국내 대두 및

---

xiv 중국 정부는 매년 첫 번째 공문에서 농업 관련 내용을 발표한다. 이를 '중앙 1호 문건'이라고 부른다. 2023년 2월에도 중국 공산당은 '3농' 문제를 중심으로 한 중앙 1호 문건을 공개했다. 주요 내용은 다음과 같다. 전국 곡물 생산량을 1.3조 근 이상으로 유지하며, 모든 지방 정부는 경농 면적을 안정시키고 수확량을 늘리는 데 집중해야 한다. 대두와 기름 작물의 생산을 확대하기 위한 노력이 강조되며, 중앙 집중식 벼 육묘 센터와 채소 육묘 센터 그리고 곡물 건조 및 농산물 냉장 보관과 콜드 체인 물류 시설 건설이 가속화된다. 식량 공급 시스템을 다양화하며, 식품 및 주요 농산물의 규제와 관리가 조절되고, 비료 및 기타 농자재의 생산 및 운송 규제가 강화된다.

기름 작물 생산량이 감소한 것[xv], 글로벌 공급망에서의 약한 중국 영향력[xvi], 비옥한 농경지 손실[xvii], 부패와 낭비로 인한 전략 비축 식량의 손실[xviii]이었다.

이 다섯 가지 이슈는 매우 심각한 문제들이다. 대두 및 기름 작물 생산량의 감소는 사료와 식용유에 관한 근본적 문제를 내포하고 있으며, 단기간 내에 해결하기 어렵다. 심지어 이 문제는 타이완 통일보다 해결하는 데 더 오랜 시간이 소요될 수 있다. 외부로부터의 식량 의존도를 줄이지 못한 상황에서 글로벌 식량 공급망에서의 중국의 영향력 부재는 큰 위험을 의미한다. 농경지를 확장하려 하더라도 제대로 된 땅이 부족하고, 앞서 축적했던 비축 식량은 실제로 부족한 상황이기 때문이다.

이렇게 복잡한 식량 부족 상황 속에서 중국은 2020년에 제정된 식량안보법(2023년에 공식 발효)과 2021년 반식품폐기물법을 통해 식량 안보의 목표와 전략을 설정했다.[50] 이렇게 중국의 정책 중 중요하고 함의를 가지는 것들을 몇 가지 소개한다.

---

xv 중국의 국내 대두 생산량은 2021년에 16.4% 감소했다. 이 감소율은 대두 수입량의 3.8% 감소보다 훨씬 크다. 재배 면적은 약 147만ha 줄었다. 중국 농업부는 북동부 지역의 일부 논을 대두로 전환하고, 염수-알칼리성 토지에서의 대두 재배를 시도하며, 옥수수-대두 경작지에 보조금을 늘릴 계획이다.

xvi 중국은 2021년에 1억 6,450만 톤의 곡물을 수입, 이는 전년 대비 18.1% 증가한 양이다. 중국의 식량 자급률은 2000년의 101.8%에서 2020년 76.8%로 감소했으며, 이 비율은 2035년까지 65%로 더 줄어들 것으로 예상된다.

xvii 중국의 경작지는 전체 국토 면적의 약 7%에 불과하며, 산업화와 도시화는 농경지 손실을 가속화시키고 있다.

xviii 중국의 식량 비축량은 공식적으로는 밝혀져 있지 않다. 그러나 2018년에는 중국 창고의 총저장 용량이 9억 1천만 톤이었다는 정보가 있다. 중국은 저장과 운송 방법의 미흡함 그리고 과도한 가공 때문에 매년 약 3,500만 톤의 곡물을 낭비하고 있다고 알려져 있다.

전략 자원의 공급망 리스크가 밀려온다

식량안보법

국가 발전 개혁위원회는 2023년 3월에 식량안보보장법粮食安全保障法의 도입을 가속화할 것이라 발표했다.[51] 첫 번째 주요 목표는 국내 식량 곡물을 확보하고, 쌀, 밀, 옥수수 등의 곡물 생산을 주로 자급자족하는 것이다. 그러나 사료 자원 확보는 현재로서는 어려운 상황으로 보인다.

당정동책

2021년 4월에는 '식량안보 당정동책'이 중국의 행정법규에 처음 포함되었다. 이는 식량 안보 문제가 발생할 경우 해당 당과 정부가 함께 책임을 져야 함을 의미한다. 지방 정부에서 식량 공급 문제가 발생하면, 지방 정부의 성장과 당 서기 모두 그 책임을 지게 된다. 과거에는 대부분 행정 책임으로 여겨져 당 책임자가 면책되곤 했으나, 시진핑 리더십 하에 식량 안보 문제에서는 면책되지 못했다. 더불어, 양곡 유통 감독과 관련된 직책도 더욱 구체화되고 세부적으로 정리되었다.[52]

농경지 정책

식량 부족 문제 해결을 위한 중국의 기본적인 정책 중 하나는 '절대 농지 정책'이다. 16년 전, 베이징은 농업 발전을 위해 최소 1억 2천만ha의 경작지 보존을 목표로 '레드 라인'을 설정했다. 그러나 이후 산업화와 도시화의 진전으로 인해 농지 손실이 가속화되었다. 중국 정부는 2004년부터 전국의 토지 이용에 대한 종합적인 계획을 추진하며, '영구적 기본 농지 보호', '경작지의 점유와 보충의 균형', '고품질 기본 농지 건설' 등의 조치를 취하면서 점진적으로 튼튼한 절대 농지 시스템을 구축하였다. 또한, '비농업 목적 경작지 사용 금지' 정책도 발표되었다. 현재 중국의 토지 정책은 수량 관리, 품질 관리 그리고 생태 환경 보호의 통합된 접근 방식에 중점을 둔다.

그리고 최근인 2023년에 들어서 기묘한 현상이 관측되고 있다. VOA 중문판은 2023년 5월에 20년 이상을 주창해 온 중국 공산당의 '농지를 삼림으로 되돌리기退耕还林' 정책이 크게 변화하고 있다고 보도했다.[53] 허난성과 쓰촨성 정부는 '삼림을 농지로 되돌리기退林还耕' 캠페인을 시작했고, 이에 따라 숲이나 과수원을 평지로 변환하여 곡물 재배를 시작했다. 심지어 산비탈의 마른 땅에서 쌀을 심는[xix] 등 식량 안보를 위한 노력이 확대되고 있다.

이런 변화는 중국 정부가 오랫동안 추진해 온 '농지 산림 반환' 정책을 철회하고, '삼림 농지 반환' 정책으로 전환하려는 시도로 해석된다.

2023년 4월 중순부터는 중국 네티즌들이 웨이보와 트위터에 다양한 지역에서의 산림이 농지로 전환되는 사진들을 공유하기 시작

···················
xix 이것은 중국에서 최근 개발한 쌀 재배 기술 중 하나다. 논 대신 마른 땅에서 쌀을 경작하는 방식을 채택하였는데, 수확량은 상대적으로 적지만 농지 활용 면에서 장점이 있다. 놀고 있는 땅을 이용하여 식량 생산에 크게 기여할 것이라는 주장이 제기되고 있다. 그러나 일부에서는 이 방식이 비효과적이라고 지적하며, 강우 시 벼가 쓸려나갈 수 있다는 문제점을 지적하고 있다. 2021년에 중국과학원의 주유용 박사는 '산위의 쌀'이라는 농업 모델을 통해 이 기술을 홍보했다. 그는 윈난성의 산악 지역에서 50만 무의 땅에서 이 모델을 시험하였으며, 1무당 연간 최대 788kg의 쌀을 생산하는 결과를 얻었다. 그는 이런 생산량은 '건조지에서의 벼 재배'로도 달성 가능하다고 주장했다.

전략 자원의 공급망 리스크가 밀려온다

했다. 특히 허난성에서는 200여 명의 공무원이 숲을 완전히 벌목하고 주변의 연못과 습지를 메워 토지를 재구성하여 식량을 재배하는 모습이 포착되었다.

가장 극단적인 사례인 쓰촨성 청두의 경우, 시 정부가 2017년에 341억 위안을 들여 조성한 수백 킬로미터에 달하는 도시 생태 구역 공원을 건설했는데, 2023년 말 완공 예정이었던 것을 농사를 짓기 위해 다시 매립하였다. 인터넷에 유포된 사진에서는 거의 완성 단계에 있던 생태 공원이 황무지로 변한 모습을 볼 수 있으며, 이로 인해 10만 1천 무의 땅이 매립되었다는 것이 확인되었다. 이러한 사실이 네티즌들의 눈에 띄면서 공금 낭비라는 비판이 제기되었다. 이렇게 조성된 농지에서 연간 벼농사를 통해 얻을 수 있는 수익은 1무당 770위안이며, 전체 면적에서는 7,700만 위안이다. 이렇게 손실된 금액을 회복하기 위해서는 최소 440년이 필요하다.

이런 사태는 중국 지도부의 식량 안보 강화 지시와 관련이 있을 것으로 보인다. 대체로 상부의 지시가 급박하고 강할 때 이런 무리한 상황이 발생하는 경향이 있다. 따라서 중국 지도부에서 식량 안보 강화 지시가 나왔다는 것은 현재 중요한 상황이 진행 중이라는 뜻이 될 것이다. 그러한 상황이 정확히 어떤 것인지, 이제 독자 여러분도 짐작할 수 있을 것이다.

종자 정책

중국은 종자의 중요성을 깊게 인식하며 이를 '농업의 반도체'라고 칭한다. 농지는 확대하기 어려운 자원이지만, 종자 개량을 통해 식량 문제를 해결할 수 있는 가능성을 본다. 중국은 유전자 변형 대두와 옥수수를 상업적으로 활용하는 방안을 모색하며, 이를 농업 발전의 중요한 정책으로 여기고 있다. 또한, 종자 개량을 위한 국가 전략의 일환이자 세계 최대 종자 기업인 신젠타의 인수도 진행했다.

장싱광張興光 농업농촌부 부부장은 종자 산업 지식재산권 보호 강화를 위해 다음 5가지 측면의 노력을 견지해야 한다고 말했다.[54] 법률 측면에서 종자 산업의 지적재산권 보호를 위한 규제 시스템 개선, 사법 측면에서는 사건 회부 요건 및 증거 표준 개선, 법 집행 측면에서 불법 행위에 대해 강력한 억지력 형성, 관리 측면에서는 품종 관리 시스템을 개선하고 산업 요구에 부응, 기술 지원 측면에서는 품종 ID 카드 관리[xx], 품종 표준 샘플 관리, 분자 검사 기술 연구 개발 및 응용, 품종 DNA 지문 공개 플랫폼, 위조 방지 및 권리 보호를 위한 기술 지원 시스템 통합에 중점을 두었다. 이렇게 실용적인 접근으로 종자 개량을 촉진하면서 종자 개량 기업이 수혜를 받을 수 있도록 강력히 지원하는 것이다.

중국은 종자법도 새롭게 개정하였다. 이 개정된 종자법은 종자 산업의 지식재산권을 보호하며, 종자 산업을 발전시키고 식량 안보를 강화한다고 강조하였다. 이 법은 2022년 3월 1일에 시행되었으며, 단 9일 후인 3월 10일에 공개되었다. 이러한 긴급한 처리에 대해 기자들이 정부에 질문했을 때, 종자의 원산지 보호는 국가 안

---

xx 중국은 NPV(New Plant Variety) 권리라는 새로운 품종에 대한 지적재산권을 부여하는 시스템을 구축했다.

보와 직결된다는 말이 나왔다.[55] 이로써 중국 정부가 농업 정책에서 가장 중요하게 생각하는 것은 '안보'라는 것을 확인할 수 있다.

식량 비축

중국에서 식량 비축은 역사적으로 오래전부터의 관행이다. 원래 중국 정부는 식량 비축 업무를 각 지방 정부와 식량 관련 기관[xxi]들에게 부여하였고, 국무원 내에는 국가양곡국国家粮食局이 있었다. 이들 기관은 매년 정해진 양의 식량을 비축하도록 의무화되어 있었으며, 식량 공급이 부족할 경우에는 이 비축량을 사용하고, 과잉이 발생하면 그것을 판매하였다. 이런 방식으로 식량 공급과 가격의 안정을 유지하려 하였다.

그러나 지방에 비축 업무를 장기간 맡겨 두었던 결과, 여러 부정부패 문제가 발생하였다. 장부에는 충분한 식량이 기록되어 있음에도 실제로는 그 양이 부족한 경우가 많았다. 시진핑 주석이 집권한 이후, 중앙기율검사위원회라는 중국의 주요 반부패 기관은 전국의 곡물 구매 및 판매 관련 부패 문제에 대한 특별 조사를 시작하였다. 그 결과, 여러 비축 창고에서 화재가 잇따라 발생하였고, 일부에서는 이 화재가 부패 행위를 은폐하기 위해 고의로 발생시킨 것이라는 소문이 돌았다.

시진핑 주석의 어젠다에서 식량은 여러 차원에서 매우 중요한 것이었다. 결국 국가식량물자비축국国家粮食和物资储备局이 설립되어 지방 정부와 일부 국유 기업의 물자 비축 임무를 중앙에서 직접 관

----

xxi 예를 들면 중량그룹(中粮集团)같은 국유 기업을 말한다.

리하게 되었다. 그렇지만, 이 임무의 수행은 간단하지 않았다. 2022년에는 해당 기관의 총책임자인 국장(장관급)이 비리 혐의로 체포되었고, 2023년 6월에는 부국장(차관급)도 같은 혐의로 체포되었다. 국가의 최고 지도자가 식량 안보 문제에 크게 관심을 가지고 있음에도 불구하고, 내부 조직의 문제로 원활한 운영이 어려운 상황이다.

중국의 식량 비축 시스템은 중앙 비축 시스템과 지역 비축 시스템으로 나뉜다. **비축량은 일반적으로 1년간 국민 수요를 충당할 수 있다고 알려져 있다.**[xxii] 특히 가격 변동이 큰 대도시와 지역에서는 10~15일 동안의 비상 공급이 가능한 가공 곡물 비축 시스템을 운영하고 있으며, 이는 비상 비축, 가공 그리고 유통 과정을 모두 포함한다.

양언梁彦 국가식량물자비축국 부국장은 2021년 4월 뉴스[56)]에서 중앙의 비축 식량 규모가 안정화되었으며, 생산 지역은 3개월, 판매 지역은 6개월 그리고 생산·판매 지역은 4.5개월의 시장 요구를 만족시킬 수 있는 양을 비축하고 있음을 밝혔다. 또한, 36개의 대도시와 시장 변동성이 높은 지역에는 완제품 식량과 식용유의 일정량을 비축해 두었다고도 설명했다.[xxiii] 필자는 이 뉴스에 주목했다. 중국의 식량 비축 시스템의 구체적인 내부 동향은 알 수 없지만, 양언 부국장이 언급한 생산·판매 지역의 비축 기준이 일반적인

─────────────────

xxii 놀랍게도 14억 명이 1년간 먹을 식량을 비축해 두었다는 뜻이다.

xxiii 중국 관영 매체에서 중국의 식량 공급에 문제가 없다는 보도가 나오고 있다. 이는 역설적으로 많은 사람이 식량 부족을 의심 또는 우려하고 있다는 반증일 수 있다. 정부 공식 통계상의 식량 물가는 안정적이다.

전략 자원의 공급망 리스크가 밀려온다

표준으로 사용되고 있을 것이라는 생각이 들었다.

더불어 중국이 식량 안전을 지역별, 유통 채널별로 철저하게 모니터링하는 점이 주목할 만하다. 이는 단순히 시장의 자연스러운 흐름에 맡기는 것이 아니라, 국가 차원에서 적극적으로 감독하고 개입하고 있음을 의미한다. 이러한 접근 방식은 중국 정부가 강조하는 내순환 경제 체제 그리고 공급망 모니터링 시스템, 조기 경보 체제, 신속한 대응 체제의 구축과 밀접한 연관이 있을 것으로 보인다.

곡물뿐만 아니라 육류도 중국이 국가 차원에서 관리하고 있다. 중국의 식량 공급망은 아직 구조적 문제를 완전히 해결하지는 못했으나, 모니터링과 대응 체계는 잘 구축되어 있다. 다만, 중국에서는 저장 및 운송 방법의 문제와 과도한 가공으로 인하여 매년 약 3,500만 미터톤의 곡물이 낭비된다는 문제가 있다.

필자가 보기에도 중국의 식량 비축량은 알려진 것보다 훨씬 적어보인다. 그렇지만, 식량 비축량이 많더라도 중국은 추가로 많은 양을 구입하여 비축했을 것으로 생각된다. 중국이 주장하는 것처럼 글로벌 식량 공급망에서 중국의 영향력은 아직 크지 않아, 14억 인구를 위해 충분한 기간 동안 비축해야 하는 식량을 확보해야 한다. 역으로 중국의 그런 규모의 식량 수요를 만족시킬 수 있는 나라는 없다.

어쨌든, 중국 정부가 전국적으로 일관된 식량 비축 정책을 시작했으며, 공소사供销社와 기관을 통해 식량 비축을 장려하는 정책을 발표했다는 것 그리고 그간 많은 전략 물자를 비축했다는 소문 등을 종합해 보면 **중국이 전시 상태를 대비한 비축에 들어갔다는 사**

실만큼은 분명할 것이다. 또한, 이러한 물품들은 국제적으로 부족해질 위험이 크다. 관련 기업이나 개인들은 이러한 상황에 대비해야 한다.

식량 내순환 공급망

중국의 식량 공급망은 국가 관리 체제하에 운영된다. 농촌 지역에서의 농업 활동은 대부분 향촌 단위의 공산당 조직의 지휘와 통제하에 이루어진다. 종자, 비료, 농기구와 같은 농업 자원은 농민들이 자체적으로 확보하기 어려운 경우, 공소사나 수매 기업들을 통해 금융 지원을 받아 구입하고, 수확 후에는 수매 과정에서 그 비용을 차감하는 경우가 많다.

농산물의 수매 업무는 지방 및 중앙 양곡 기업들이 주도하며, 각지역에서는 협력 회사들을 통해 실제 수매 작업이 진행된다. 파종부터 수확까지 모든 과정에서 국가가 개입하기 때문에, 식량 생산의 전 과정이 국가의 모니터링 하에 있음을 알 수 있다.

중국 내에서는 식량이 부족한 지방과 충분한 지방이 존재한다. 이를 해결하기 위해 지역 간에 식량을 균형 있게 공급하려는 노력이 이루어지고 있다. 그러나 식량 부족 문제로 인한 지역 간의 갈등도 발생한다. 코로나19 팬데믹 이후 중국은 9개 성의 참여로 식량 공급을 보장하기 위한 조정 메커니즘을 구축하였다.[xxiv] 또한, 500개의

xxiv 식량을 외부에 공급할 수 있는 역량을 가진 9개 성이 식량이 모자란 다른 성에

기업이 참여하여 비상시 공급품의 우선 배송을 결정하는 조정 메커니즘도 마련하였다. 이 메커니즘은 중앙과 지방 정부의 조정 그리고 정부와 민간 기업 간의 공동 협력을 포함하고 있다.

지역 균형 문제 외에도 공급망 문제는 절대적으로 식량 산출량의 확보이다. 중국 국무원 정보판공실은 2022년 5월 '식량 안보 수호, 중국의 밥그릇 지키기'라는 제목으로 회의를 열었다. 이 자리에서 국가식량물자비축국 콩량쯔亮 국장은 중국의 연간 곡물 총생산량이 8년 연속 1조 3천억kg 이상을 기록했다고 발표했다. 그리고, 배급 자급률은 100% 이상이며, 1인당 곡물 보유량은 국제적으로 안전한 수치로 여겨지는 400kg보다 더 높은 480kg이라고 덧붙였다.

그러나 그는 중국의 비상식량 안보 체계가 여전히 취약한 점을 갖고 있다고 인정하였으며, **2022년 말까지 국가 비상 처리 능력은 하루 164만 톤으로 중국 전체 국민의 이틀 치 수요 정도만을 충족시킬 수 있다고 했다.** 이 수치는 기존에 보유하고 있던 1년 치 비축량이나 지역별 수개월 치 비축량에 비하면 현저히 적다. 이전 국장이 비리 혐의로 체포된 후, 콩량 국장이 2023년 5월에 국가 발전 및 개혁 위원회 부주임으로 영전한 사실을 감안할 때, 콩량이 그동안 국가식량물자비축국의 내부 문제를 공개한 것으로 추측될 수 있다.

전략적으로 중요한 대두와 관련하여, 중국은 대두 재배 확대, 유

식량 공급을 의무화하는 내용이다. 식량 공급망이 정부의 통제하에 있기 때문에 일어나는 일로 우리나라처럼 시장에 맡기는 상황과는 다르다.

전 작물의 개선, 단일 생산량 증대 및 품질 향상에 주력하고 있다. 이를 통해 대두 재배 면적을 1천만 무 이상 확대하려는 계획이다.[57] 중국 국가식량물자비축국 루징보盧景波 부국장은 2022년 중국의 대두 생산량이 사상 최고치인 2천만 톤을 넘을 것이며, 이 중에서 약 5백만 톤이 시장에 남아 있을 것이라고 전망했다.[58] 중국의 국내산 대두 연간 소비량은 1,300~1,500만 톤이므로 식용 대두 공급에 있어서는 문제가 없어 보인다. **다만, 사료용 수입 대두는 여전히 전략적 문제로 남아 있다.**

육류 공급망

식량 공급망 내에서, 육류 공급망은 대두와 옥수수와 같은 주요 식량의 수요를 결정하기 때문에 식량 안보 측면에서 굉장히 중요하다. 그런데 베이징 대학 신농촌개발연구원北京大学新农村发展研究院 원장 황지쿤黃季焜에 따르면 중국의 육류 수요는 2035년까지 최소한 소득 증가에 따라 계속해서 증가할 것으로 예상된다. 특히, 중국 서부 및 중부의 저개발 지역에서 농촌 소득의 증가는 축산물, 야채, 과일 및 생선과 같은 고부가가치 식품에 대한 수요 증가를 초래할 것이라고 말하였다. 이는 시간이 지남에 따라 중국의 식량 자급률에 대한 부담이 점점 커짐을 의미한다.

중국의 육류 소비에서 핵심은 바로 돼지고기다. 중국에서는 돼지고기가 총 육류 소비의 60%를 차지하고 있다. 현재 중국의 대부분의 돼지 품종은 외국 품종이다. 2014년 한 연구 보고서에 따르면, 그때 이미 중국 돼지의 수가 약 85% 감소한 상태였고, 이의 주요 원인은 중국 돼지의 작은 체격 때문에 수익률이 낮았기 때문이다. 미국 돼지는 더 적은 사료를 섭취하면서 더 많은 살을 찌울 수 있으며, 중국 돼지보다 약 30% 더 효율적이다.[59] 그래서 중국은 세계 최대의 양돈 및 돼지고기 소비국임에도 불구하고, 돼지고기 소비의 90% 이상을 외국 품종에 의존하고 있다.[60]

류용하오刘永好는 중국의 돼지 육종에 관한 주요 문제점으로 육종 시스템의 미흡, 투자 부족, 현대 사육 농장 인프라의 결핍, 신기술의 적용 지연, 기술 인력의 부족, 사육 돼지에 대한 테스트의 부족, 프로젝트 규모의 소소함, 질병의 위협 및 지역 돼지 자원의 개발 및 활용 부족 등을 지적하였다. 그는 중국이 돼지 사육에 대해 장기적으로 수입에 의존하였던 결과로, 아프리카 돼지열병의 유행 이후 중국 돼지 산업의 생산 능력이 크게 손상되었다고 주장하였다.

중국은 돼지만이 아니라 닭과 같은 다른 육류 품종도 외국에서 수입하고 있다. 그리고 이렇게 외국의 육류 품종을 계속 수입한다는 것은, 내부적인 공급망이 제대로 기능하고 있지 않다는 것을 의미한다. 만약 종돈이나 종계 공급에 문제가 생기면, 사료 수입 문제에 앞서 식량 공급 문제에 직면하게 될 것이다.

중국은 현재 육류 품종을 '농업 반도체'라고 지칭하며 국산화의 방향으로 나아가려고 노력하고 있다. 그러나 이러한 품종 개량 사업은 시간이 오래 걸리며 첨단 기술이 필요하다. 사료에서도 아미노산과 같은 대체 단백질에 대한 투자를 확대하고 있지만, 아직 성과를 내지 못하고 있다.

결과적으로, 현재 중국은 육류와 사료 모두에서 서방 국가들에 크게 의존하고 있다. **미국이 중국을 진심으로 어렵게 만들고 싶다면 경제 제재가 아닌 식량 제재를 하는 것이 더 효과적일 것이다.** 다만 그렇게 되면 세계 최대의 농산물 수출국인 미국 자체의 경제적 이익도 흔들리게 될 것이다.

중국의 식량 수출

중국이 오로지 식량을 수입하는 국가라고만 볼 수는 없다. 중국은 미국, 네덜란드, 브라질, 독일을 뒤이어 세계에서 다섯 번째로 큰 식품 수출국이다. 특히 채소, 과일, 수산물 부문에서는 세계 최대의 수출국이다. 이는 중국이 이러한 농산물로 자국의 수요를 충족시키는 것을 넘어서 수출하고 있음을 의미한다.

중국산 식품의 주요 수입국은 한국과 타이완 같은 근접한 아시아 국가들이다. 또한, 중국의 쌀은 나이지리아, 일본, 러시아, 미국, 남아공 등 다양한 국가로 수출되며, 헤이룽장 지역의 쌀 품질에 대해 중국인들은 한국 쌀과 비교해 상당히 우수하다고 평가하기도 한다.

농촌과 토지 유전(土地 流转)

농업을 지향해야 하는 중국 농촌은 인구 감소, 경제적 소외, 공동화 정책의 영향 등으로 여러 어려움을 겪고 있다. 더불어 인구 고령화와 젊은 세대의 도시 진출이 가속화되면서 농촌의 노동력이 크게 줄어들었다.

이것은 중국 농촌에서 농업에 종사하는 인력이 현저히 감소하고 있다는 것을 의미한다. 농촌에서는 노동력 부족으로 외부 인력을 고용하는 상황이 발생했다. 그러나 농촌에서의 임금은 계속해서 상승했다. 이러한 변화로 인해 2015년부터는 외부 인력에 지불하는 임금이 농민의 영업 수익을 초과하기 시작했다. 2019년의 데이터를 보면 평균 작물 재배 비용은 ha당 16,633.5위안으로, 이는 2001년 대비 2.2배 증가한 수치이다. 반면 평균 순이익은 2016년 데이터 기준 ha당 457.5위안의 적자를 기록했다. 간단히 말하면 농사를 짓는 것이 오히려 손해를 보게 된 구조로 변했다.

이러한 농촌의 구조적 문제를 해결하기 위한 중국 정부의 대책 중 하나가 토지 유전이다. 토지 유전은 농민들이 상의를 통해 결정하여 공동 소유인 농촌 토지 중 일부를 농업 외의 목적으로 활용하는 것을 의미한다. 구체적으로는 집단 소유인 마을 땅을 리스와 같은 형태로 제3자에게 양도하는 방식이다.

이러한 토지 유전은 이전에는 기업을 유치하는 목적으로 활용되었으나, 최근 수년간 농촌 구조 조정의 수단으로 이용되기 시작했다. 물론 농업 외의 목적도 있지만, 주된 목표는 농지를 대규모로 통합하여 기계화와 기업화된 영농 방식을 도입하는 것이다. 이는 수익성을 잃어버린 농촌 경제를 살리고, 국가의 주요 과제인 식량 안보 문제 해결을 추진하는 의도에서 비롯된 것으로 보인다.

특히 시진핑이 관심을 가지고 각지를 방문할 때마다 독려하고 있어 빠른 속도로 진행되고 있다. 이러한 노력의 결과로, 2022년 3분기에는 중국 전국의 토지 유전 계약 면적이 4,759만 무에 이르렀으며, 이는 중국 전체 농지의 57.2%에 달했다.[61] **필자가 보기에 이 토지 유전을 통한 농촌 개혁은 전무후무한 결과를 가져올 것으로 보인다.** 만일 중국이 이 개혁을 성공적으로 추진한다면, 식량 안보는 물론 농촌 경제의 큰 발전과 중국 내순환 경제에도 크게 기여할 것으로 예상된다. 이는 그야말로 혁명적인 변화라고 볼 수 있다.

식량의 외순환 공급망

지금까지 국제 무역은 중국에 식량 공급과 수요의 균형을 맞추는 데 큰 도움을 주었다. 중국이 WTO에 가입함에 따라 대두 무역이 완전히 자유화되었고[xxv] 육류 및 기타 식품에 대한 관세[xxvi]도 낮아졌다. 그러나 쌀, 밀, 옥수수와 같은 전략적인 식품에 대해서는 정해진 수입 쿼터를 초과할 경우 65%의 관세가 부과된다. 수입 대두, 옥수수 및 식용유는 2001년 이후 중국 내 수요 증가의 대부분을 충족시켜 왔다.[62]

중국의 미래 식량 수입은 국내 식량 생산 증대 노력과 국제 무역 환경에 크게 의존할 것이다. 그러나 중국의 식량 외부 공급망을 거시적인 관점에서 살펴보면, 식량 수요의 질과 양에 변화가 예상된다.

첫째로, 중국의 육류 수요는 소득이 증가함에 따라 계속해서 늘

---

xxv 관세율 3%만 남아 있다.
xxvi 약 10~12%

어날 것으로 보인다. 2019~2021년 중국의 1인당 식품 수입액은 64달러로, 영국(457달러), 일본(422달러), 한국(535달러)에 비해 상대적으로 낮았다. 이에 따라 육류와 동물성 단백질 사료에 대한 수요는 계속해서 증가할 전망이다. 미국이 중국의 주요 대두 수출국이지만, 미중 갈등의 영향으로 언제든지 중국에 대한 대두 수출을 제한할 수 있다. 따라서 중국은 대두와 옥수수를 수입하여 가축 생산량을 늘리고, 대두유 수요를 충족시킬 필요가 있다. 이는 국제 시장의 불안정성을 고려할 때, 육류를 직접 수입하는 것보다 바람직한 선택이다. 중국은 무역 파트너 다변화, 대두를 다른 단백질 사료로 대체 그리고 국내 생산 확대에 노력할 것으로 예상된다.

둘째로, 중국의 식량 수입량은 장기적으로 둔화될 가능성이 크다. 중국이 국내 식량 생산을 증대하는 전략을 취하면서 국내 식량 공급이 늘어나고 있고, 중국의 인구도 감소하고 있다. 중국의 식량 수입 규모만 봐도 중국의 식량 수입 감소는 전 세계 식량 무역에 큰 영향을 미칠 것으로 예상된다.

중국의 식량 대외 의존도를 알려 주는 중국의 한 재미있는 자료를 본 적이 있다. 그 자료에 따르면 2020년 중국의 농산물 수입액은 1,708억 달러였다. 만약 이런 수입 없이 중국에서 직접 옥수수를 재배해 이를 충당한다면, 6,670만ha 이상의 농경지가 필요하다고 한다. 이 면적은 중국 농경지 전체의 40%에 해당하며, 2천억 평 이상의 면적이다. 이를 남북한의 전체 면적인 670억 평과 비교하면 그 규모를 짐작할 수 있다.

중국은 2021년에 전년 대비 18.1% 증가한 1억 6,450만 톤의 곡물을 수입했다. 중국의 식량 자급률은 2000년 101.8%에서 2020년 76.8%로 떨어졌으며, 2035년까지 65%로 떨어질 것으로 예상된다.[63] 짐작하겠지만 중국의 주요 식량 수입 품목은 동물성 단백질 사료용 대두와 대두유로, 2020년에는 1억 톤을 넘었으며 2019~2021년 기간 동안 연평균 9,500만 톤을 수입했다. 그리고 옥수수는 2021년 중국에서 두 번째로 많이 수입된 품목으로, 식용유 수입의 대체 품목으로 자리 잡고 있다.

그래서 중국의 곡물 수입량이 크게 증가하는 것은 예상되는 일이다. 그리고 중국은 선택할 수 있는 대안이 없다. 일례로 2021년, 중국과 호주 사이의 관계는 역대 최악의 상태에 이르렀고, 중국은 호주에 대한 보복 관세를 부과했다. 그렇지만 그 당시에도 호주산 밀 수입은 크게 증가했다. 2020년 12월에 호주가 중국에 수출한 밀의 양은 60만 톤으로, 2억 4,800만 달러에 이른다. 이는 호주의 밀 수출량 중 3분의 1에 해당한다. 그리고 이는 출하량을 기준으로 한 데이터이다.[64]

대두와 옥수수는 중국 내에서의 생산이 미흡하여 해외 의존도가 높다. 특히 대두의 경우, 중국은 미국 같은 잠재적 적국에 크게 의존하고 있다. 2021년 중국의 대두 생산량은 16.4% 감소했는데, 이는 대두 수입량의 3.8% 감소보다 훨씬 큰 폭이었다. 대두 재배 면적은 147만ha 줄어들었다.

중국은 대두의 경우 수입을 자유화하여 저비용과 고효율을 추구하고, 다른 곡물에 대해서는 자급자족을 목표로 하고 있다. 중국은 수입 대두에 대한 관세를 3%로 낮추어 완전히 자유화했다. 또한,

육류와 기타 식품에 대한 관세를 20%에서 12%로 인하했다. 전략적으로 중요한 쌀, 밀, 옥수수 같은 상품은 수입 할당량을 초과할 때만 65%의 관세를 부과하여 수량을 통제하고 있다.

2021년 옥수수의 국제 공급이 부족해질 조짐이 보이자, 중국은 빠르게 다음 수확을 앞둔 미국산 옥수수의 대량 구매에 나섰다. 중국은 WTO의 옥수수 구매 쿼터를 초과하였지만, 이는 공급 부족을 예상하고 미리 대응한 결과였다. 당시의 옥수수는 방금 파종된 상태였다. 중국이 구매한 양은 적어도 1백만 메트릭 톤에 이를 것으로 예상되었다. 미국의 수출업자들은 2021년도에 이미 중국에 2천만 톤 이상의 옥수수를 판매했는데, 이는 사상 최대 판매량이었다. 미국 농무부의 자료에 따르면, 중국은 2021~22시즌까지 약 950만 미터 톤의 미국 옥수수를 구입하였다. 중국은 같은 기간에 전 세계 공급 업체로부터 약 2,600만 톤의 옥수수를 수입했고[65] 추가로 2백만 톤을 더 구매할 예정이라고 알려졌다.

식량 수입이 필요한 상황에서 중국이 식량 안보를 확보하는 방법 중 하나는 식량 수입원을 동맹국이나 우호국에서 확보하는 것이다. 그러나 현실적으로 세계 식량 시장에서 가장 큰 공급자이자 영향력을 지닌 국가는 중국의 경쟁 상대인 미국이다.

단순히 이 상황만을 놓고 보면, 미국이 중국의 식량 공급에 큰 영향을 미친다고 볼 수 있지만, 미국의 내부 정치 상황은 그렇지 않다. 중국은 지속적으로 미국의 농산물에 대한 의존을 줄이기 위한 노력을 하고 있다. 그러나 미국 농업에 중국은 큰 시장이며, 이를 잃게 되면 큰 타격을 입을 것이다.[66] 미국에서는 농민의 의견이 의회 선거에 큰 영향을 미치며, 정부는 대두와 같은 주요 농산물에 대한 지원을 아끼지 않는다. 트럼프 정부 시기에 중국과의 무역 분쟁으로 대두 수출이 어려워질 경우, 미국 농민들은 수천만 달러의 연방 보조금을 받아야 했다. 무역에 있어서 상대국과의 관계 악화는 양측 모두에게 위험하다. 상대방이 무역 흐름을 무기로 삼아 수출입을 제한할 수 있기 때문이다.

2017년에 미국의 농산물 수출 중 14%, 2009년에는 13%가 중국으로 수출되었지만, 2022년에는 이 비율이 19%로 증가했다. 한편 중국에서 미국으로의 농산물 수입 비중은 2009년 27%에서 2022년에는 18%로 감소했다. 이는 중국의 식량 수입은 계속 증가하고 있지만, 그중에서 미국의 비중은 점차 줄어들고 있다는 것을 의미한다(그림 6-6).

중국은 이제 브라질을 주요한 대두 수입 원천으로 삼는 등 수입원 다변화 전략을 추진하고 있다. 이는 식량 안보 위기를 다변화로 해결하고자 하는 노력의 일환이다. 또한, 중국은 대두를 다른 단백질 사료로 대체하려는 계획을 세우며, 해당 대체 사료의 국내 생산 확대에도 힘쓰고 있다. 중국의 미국 농산물에 대한 의존도는 예전에 비해 크게 감소하였으며, 현재 전체 대두 수입의 31%만이 미국에서 이루어지고 있다. 이는 2009년의 49%에 비해 크게 줄어든 수치이다(그림 6-7).

2022년 들어 중국이 미국 의존도를 줄이려는 노력은 더욱 두드러지게 나타나고 있다. 아프리카 돼지 열병으로 인한 국내 돼지 사육량의 감소가 회복된 2022년, 미국에서의 돼지고기 수출은 42%

전략 자원의 공급망 리스크가 밀려온다

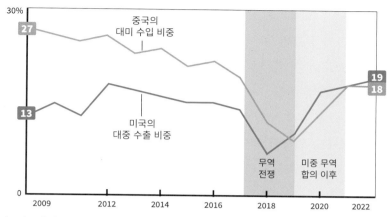

[그림 6-6] 미중 농산물 무역 상대 국가 비중

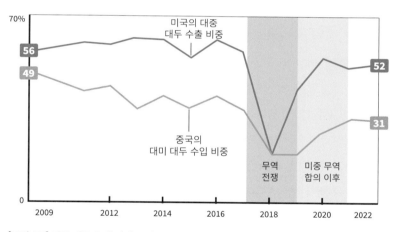

[그림 6-7] 미중 대두 무역 상대 국가 비중 추이

감소했다. 중국은 돼지고기 수입 관세를 인상, 미국으로부터의 수입을 더욱 제한했다. 미국 밀 수출도 2022년에 크게 감소하였고, 랍스터와 같은 농산물도 무역 전쟁 기간의 수출 부진으로 인해 기존 수준으로 회복되지 못했다.

팬데믹이 종료된 후, 중국은 다시 베트남 쌀을 수입하기 시작했다.[67] 2023년 첫 두 달 동안 중국은 베트남으로부터 12억 7천만 달러 상당의 농산물, 해산물, 임산물을 수입하였으며, 이로써 중국은 베트남의 주요 수입국 중 1위를 차지했다. 베트남의 농산물 수출 중에서도 중국이 차지하는 비중은 5분의 1 이상이었다. 이는 베트남이 필리핀과 달리 중국 친화적인 노선을 취하고 있기 때문이다.

식량 수입의 다변화에 있어 중요한 포인트는 일대일로 연계 국가들이다. 2015년부터 중국은 일대일로 전략에 따라 86개국과 농업 협력 협정을 체결했으며, 820개 이상의 농업 프로젝트에 총 170억 달러 이상을 투자했다. 2020년을 기준으로, 이들 국가와의 농산물 교역액은 약 957.9억 달러에 이른다. 특히, 러시아, 우크라이나, 카자흐스탄, 루마니아, 불가리아 등 '일대일로' 연계의 신흥 곡물 수출국들은 국제 곡물 기업 카르텔의 영향을 받지 않아, 이는 중국에 큰 전략적 장점을 제공한다. 중국은 육종, 가공, 창고, 물류 등의 다양한 산업 분야에서 이들 국가와 깊은 협력을 지속적으로 강화하고 있다.

마지막으로 중국에 가장 중요한 식량 공급망 국가인 러시아에 대해 알아보자. 2023년 5월 러시아는 신육로곡물회랑New Land Grain Corridor을 통해 중국에 대한 곡물 수출을 늘릴 것이라고 발표했다.[68] 중국이 2012년에 제안한 이 회랑은 인프라 발전과 곡물 생산 확대를 목표로 하며, 러시아의 극동 지역과 중국 북부의 내몽

골 지역을 연결한다. 중국은 이를 통해 식량 안보를 강화하고 러시아와의 농업 협력을 통해 곡물 공급원을 확보하려는 전략을 가지고 있다.

러시아는 인구 밀도가 높지 않고 투자 자본이 크지 않아 중국 쪽에서 러시아 영내에 대규모 농장을 투자하고 운영하고 있다. 그리고 수확물을 이 곡물 회랑을 통해 중국으로 가져오는 것이다. 거래는 중국의 중청통 국제투자中诚通国际投资有限公司와 자국 화폐로 이루어진다. 두 나라는 곡물 운송에 철도를 활용하고 있는데, 둘의 철도 궤도 넓이가 다르기 때문에 국경 근처의 자바이칼스크에서 철도 환적 시설을 건설해 문제를 해결했다. 이 환적 시설 덕분에 이전에 수개월이 걸리던 운송 시간이 2~3주로 줄어들었으며, 연간 최대 800만 톤의 농산물을 처리할 수 있게 되었다.

중국에는 러시아와의 식량 협력이 전략적으로 매우 중요하기 때문에 러시아산 밀에 대한 수입 제한을 두지 않고 있다. 그러나 러시아는 이에 조심스러운 태도를 보이며, 중국으로의 수출을 제한하고 있다. 러시아는 중국과의 국경이 4,300km에 달하며, 이 지역의 인구 밀도는 낮고 경제 발전 수준이 높지 않다. 중국이 대량의 인력과 자본을 동원해 러시아로 진출할 경우 주권에 영향을 줄 수 있어 러시아는 이에 대해 경계하고 있다.

하지만, 이런 모든 현상은 우크라이나 전쟁으로 인해 러시아가 중국을 견제하는 능력이 약해지며 변화했다. 이에 따라 푸틴은 곡물 수출을 증대하기 위해 중국과의 협정 문제를 해결하라고 지시하였다. 그 결과, 앞으로 러시아와 중국 간의 식량 협력이 더욱 강화될 것으로 예상된다. 이미 국경에서 화물 차량의 대기 시간이 길어진 것에 대응하여, 러시아는 스마트폰을 이용한 신속한 처리 방안을 도입하였다.

중국의 식량 수급 상황은 중국 정부의 발표만큼은 안정적이지 않은 것 같다. 중국 정부와 시진핑이 지속적으로 식량 안보를 강조하는 것은, 중국이 아직도 식량 안보를 달성하지 못했다는 것을 시사한다. 비록 팬데믹 기간이라는 특수한 상황이지만, 광둥성에서는 식량 자급률이 30% 미만으로 급감하여 비상 상황이 발생한 적도 있다. 또한, 중국의 농업 생산량의 증가 속도는 계속 증가하는 식량 수요를 만족시키기에는 부족하다. 세계에서 가장 많은 식량을 수입하는 나라인 중국은, 비록 인구가 많지만 경작 가능한 토지가 부족하여 인당 식량 수입액이 상대적으로 낮다. 이는 중국이 여전히 식량을 대외적으로 크게 의존하고 있다는 것을 의미한다.

향후 식량 공급망과 한국

식량이나 에너지와 같은 전략 자원의 경우, 공급과 수요의 상황은 크게 변동하지 않는 편이며, 주로 공급 과정에서의 변동이 중요한 문제가 된다. 우크라이나에서 식량을 공급받던 국가들은 갑작스러운 변화에 놀란 셈이며, 새로운 식량 공급원을 찾기 어렵다. 이미 다른 공급 국가와 중장기적으로 안정된 협약을 맺고 있기 때문이다. 더구나, 이러한 수요국이 필요한 식량을 다른 국가에 양보할

전략 자원의 공급망 리스크가 밀려온다

가능성은 거의 없을 것이다.

　만약 양안 전쟁이 발생하면, 미국이 중국에 공급하던 농산물과 육류는 서방 시장으로 방향을 틀 것이기 때문에, 한국이 크게 걱정할 부분은 아닐 것이다. **그러나 우리가 주로 중국으로부터 수입하던 김치를 포함한 채소류, 과일류 등의 공급이 요동칠 것이다. 무엇보다도 수산물의 공급이 대폭 감소할 것이다.** 만일의 상황이 닥치면 우리의 식탁에서 김치를 찾아보기 어려워질지도 모른다. 이러한 상황은 대한민국의 생활비를 크게 올려 놓을 가능성이 높다.

미국과 중국의
반도체 공급망 전쟁

    STMicroelectronics 싱가포르 법인에서 근무하는 이봉렬 씨는 오마이뉴스의 기자로도 활동하고 있다. 그는 미국의 반도체 수입 시장에서 TSMC를 대표로 하는 타이완이 1위, 삼성을 대표로 하는 대한민국이 3위인 것에 주목하면서 2위인 말레이시아의 존재를 강조했다(세상에! 말레이시아가 2위라는 사실을 필자는 전혀 몰랐다.).[69] 또한, 말레이시아의 반도체 산업에서 핵심은 웨이퍼 팹 제조가 아닌, 팹에서 생성된 웨이퍼의 테스트와 조립인 후공정이라고도 설명하였다.

    필자와 같은 엔지니어의 세계에서는 박사와 같은 고학력자보다는 현장 경험이 풍부한 사람이 더 존경받는다. 이봉렬 씨의 설명은 주로 언론에서 제공되는 표면적인 정보만을 받아들이는 필자의 선입견을 깨뜨렸으며, 깊은 인상을 남겼다.

필자에게는 상하이의 한 중국 반도체 설계 회사에서 근무하는 지인이 있다. 그 지인에 따르면, 대한민국에서 중국의 반도체 기업들이 많이 도산하며 그로 인해 중국의 반도체 산업에 문제가 있어 보인다는 보도는 사실과 다르다고 한다. 해당 지인의 회사는 주로 자동차 센서 반도체 회로를 설계하는데, 그가 관찰한 바로는 최근 몇 년간 중국 반도체 기업들이 서방, 특히 한국의 반도체를 점차 대체하고 있다는 것이다.

이런 사례들을 보면, 필자처럼 일반적으로 접근할 수 있는 정보나 피상적인 자료만으로 분석을 진행하면 쉽게 왜곡된 판단을 할 위험이 있음을 느낄 수 있다. 특히 반도체 분야는 우리나라에서도 많은 이들이 큰 관심이 있어, 왜곡된 정보가 확산될 경우의 위험이 크다. 그런데도 필자는 엔지니어로서의 기본적인 자세를 잊지 않고, 중국의 반도체 공급망을 가능한 한 객관적으로 살펴보고자 한다.

반도체를 지나치게 국내 기업 중심으로 보는, 대한민국

필자가 서론을 길게 다루는 이유는, 반도체에 대해 이야기할 때 대다수의 한국 사람들이 '삼성'과 'SK 하이닉스'를 가장 먼저 떠올린다는 점 때문이다. 그러나 필자의 관점에서, 삼성과 SK 하이닉스는 반도체 분야에서 주요한 플레이어가 아니다.

중국은 미중 기술 전쟁의 본질을 이렇게 이해하고 있다. 미국이 첨단 기술 분야에서 중국의 혁신 능력을 제한하려 하며, 이를 통해 중국의 첨단 기술 공급망 추진을 억제하고, 중국의 기술 개발의 범위와 속도를 제한하여 주요 기술 분야에서 미국의 경제적, 군사적 우위를 유지하려는 것이다.[70] 따라서 미중 반도체 기술 디커플링은 본질적으로 미중 간 전략 게임의 초점이 되었다.

미중 무역 전쟁이 시작된 이후, 미국은 중국의 반도체 발전을 제한하기 위한 다양한 조치를 계속해서 취하고 있다. 이런 조치들은 이 분쟁이 종결될 때까지 지속될 것으로 예상된다. 미국의 제재는 중국의 반도체 기업에 대한 엔티티 리스트에서 시작되었다. 현재 대략적인 맥락으로 보면, 일정 수준의 정밀도를 가진 기술, 설비, 재료, 부품은 공급할 수 있지만, 그 이상의 고도의 정밀도를 요하는 기술과 제품의 공급은 금지되어 있다.

실제로 이런 조치는 중국에 진출한 수많은 미국 기업에 당장의 큰 타격을 주지 않으면서, 장기적으로는 중국의 경쟁력을 약화시킬 것으로 보인다. 중국은 미국의 제재에 대응해 '거국 체제'로 반도체 기술 개발에 힘쓰고 있다. 비록 아직 초기 단계지만 중국은 어느 정도의 성과를 내고 있다. 그렇지만 첨단 반도체 기술의 난이도를 고려하면, 중국이 서방과 동등한 수준의 자체 반도체 공급망을 구축할 가능성은 낮아 보인다.

2021년 초, 전 세계 반도체 장비 및 장치 제조 업계의 대표인 SEMI는 바이든 행정부에 트럼프 행정부의 수출 통제 정책을 재검토해 달라고 요청했다. 당시의 러먼도 미 상무장관 지명자에게, 중국에 대한 반도체 기술 제재 시 동맹국들과 협력할 것을 촉구했다.[71] 당시 미국 정부는 아무런 반응을 보이지 않으나 중국에 대한 레버리지로 동맹국을 활용하는 것은 바이든 행정부의 전략이었다. 따라서, SEMI의 요청이 없이도 이런 방향으로 행동했을 가능성이 크다.

2021년 1월, 중국 내에서는 반도체 공급 부족 현상이 나타났다. 이에 따라 2021년 2월 중국 정부는 주요 글로벌 반도체 기업들을 모아 1월 중국 자동차 생산량이 전년 12월 대비 15.9% 감소한 점을 언급하며, 자동차용 반도체 공급 확대를 요청했다.[72] 미국도 반도체 부족 문제를 겪어 바이든 대통령은 이 문제를 해결하기 위해 지시를 내렸다.[73] 그와 관련하여 바이든의 최고 경제 고문 브라이언 디즈Brian Deese는 타이완 정부에 도움을 청하였다. 중국 정부는 더 나아가 59개의 주요 반도체 업체와 관련된 568개 제품 그리고 자동차 업체들의 제품 수요 정보 1천 개를 포함한 핸드북을 작성하여 반도체 업계에 제공하였다.[74]

바이든 행정부의 반도체 제재

이 시점에서 바이든의 전략이 트럼프의 일방적인 디커플링과는 다르다는 것이 드러났다. 바이든의 대중 전략이 이제는 널리 알려진 '작은 마당, 높은 울타리' 전략이라는 것이 인식되기 시작한 것이다. 트럼프의 무차별 초토화 전술을 채택하는 대신 어떤 기술이 미국의 국익에 핵심인지 정확히 정의하고 좋게 말해 중국의 영향력으로부터 보호하기 위한 조치이며, 나쁘게 말해 중국을 공격해 나가는 것이었다.

바이든은 선거전에서 미국이 위기 상황에서 중요한 제품이 부족하지 않도록 조치를 취하겠다고 약속했다. 그는 에너지, 반도체, '핵심 전자 제품', 통신 인프라 및 '핵심 원자재'를 포함한 분야에서 '더 강하고 탄력적인 국내 공급망'을 강조했다.[75] 미국 공급망 재건을 위한 방법으로 미 국가안보회의NSC는 '한국, 일본, 타이완과 같은 국가들이 미국에서 반도체 제조를 다시 하도록 하겠다.'라고 했다.[76] 반면 중국에는 앞으로 반도체 분야에서 미국을 추월하지 못하도록 칩 제조 기술에 대한 '초크 포인트'를 강화할 것을 의회에 권고했다.[77] 초크 포인트는 중국 쪽에 차보즈擦脖子, 목을 조른다는 말로 풀이 되어 사용되고 있다.

3월이 되자 바이든 행정부는 '기술 민주주의'라는 용어를 도입하며 '기술 독재 국가'에 대항해야 한다는 입장을 분명히 했다. G7을 중심으로 기술별, 분야별 컨소시엄을 구성하는 '모듈러 전략'을 제시하며 'Democracy 10' 또는 'Tech 10'을 구성한다는 말들이 흘러나왔다.[78] 그러니까 특정 기술을 주도하고 있는 동맹 국가들, 예를 들면 한국, 일본, 타이완 등에게 중국으로의 기술 제공을 제한하고 미국 내에서 제조하도록 유도하는 아이디어가 이 시기에 제시되었다.[79]

이러한 분위기 속에서 인텔은 TSMC의 주요 고객인 애플과 퀄컴을 유치하기 위해 애리조나에 약 200억 달러를 투자하여 공장 건설을 계획하겠다고 발표했다.[80] 새로운 미국 정부의 국산화 정책 방향을 고려할 때, 미국 기업인 인텔에는 이로운 기회가 될 수 있었다. 특히 애플과 퀄컴 같은 미국 대기업들이 외국 기업이 아닌 미국 기업과의 계약을 선호할 것이라는 예상이 있었다. 게다가 발표는 '계획'일 뿐, 실제 투자 결정은 진행 상황을 고려하여 이루어질 것이다.

깜짝 놀란 것은 애플과 퀄컴의 반도체를 제조하던 TSMC였다. TSMC는 이에 대응하여 앞으로 3년간 1천억 달러를 투자해 반도체 생산 능력을 확대하겠다고 발표했다. 인텔의 도전에 TSMC는 당황했을까? 타이완의 민족 기업 TSMC는 타이완 내 5만 명의 직원들에게 고정 임금을 20% 인상하고, 역대 최다인 9천 명의 신규 인력을 고용하면서 인력난 대비에 들어갔다.[81] 아마도 인텔과 다른 미국 기업들 그리고 중국 기업들로부터의 스카우트를 대비했을 것이다.

미국은 반도체 기술의 상대적 우위를 바탕으로 생산은 아웃소싱에 의존하면서 비용 절감을 통한 생산성 향상을 추구했다. 2021년 4월, 미국 반도체산업협회SIA와 보스턴컨설팅그룹BCG의 분석에 따르면 세계 반도체 생산 능력의 75%와 주요 원료 공급이 중국과 동아시아에 집중되어 있어 지정학적 위험에 노출될 수 있다.[82] 2019년 기준 국가별 반도체 웨이퍼 생산 능력에서는 타이완, 한국, 일본, 중국, 싱가포르 등 아시아 국가들이 75%를 차지하며, 미국은 13%에 불과하다. 이는 미국이 반도체의 글로벌 공급망에서 취약한 위치에 있다는 것을 의미한다.

이런 상황에서 미국의 반도체 기업들은 일제히 중국의 반도체 발전을 제약하고 미국의 반도체 산업 지원을 미 정부에 강력히 요청했다. 미 정부 역시 국내 반도체 공급망의 중요성을 인식하였다. F-35와 같은 미국 첨단 무기에는 TSMC에서 제조하는 반도체를 채택하고 있었고 미국은 TSMC가 필히 미국 영토 안에서 제조를 해야 한다고 보았다.[83]

중국의 반도체 제재 대응

중국 정부는 이 상황에 대응할 수밖에 없었다. 그들은 미국의 기업을 대체하고, 인텔 및 타이완 반도체 기업과 경쟁할 수 있는 중국의 반도체 기업을 국가 전략으로 성장시키려고 했다. 이를 위해 국가 핵 능력에 준하는 우선순위를 반도체 발전에 부여했다.[84] 이로써 반도체는 중국 내에서 핵과 동등한 중요성을 갖게 되었으며, 중국이 이 분야를 얼마나 중요하게 여기는지를 잘 보여 준다.

2021년 4월, SMIC가 미 증시에서 제외되었다는 소식[85]과 거의 동시에, 트럼프에 의해 블랙리스트에 오른 중국 통신 기업 ZTE가 7나노 기술에 성공했으며, 5나노 기술 개발도 시험 단계에 접어들었다는 뉴스가 전해졌다. 더욱이, 그들의 기술에는 EUV가 필요 없어, 미국의 기술 도움 없이 중국만의 기술로 제조할 수 있다는 주장이었다.[xxvii]

이러한 놀라운 뉴스에 대해 타이완의 매체들은 이러한 발표를

....
xxvii 해당 뉴스는 지금은 삭제되었다.

실험실 레벨의 성공으로 보고, 실제 상용화까지는 많은 시간이 소요될 것이라고 분석했다. 하지만, 그런 주장은 상식적으로 어려운 것으로 여겨졌다. 이 사건은 당시의 중국 사회 분위기를 반영한다. 미국의 제재에 분노하고 동시에 위대한 중국이 못 해 낼 리가 없다는 '국뽕'이었던 것이고, 그렇지 않다고 해도 중국의 기술 격차를 인정할 수 있는 사회적 분위기가 아니었던 것이다.

실제로 인상적이었던 것은 SMIC의 태도였다. SMIC는 미국과 중국 정부의 동향에 무반응을 유지했으며, 그들이 입을 연 것은 반도체 부족을 경고하기 위해서였다. 일부 고객들이 사재기를 시작함으로써 이미 원활하지 않은 반도체 공급 상황이 더욱 악화되고 있다고 전했다. 타이완에는 TSMC와 같은 훌륭한 기업이 있듯이, 중국에는 SMIC라는 값진 자산이 있다.

이런 상황은 미국의 반도체 제재로 인한 중국 전역의 분노와 위기감은 매우 높았다. 그 결과, 반도체 기술 개발에 성공하는 기업이나 연구자는 민족의 영웅으로 추앙될 것이라는 기대가 형성되었다. 필자 주변의 중국 친구들도 반도체 분야의 사업 기회를 찾아 고민하였다. 많은 젊은 엔지니어들은 반도체 기술 개발을 위해 최선의 노력을 기울이기로 결심했다. 이러한 현장의 분위기는 대한민국 국민에게는 이해하기 어려울 수 있었다. 이후 다양한 중국 기업들이 반도체 개발에 힘을 싣기 시작했다. 특히 틱톡으로 막대한 자본을 확보한 바이트댄스도 2021년 3월 반도체 사업 진입을 선언하였다.[86] 클라우드 기반 AI 칩과 ARM 기반의 서버 칩을 자체 개발할 것이라고 했다. SMIC는 선전시 정부와의 23억 5천만 달러 규모의 공동 투자 프로젝트를 진행하기로 했다. 이 프로젝트는 월 4만 장의 12인치 웨이퍼 생산을 목표로 하여, 주로 28나노 이상의 반도체와 관련 기술 서비스를 중점적으로 개발하겠다는 방침이었다. 중국 정부 주도로 조용히 설립된 여러 반도체 기술 개발 기업들도 존재했다.[xxviii]

그리고 필자가 생각할 때 매우 중요한 사건이 일어났다. 칭화대학이 학교 설립 110주년을 맞이하여 칭화 반도체 학원[xxix]을 설립한 것이다.[87] 교수진도 겸임, 복직 등 탄력적인 채용을 하고 기업들과 다각적인 사업을 전개할 것이라고 했다. 실제로 반도체 기술을 개발하고 교육할 기관인 것이다. 원장인 우화창吳华强 교수는 2000년 칭화대학 재료공학과를 졸업했고 2005년 코넬에서 공학박사를 받았으며 AMD, 스팬션Spansion[xxx]에서 반도체 관련 연구 개발을 한 반도체 전문가이다.

이후, 칭화대학의 선례를 따라 베이징 대학을 비롯한 중국 전국의 주요 대학들이 반도체 전문 학원을 설립하기 시작했다. 이는 반도체 기술 개발 붐의 시작이었다. 세계적인 대학에서 연구하던 한국인 교수들도 이 중국 대학의 프로젝트에 초청받아 참여하고 있다. 몇몇은 중국 대학에서 활동하는 한국인 교수들을 비판하지만, 필자는 전문가들이 연구와 취업의 기회를 제대로 얻지 못하고 우

---

xxviii 필자의 지인이 이런 비밀스러운 반도체 회사에 합류하여 이런 사실을 알게 되었다.

xxix 중국의 대학에서 '학원'은 특별 목적의 단과 대학을 의미한다. 한국의 경영대학원 같은 독립된 대학의 위상을 가진다.

xxx AMD와 후지쯔가 합작하여 미국에 설립한 반도체 회사.

전략 자원의 공급망 리스크가 밀려온다

리나라에서 노후를 고민해야 하는 상황이 더 큰 문제라고 보고 있다. 결국, 중국 대학들이 대규모로 반도체 교육 기관을 설립하는 것은 중국이 반도체 기술을 독자적으로 개발하려는 의지와 이를 장기적 과제로 본다는 것을 의미한다.

그리고 5월이 되자 중국의 일부 반도체 기업들이 특정 분야에서 성과를 보이기 시작했다. 이미지 센서 기업 웰韦尔股份은 순익 27억 위안으로 동비 대비 481.17% 증가했고 메모리 인터페이스 기업 MONTAGE澜起科技는 매출이 동비 대비 18.31% 증가했다. RF 기업 MAXSCEND卓胜微는 순익이 115.78% 상승했다.[88] 주류 반도체 분야는 아니지만, 이러한 니치 영역에서 성장하는 중국 기업들은 중국에 기쁜 성과의 시작으로 비춰졌다.

이 시점에서 세계는 한국의 입장을 주목하기 시작했다. 대선이 진행 중이었기 때문에, 윤석열 후보가 당선될 경우 중립을 지향하던 한국 정부의 반도체 미중 갈등에 대한 태도에 변화가 올 것으로 예상했다. 현재 윤석열 정부의 태도는 확실히 변화했다고 할 수 있다. 그러나 실제 정부가 하는 일에는 아무런 변화가 없었다. 한국 정부는 한결같이 '민간 기업이 결정할 문제'이며 '정부가 개입할 입장은 없다.'라는 입장이다.[89] 따라서 대한민국의 반도체 산업은 스스로 살아남아야 한다.

2021년 5월, TSMC는 28억 7천만 달러를 투자하여 장쑤성 난징 공장의 28나노급 생산 라인을 확대하기로 결정했다.[90] 이 결정은 미국을 비롯한 서방 국가들을 긴장하게 했다. 그러나 미국의 제재는 7나노급 이상을 대상으로 하므로, TSMC의 결정은 제재 범위밖에 있었다. 제재 대상이 아닌 결정에 대해 국가들이 이렇게 반응하는 것은 반도체 산업이 얼마나 정치화되고 백열화되었는지를 보여 주는 사례였다. 당시 중국의 SMIC는 좋은 판매 실적을 예상하며, 최고 경영자 자오하이쥔赵海军은 모든 제품의 재고가 부족하다고 언급할 정도로 반도체 시장 상황이 좋았다. 이는 전 세계적인 반도체 부족 탓이었고, TSMC의 생산 확대는 필연적인 선택이었다.

이렇게 반도체 생산량의 증가에 따라, 중요 부재료인 포토 레지스트의 공급 부족 문제가 발생하였다. 일본의 신에츠 화학은 급증하는 수요를 감당할 수 없었다. 포토 레지스트의 특성상 단기간 내에 생산 능력을 빠르게 확장하기는 어렵다. 이로 인해 일부 중소 팹들에 포토 레지스트 공급 차질이 생기기 시작했다. 놀라운 것은 중국 업체인 난다광전南大光电(淄博)有限公司, Nanda Optoelectronics이 중국 정부의 국산화 정책을 지원받아 25톤 ArF 포토 레지스트 생산 라인을 완성하였다는 것이다. 이 제품은 일본 제품과 성능이 동일하다고 알려져 있다.[91]

이때 일부에서는 반도체 수요 감소의 조짐을 보기 시작했다. 2021년 5월 중국의 휴대폰 출하량이 전년 대비 32% 감소하였다.[92] 그러나 이때만 해도 팬데믹이 진행 중이었고 특히 인도의 팬데믹 상황이 심각했기 때문에 일시적 현상인지 전면적 현상인지 판단하기가 어려웠다. 그 당시 트렌드포스는 글로벌 스마트폰 생산 성장률 예측을 9.4%에서 8.5%로 조정하였다.

반도체 분야가 미중 디커플링의 중심에 서게 되자, 2021년 1~5월 사이 중국의 164개 반도체 기업이 받은 외국 투자액은 2020년의 1,400억 위안에서 400억 위안으로 크게 줄었다. 2021년 6월, 바이든 행정부는 중국의 59개 기업을 블랙리스트에 추가하는 행정 명령에 서명했다.[93] 해당 기업들 중에는 차이나 텔레콤, 화웨이와 같은 통신 기업, CCTV 제조 기업인 Hikvision 그리고 반도체 기업 SMIC 등이 포함되었다.

하지만, 중국은 당하고만 있지 않았다. 중국 정부는 인텔이 54억 달러를 들여 추진한 이스라엘의 칩 제조 업체 고토 반도체 인수 계획을 사실상 무산시켰다.[94] 이에 대한 중국의 주장은 반독점법 위반이었다. 결과적으로 인텔은 3억 5,300만 달러의 해지 수수료를 부담하게 되었으며, 회사의 확장 전략이 좌절되었다.

글로벌 반도체 공급망 분리

이제 한편으로는 미국이 중국에 대한 제재를 진행하는 한편, 글로벌 반도체 부족의 현상은 계속하여 심화되었다. 세계 세 번째로 큰 전자 제조 업체인 플렉스Flex는 반도체 공급 예측이 불가능하다며 이를 포기하겠다고 발표하였다. 여러 제조 업체들은 선금을 지불하면서 반도체를 확보하기 시작했으며, 테슬라는 심지어 반도체 공장 인수를 고려하게 되었다.[95]

2021년 7월, 네덜란드 반도체 회사 넥스페리아Nexperia가 적자에 시달리고 있던 영국 최대 반도체 회사 뉴포트 웨이퍼 팹Newport

Wafer Fab, NWF을 인수했다. CNBC는 이 거래의 가치가 약 6,300만 파운드, 대략 8,700만 달러라고 보도하였다. 여기서 주목할 점은 넥스페리아가 이미 중국의 기업에 인수된 바 있어, 이로 인해 NWF도 중국의 소유가 되는 것이었다. 특히 그 직전 6월에 중국이 제3세대 반도체 전략[xxxi]을 발표한 후였기 때문에, 동력계 반도체 분야에서 중요한 역할을 하는 NWF가 중국에 인수된 것은 서방 국가들로서는 우려의 대상이었다. 많은 영국 정치인들은 NWF의 중국에 의한 인수를 반대하였고, 이 인수는 취소되었다.

그러고는 중국의 거대 반도체 기업 칭화즈광紫光集团의 어려운 상황이 드러나면서 중국의 반도체 업계의 문제점이 노출되었다. 2020년 말에는 칭화즈광의 36억 달러 규모의 채권이 디폴트되었고, 총 310억 달러 규모의 채권은 자산의 4배에 이르렀다. 중국 최고의 기술 기업으로 평가받던 칭화즈광은 사실 중국 정부의 정책 지원에 의존하면서 과도한 기업 인수와 무계획적인 기술 개발을 이어갔던 전형적인 권력 밀착형 국유 기업이었다. 칭화 그룹은 IBM PC 부문을 인수한 레노버와 함께 중국의 1세대 기술 기업으로 평가받았으나, 중국의 빠른 성장을 오로지 중국인의 능력으로만 생각한 중국 특유의 오만이 문제점으로 드러났다.

칭화즈광의 위기에 중국은 큰 충격을 받고 원인을 파악하기 위한 조사에 착수했다. 이 과정에서 중국 반도체中芯国际 회장인 딩원우丁文武, 자금을 운용하던 루쥔路军[xxxii], 감사였던 두양杜洋, 투자3부 부총

---

xxxi 제3세대 반도체에 대해서는 뒤에 별도로 다룬다.
xxxii 루쥔은 1년여의 조사 끝에 2023년 3월 기소되었다.

전략 자원의 공급망 리스크가 밀려온다

경리 양정판杨征帆, 투자2부 총경리 류양刘洋 등이 부패 및 국가에 손실을 끼친 중범죄 혐의로 체포되었다. 그리고 칭화즈광의 회장 등도 당국에 구금되었다.[96] 이 회사는 중국 국가개발은행国家开发银行이 마련한 국가금융国开金融을 통해 200억 달러 이상의 자금을 조성한 중국 국가반도체펀드中国国家积体电路产业投资基金를 운용해 왔었다.

이 사건은 미국과의 대립을 배경으로 국가의 미래에 대해 우려하던 많은 중국인들의 분노를 촉발시켰다. 또한, 이 사건은 국가의 위기 상황에서 개인의 이익을 추구하는 사람들에게 경고의 메시지로 작용했다. 이제 중국 내에서 반도체 기술 개발을 추진하려면 실패에 따른 무거운 책임도 수반될 수 있다는 것을 인식해야 했다.

더욱이 중국이 ASML로부터 EUV 장비 구매를 희망하던 상황에서 미국이 이를 금지하였다.[97] 2020년만 해도 중국의 네덜란드 대사가 ASML에 중국으로의 장비 판매를 허용하지 않을 경우 양국 간의 무역 관계가 손상될 것이라고 경고하였다. 그러나 이런 강압적인 접근이 항상 통한다고 생각한다면 중국은 착각한 것이다.

스가 요시히데 총리는 2021년 8월 '타이완의 위기 상황 시 오키나와를 지켜야 한다.'라고 밝히며, 중국에 의존하지 않는 공급망을 구축해 반도체를 안정적으로 확보하기 위한 일본 기업의 노력이 필요하다고 강조했다. 그러나 중국과의 경제적 연결을 완전히 끊을 생각은 없다고도 덧붙였다.[98] 스가 총리의 이러한 발언은 안보 정보에 밝은 일본이 중국과의 군사적 대립 가능성과 안정적인 공급망의 중요성을 고려하여 한 것으로 해석될 수 있다. 그런데도, 당시에는 이 발언의 심층적인 의미를 깊게 파악한 사람은 많지 않았다.

한편, 국유 기업과는 달리 중국의 민영 대기업에서는 성과를 거두기 시작했다. 바이두가 2세대 AI 반도체 쿤룬昆仑의 양산에 돌입했다고 발표한 것이다. 7나노 공정 기술을 사용하는 이 2세대 쿤룬 AI 칩은 1세대의 2~3배에 달하는 연산 능력을 달성했다고 발표했다.[99]

9월에 들어서자 TSMC는 7나노 이상 공정에 대한 신규 수주 가격을 20% 인상하겠다고 밝혔으며, 7나노 이하 공정에 대해서는 79% 인상할 계획이라고 고객들에게 통보했다.[100] 이로 인해 TSMC가 전 세계 하이테크 산업의 핵심적인 위치에 있다는 사실을 모두가 명확하게 인식하게 되었다.

2021년 9월 23일, 러먼도 미국 상무장관과 국가경제위원회National Economic Council의 브라이언 디즈Brian Deese는 반도체 공급망 제조 업체와 자동차 제조 업체를 소집하여 모든 공급망 참가자에게 45일 이내에 관련 재고, 수요 및 배송 정보를 공유하도록 요청했다.[101] 여기서 반도체 제조 업체와 중간 구매자 그리고 최종 제조 기업의 정보를 분리하여 요구함으로써, 반도체와 자동차 업계의 정보를 별개로 파악하려고 했다. 이러한 조치는 2021년 3월 르네사스의 자동차용 반도체 공장 화재로 인한 차량용 반도체 공급 문제에 대응하기 위한 것이었다.

이 요구에서 미 상무부는 글로벌 반도체 기업들을 불러 매우 이례적으로 영업 비밀에 해당되는 정보를 포함하여 반도체의 수율, 재고량, 협력 기업, 고객 등 구체적인 정보를 요구하였다. 굳이 이 업계에서 일하지 않더라도 반도체 업계에서 가장 큰 비밀이 수율이라는 것은 많은 사람들이 알고 있다. 그러나 미국 정부는 이러한 예민한 정보를 요구한 데다가 러먼도 장관은 만일 정보 제공에 응하지 않는다면 '도구 상자'에서 필요한 수단을 꺼낼 수도 있다고 하였다. 한마디로 위협을 한 것이다. 중국 시나망은 미 상무부장이 말한 도구 상자는 아마도 국방 물자 생산법Defense Production Act[xxxiii]일 것으로 추정했다.[102]

아무튼 반도체 부족 현상은 지속되어 갔다. 혼다의 경우 반도체 수급이 제대로 되지 않고 우한의 공장이 정상 가동되지 않아 2021년 8월에는 판매가 38%나 감소했다.[103] 같은 시기 닛산은 10.6%, 마츠다는 27.7%나 감소했다.[104] 이들은 공장 문제는 없었으므로 이들 일본 자동차들의 판매 부진의 가장 결정적 요인은 반도체 부족이었을 것이다.

이어서 2021년 10월, 미 상무부는 반도체 조기 경보 시스템의 가동을 발표하며[105] 코로나로 인한 반도체 공급망의 문제점들에 대한 정보를 반도체 관련 기업들에게 '자발적으로' 제공하라고 요청했다. 이러한 요청은 전 세계적으로 큰 반발을 일으켰다. 당시의 반도체 수급 문제 해결을 위한 순수한 의도로 보이지 않았기 때문이다. 특히 미중 간의 긴장된 정치적 관계를 배경으로, 미국이 상대적으로 뒤떨어지고 있던 반도체 산업에서 자국 기업의 이익을 우선시하려는 의도로 해석되었다. 일부 중국 매체들은 미국이 이러한

---

xxxiii 미국은 최근에도 이 법을 동원하여 코로나 사태로 부족해진 마스크와 의료 물자에 대해 조치를 취했다. 국방 물자 생산법이 적용되면 정부는 기업으로 하여금 자원을 보류하여 정부 우선순위의 오더부터 생산하라는 우선 생산 요청(Set-aside), 특정 제품의 생산 또는 중지를 명령하는 지시(Directive), 기업의 특정 재료, 서비스, 설비 등에 대한 설명과 사용 허가를 요구하는 우선 할당 요구(Allotment) 등을 할 수 있다. 그리고 국방 물자 생산법은 반독점법에 우선한다. 이는 전시 동원 체계라고 볼 수 있다.

정보를 활용해 미국의 반도체 업체를 지원하려고 한다는 주장도 제기했다.

러먼도 장관은 후에 니시무라 야스토시西村 일본 경제산업상과 통화하여 중국에 대한 전략을 공유하며 동맹국으로서의 협력을 요청했다.[106] 기업들에는 선택의 여지가 별로 없었던 상황이었다. 예를 들면, TSMC는 미국 당국에 주요 고객 목록, 재고, 수익 지분 등의 정보를 제출했다.[107] 관련 기업들은 민감한 고객 정보를 하지 않겠다며 선을 그었으나, 주요 제조사와 중국 고객의 정보를 통해 중국의 반도체 개발 상황이 미국 정부에 공개될 것으로 예상했다.

이즈음 미국 정부는 일본에 이어 유럽과 대중 제재 협력을 논의하고 있었다. 이는 잠재적으로 적대적인 외국인 투자, 특히 중국의 투자를 선별하기 위한 협력 구조를 구축하기 위한 것이었다. 주요 대상으로는 수출 통제, AI, 반도체 등이 포함되었다.[108] 이로 인해 유럽이 중국에 고정밀 반도체 설비를 수출하는 것이 사실상 불가능해졌고, 뜻하지 않게 SK하이닉스는 주문했던 ASML의 EUV를 인도받지 못하는 상황에 처했다. 여러 애널리스트들은 SK하이닉스가 2024년까지 EUV 장비를 설치해야 한다고 지적했다.[109]

2022년 10월, 미국 상무부 BIS는 첨단 컴퓨팅 집적 회로, 모든 유형의 반도체 제조 장비, 중국에서 개발 및 생산되는 슈퍼컴퓨터 등에 대한 새로운 수출 통제 규정을 발표했다. 이 중에서도 18나노미터 이하의 D램 칩, 128단 이상의 낸드플래시 메모리 칩, 14나노미터 이하의 핀펫 공정 로직 칩 생산 도구의 중국 내 판매가 금지되었다. 이러한 조치는 중국 반도체 산업에 큰 타격을 줬다.

중국 상무부는 이에 대응하여 WTO 분쟁해결기구에 미국의 반도체 제재를 제소했다.[110] 중국은 미국이 보호무역주의적인 방식으로 중국에 대한 반도체 제품 수출을 제한하고 있다고 주장했다. WTO에서 중국의 주장에 일정한 지지를 받을 가능성이 있었지만, 미국이 그 결과를 수용하게 될 가능성은 낮았다.

2023년 1월, 람 이매뉴얼Rahm Emanuel 주일 미국 대사는 미국이 중국에 대한 반도체 수출을 제한하기 위해 일본, 네덜란드, 한국과 협의 중이며, 모든 당사자의 동의가 필요하다고 밝혔다.[111] 미국은 이 세 국가로부터 중국 수출에 대한 보다 엄격한 조치에 대한 지지를 바라고 있었다.

이에 대해 일본과 네덜란드는 중국에 대한 첨단 반도체 기계 접근을 제한하며, 중국의 반도체 업계에 대한 야망을 제한하기 위한 강력한 협력 의지를 표현했다.[112] 네덜란드는 ASML의 일부 심자외선 리소그래피 기계EUV 중 일부의 판매를 제한할 방침이며, 일본도 니콘에 유사한 제한을 도입할 계획이었다.

일본 정부는 불과 두 달 후인 3월 반도체 제조 장비 무역에 관한 규칙을 발표했다.[113] 이는 반도체 제조에서 필요한 6개 분야 23개 항목을 포함하며, 중국을 비롯한 지정되지 않은 국가로의 수출 시 일본 경제산업성의 허가가 필요하다는 내용이었다. 실제로 미국의 제한 조치보다 일본의 이 조치가 중국에 더 큰 타격을 줄 수 있었다. 이는 미국의 제한이 첨단 반도체 기술을 대상으로 했다면, 일본의 조치는 28나노급 레거시 반도체를 포함한 보편적으로 사용되는 반도체 생산 전반을 타깃으로 했기 때문이다. 미국의 조치가 중국의 반도체 미래를 제한했다면, 일본의 조치는 중국 반도체의 현재를 제재하는 것이었다.

당연히 중국 반도체 업계는 일본의 핵심 칩 제조 장비 수출 제한이 너무 광범위해 자동차에서 세탁기에 이르기까지 다양한 제품 생산에 사용되는 중국 내 중저가 칩 생산에 영향을 미칠 수 있다고 우려하고 있다.[114] 900개 기업을 대표하는 중국 반도체 산업 협회 CSIA는 일본이 수출을 제한할 수 있는 장비의 범위가 너무 광범위하다며 공급망에 영향을 미칠 수 있다고 경고했다.

중국 상무부 왕원타오 상무부 부장이 성명을 내고 일본의 반도체 수출 규제를 중단할 것을 촉구한 것은 당연한 일이었다. 중국 상무부는 성명에서 중국은 '주요 경제 및 무역 분야에서 실질적인 협력을 촉진하기 위해 일본과 협력할 의향이 있다.'라고 말했다.[115] 중국의 언론 보도를 매일 확인하는 필자로서는 이 성명에서 중국 정부가 굴욕감을 자제하려 노력한 것이 분명하게 보인다.

결과적으로, 미국 정부의 중국에 대한 반도체 기술 제재는 주로 세 가지 주요 포인트에 집중하고 있다. 첫째, 엔비디아의 A100 및 H100과 같은 고성능 컴퓨팅에 사용되는 고급 반도체 제품 공급을 제한하고 있다. 둘째, 14나노 이상의 공정을 사용하는 반도체 제조 장비와 18나노 이상의 DRAM 및 128단 3D NAND 제조 장비의 공급을 제한하고 있다. 셋째, 3나노 이상의 공정을 대상으로 하는 EDA 도구의 사용을 제한하고 있다.[116]

한국 정부는 미국의 요청과 압박에 대해 명확한 반응을 보이지 않고 있다. 이는 반도체뿐만 아니라 윤석열 정부가 이제까지 디커플링 관련해서 이렇다 할 공식 입장, 분석이나 정책을 발표한 것이 하나도 없다는 것이 정확한 표현일 것이다.

미국의 제재는 계속되고 있다. 미 국가정보국DNI은 2023년 3월, 시진핑 주석이 앞으로 몇 년 동안 타이완을 지속적으로 압박하며 통일을 추진할 것이라는 내용의 연례 위협 평가 보고서를 의회에 제출했다.[117] 이 보고서에 따르면 베이징은 경제, 기술, 외교의 수단을 이용하여 군사력을 강화하고, 중국 공산당의 통치를 확고히 하며, 주권 영토 및 지역적 우위를 확보하고 세계적인 영향력을 추구할 것으로 예상된다. 더욱이 보고서에서는 중국이 타이완을 장악하게 되면 반도체 칩의 글로벌 공급망에 큰 타격을 줄 가능성이 있음을 보고서는 우려했다. 이는 미국이 앞으로도 중국에 대한 반도체 제재와 압박을 강화할 것이라는 메시지를 전하고 있다.

2023년 4월, 중국 외교부는 일본이 첨단 반도체 분야 23개 품목에 대한 수출 규제 강화를 발표한 것에 대하여 '중국의 이익을 심각하게 손상시키면 좌시하지 않고 단호하게 대응할 것'이라고 경고하며 대항 조치를 시사했다.[118] 중국은 또한, WTO 상품무역이사회에서 '미국, 일본, 네덜란드와의 칩 수출 제한 합의'에 대한 우려를 표명하였으며, 세 나라에 합의의 정확한 내용 및 존재 여부를 밝혀 달라고 요청했다.[119] 중국 대표는 WTO 상품 무역 이사회에서 해당 합의가 WTO 규정을 위반하고 있다는 것을 회원국들이 잘 알고 있을 것이라며, 그러므로 의도적으로 합의 내용을 공개하지 않는 것이라고 지적했다.

중국은 이제 더 이상 체면을 차릴 수 없었다. 중국의 국유 기업들은 국가 전략에 따라 외국산을 배제하고 국산 반도체 구매를 활발히 진행하였다. 국영 전기차 제조 업체인 GAC 광치 그룹은 자동차 생산에 필요한 천여 종의 반도체를 국내 공급 업체로부터 구매하는 것을 궁극적인 목표로 설정했다고 밝혔다. 광치 자동차广汽集团, GAC는 자사 칩의 90%를 해외에서 구매하고 있었다. 중국은 이제 외국 반도체에 의존할 수 없을 뿐만 아니라, 외국 반도체의 리스크를 감당하기 어렵다고 판단하였다.

중국의 반도체 제재 대응

이제 시간을 되돌려 중국이 미국의 반도체 압박에 어떻게 대응했는지 중국의 시점에서 살펴보자. 2021년 말, 알리바바는 세 번째 자체 개발 칩인 '이텐倚天 710'을 오로지 내부 목적으로만 사용하겠다고 발표했다. 당시 중국의 주요 기술 기업들은 이미 반도체 기술 개발로 방향을 틀고 있었다. 2020년, 텐센트는 사진 및 비디오 처리용 칩 3종을 개발하기 위한 연구소를 설립하였고, 샤오미는 2021년 12월에 15억 위안의 등록 자본을 기반으로 상하이 홍지에 테크놀로지上海轩杰科技发展有限公司를 세웠다. 이런 사례들로 봤을 때, 중국의 주요 기술 기업들은 다양한 방식으로 반도체 개발 분야에 진출하고 있었다.

그런데 알리바바가 자신이 개발하고 TSMC가 제조한 반도체를 중국 영토 내에서만 사용하겠다고 결정한 것은 가장 반도체 기술 개발에 적극적이었던 민간 대기업의 전략 선회를 나타내는 것으로 매우 중요한 몇 가지를 시사한다.

만일 중국 기업이 자국 내에서만 그들의 기술을 사용한다면, 미국이 개입하는 권한이나 방법이 사라진다. 그러나 해당 시스템이 클라우드 서비스를 제공한다면, 그 기술은 결국 전 세계에 서비스로 제공될 수 있다. 이것은 미국의 제재를 회피하면서도 해외 서비스에 간접적으로 기술을 적용하는 방법 중 하나임을 의미한다.

세계 각국은 중국이 자국 시장을 침범하는 것에 대해 우려하지만, 대부분의 국가는 중국 시장이 가장 큰 대외 무역 시장이라는 점을 간과해서는 안 된다. 지금까지 외부와의 관계에서 격리된 환경에서 중국 환경에 최적화된 기술이 나와, 이럴 경우 다른 국가들의 기술이 중국 시장에서 경쟁하는 데 어려움을 겪을 수 있다.

향후 중국은 기술 표준 설정에서 세계 표준과는 다른 '중국 표준'을 채택할 수 있다. 현재의 차세대 인터넷 프로젝트와 같은 기술 프로젝트들은 이미 서방의 표준과는 다를 수 있다는 것을 암시하고 있다. 만약 이런 추세가 지속된다면, 해외 기업들은 중국 시장에 진출하는 데 큰 어려움을 겪을 것이다. 필자는, 만약 중국의 반도체 기술 개발이 장애물에 부딪힌다면, 이런 전략을 선택할 가능성이 크다고 본다.

중국은 서방의 제재를 회피하는 방법을 찾아 절치부심하고 있다. 예를 들어 화웨이, 바이두, 알리바바는 소형 반도체 모듈에 결합 방식을 사용하여 최첨단 신경망 반도체를 만들기 시작했다.[120] 중국 기업들은 서로 다른 유형의 반도체 모듈을 결합하는 방식으로 제재를 피하기 시작했다. 결과적으로 일부 혁신적인 솔루션은 유망한 결과를 보여 중국이 미국의 제한을 당분간 견딜 수 있음을 시사한다. 이런 중국 기술 업체들의 자체 칩 개발이 증가하면서 기존 외국 반도체 업체들의 매출은 감소하는 추세다.[121] 하지만, 제조 기술이 중국에 없다 보니 중국 기술 기업들의 TSMC 의존은 심화되고 있다.

2022년 1월 당시 러먼도 미 상무부 장관이 미국 제조 업체들이 보유한 반도체 재고가 5일분 수준으로 떨어졌다고 경고[122]한 것은 미국의 공급망 모니터링이 동작하고 있다는 것을 의미한다.

우리나라의 산업연구원은 이런 상황이 단기적으로는 한국에 긍정적인 영향을, 그러나 장기적으로는 부정적인 영향을 미칠 것으로 분석하였다.[123] 서방 국가들이 국가적 리소스를 동원하여 반도체 제조 역량을 강화할 경우, 상대적으로 한국 기업들의 위치가 약화될 가능성이 있다는 점이 그 이유다. 또한, 미국이 중국을 견제하기 위한 다양한 조치에 한국이 기술 동맹국으로서 공식적으로 참여하게 되면, 중국의 포괄적인 경제 보복으로 인해 우리 기업의 메모리 반도체 판로 등에 큰 타격을 받을 것이라는 우려가 제기되었다. 산업연구원의 이러한 예측은 실제로 현실이 되고 있으며, 이는 우리나라의 싱크탱크가 제대로 기능하고 있음에도 불구하고, 정부 대응이 부족하다는 것을 시사한다.

2022년 2월, 중국의 SMIC는 디커플링에 따른 반도체 부족 현상에 대해 다시 경고하였다.[124] SMIC의 고객들이 반도체 수입이 파편화되면서 중국 내에서 더 많은 물량을 확보하려는 움직임 때문이었다. SMIC는 현재 요구되는 생산 능력이 자사의 실제 생산 능력의 10배라고 밝히며, 특히 28~40나노 레거시 제품에 대한 수요가 크게 증가하고 있다고 전했다. 해당 시기에 중국의 일부 도시는 팬데믹으로 인한 봉쇄 조치를 받고 있었다. 하지만, 상하이시는 화이트 리스트를 발표하여 SMIC 12인치 웨이퍼 파운드리 생산 라인, 거커 반도체格科半導體 라인, 허후이和輝光電 6세대 OLED 생산 라인 확장, 푸동 국제 공항의 3기 프로젝트 등에 대해서는 특별 조업을 허가했다.[125] 한국 정부와는 달리 중국 정부는 효과의 유무를 떠나 어떤 방식으로든 대응하는 것이다.

2022년 5월에는 중국 중앙 정부가 중앙 정부 기관 및 국영 기업에 2년 이내로 외국 브랜드 PC를 중국 제품으로 교체하도록 지시하였다.[126] 이러한 조치는 중국이 미국의 제재에 대해 전면적으로 대비하고 있다는 것을 시사하였다. 지난 20년 동안 중국은 미국의 윈도우 OS를 대체하려는 시도를 해왔으나 성공하지 못하였고, 이번에는 윈도우를 리눅스로 교체하도록 장려하겠다는 계획을 발표하였다.

중국의 대응과 관계없이 바이든 대통령은 8월에 CHIPS법에 서명하며 미국 내 반도체 공급망 확보를 위한 조치를 지속적으로 이어갔다. 이에 따라 한국 기업들이 결정을 내려야 할 때가 왔다. 투자은행 나티시스의 게리 응Gary Ng은 '삼성과 SK하이닉스가 미국의 자금 지원을 활용한다면 중국에서의 확장에 영향을 미칠 것이 거의 확실하다.'라고 말했다. 타이완경제연구소Taiwan Institute of Economic Research의 아리사 리우Arisa Liu 선임 반도체 연구원은 '타이완과 비교할 때 한국은 2012년 이후 삼성의 중국 투자액이 258억 달러에 달했기 때문에 더 큰 압박을 받고 있다.'라고 지적했다.

이에 대한 한국 윤석열 대통령의 입장은 '관련 정부 기관에서 국익을 보호하는 방향으로 문제를 연구하고 논의할 것이니 너무 크게 걱정할 필요가 없다.'였다.[127] 이러한 인식은 실로 놀라울 수밖에 없었다. 특별한 대책이 없음에도 불구하고 걱정하지 말라는 것이니!

반도체 업계는 8월 수급 불균형의 타격을 받아 많은 칩의 가격이 급격히 하락했다. 일부 칩의 경우 가격이 90%까지 떨어졌다. 특히, 휴대폰과 가전제품용 칩의 가격 하락으로 퀄컴은 주문량을 줄였고 삼성전자도 재고를 정리하기 시작했다. STMicroelectronics 칩의 가격은 2021년에는 개당 약 3,500위안이었지만, 2022년에는 600위안으로 폭락, 약 80%의 하락률을 보였다. 또한, LED 분야에서는 발광 반도체 가격이 전년 대비 약 20~30% 하락했으며, 드라이버 반도체는 약 40% 하락했다. 이러한 추세는 반도체의 수요 감소가 시작된 것을 의미한다.

미국 상무부 BIS는 8월, 첨단 반도체와 가스터빈 엔진 생산 지원 관련 4가지 기술의 수출 통제 강화를 결정했다.[128] 반도체 분야에서는 3나노 이상의 제조 공정을 위한 EDA 소프트웨어가 통제 대상이었다. 그러나 중국 분석가들은 중국의 반도체 수요가 아직 3나노에 도달하지 않았기 때문에 이 통제가 당장 큰 영향을 미치지 않을 것으로 예상했다.

그런데 미국이 제재하는 GAAFET 기술은 방위 및 통신 위성을 포함한 많은 상업용 및 군사 애플리케이션을 발전시킬 수 있는 3

전략 자원의 공급망 리스크가 밀려온다

나노 이하 칩의 설계에 필수적이라고 한다. 즉 첨단 군사 무기에는 3나노 기술이 필수적이므로 미국이 이를 선제적으로 제재한 것이다. 중국의 IT 전문가 홍스빈은 이에 대해 '미국은 중국이 칩 설계에서 5나노, 칩 제조에서 7나노에서 멈추기를 원하므로 고속 컴퓨팅 및 인공 지능 분야에서 중국의 성장이 둔화될 것'이라고 평가했다. 그는 외국 EDA 소프트웨어를 사용하여 5나노 칩을 설계하는 데 약 4천만 달러가 들지만, 외국 EDA를 사용할 수 없으면 최대 77억 달러가 들 것이라고 말했다. 그만큼 이 EDA 조치의 장기적 효과는 큰 것이었다.

그러나 중국의 일반 기업들은 첨단 반도체의 문제보다 저가형 칩의 수요 감소에 더 큰 어려움을 겪고 있다. 중국 기업들에는 미국의 첨단 반도체에 대한 제재보다 현재의 레거시 칩 수요 감소가 더 큰 걱정거리였다. 중국정보통신기술원China Academy of Information and Communications Technology에 따르면 2022년 상반기 중국 브랜드 스마트폰 생산량은 25% 감소했으며, 소비자 가전용 반도체 부품의 가격은 이전 고점 대비 최대 80%까지 하락했다.[129]

별다른 대책이 없던 한국 정부도 이제 상황이 급박해졌다. 한국 산업통상자원부의 데이터에 따르면, 2022년 8월에는 수출 대비 수입이 94억 7천만 달러 더 증가하여 사상 최대의 적자를 기록했다. 당시 적자의 원인으로는 세 가지 주요 요인이 지적되었는데, 첫째는 에너지 가격 상승, 둘째는 중국 수출 감소 그리고 셋째로는 반도체 시장의 침체였다.

이에 대해 중앙일보의 사설은 '한국은 미국과 중국을 모두 선택할 수 있다.'라고 제시했다. 그러나 **아시아 타임스는 이 문제의 해결은 앞으로 몇 달, 몇 년 동안 한국의 정책 입안자, 외교관 및 경영진의 판단을 시험할 것이라고 했다.**[130] 이는 산업 정책, 외교 정책 그리고 국가 전략을 종합적으로 설정해야 할 중요한 시점임을 의미한다. 현재의 한국 정부가 이에 적절히 대응하기 어려울 것이라는 점에서, 한국은 큰 위기에 직면하고 있음을 알 수 있다.

반도체 산업의 위기와 무관하게 미국은 중국에 대한 엔비디아와 AMD의 최신 반도체 수출을 금지했다.[131] 특히, 엔비디아의 하이엔드 가속기는 중국의 대규모 과학 연구에 큰 영향을 주고 있었다. 미국이 수출을 금지한 A100 제품은 2020년에 출시된 차세대 데이터 센터 클라우드 가속 칩이었다.

2023년 8월 12일, 미 상무부는 산화 갈륨과 다이아몬드로 제작된 반도체 기판에 관한 제한을 추가로 발표했다. 그 후, 8월 23일에는 BIS가 중국의 우주, 항공우주 및 관련 기술 기업 7곳을 제한 목록에 추가하며, 이들 기업의 대상 품목, 소프트웨어 그리고 기술 접근을 엄격히 제한하는 최종 규정을 공개했다. 이로 인해 미 상무부의 제한 목록에는 총 약 600개의 중국 기업이 포함되게 되었으며, 그중 110개는 바이든 행정부하에 추가된 기업이다.[132]

이러한 상황 속에서 일반 시민들은 다가올 겨울의 난방비 상승을 우려했으나, 정치인들에게는 다가오는 선거 때의 표심이 더 큰 걱정이었다. 미 공화당 의원들은 애플이 중국 YMTC_{Yangtze Memory Technologies Co., 长江存储}로부터 메모리 반도체를 구매할 경우, 엄격한 의회 조사에 처하게 될 것이라고 경고했다. 애플 측은 이에 대응하여 중국 외 지역에서 판매되는 제품에 YMTC 칩을 사용할 계획이 없다고 밝혔다.[133] 이는 중국 내에서는 YMTC 칩이 사용된다는 것을 시사하지만, 미국 의회는 이 문제를 더 이상 추궁하지 않았다.

YMTC는 2022년 8월, 미국의 마이크론 테크놀로지와 같은 기존 칩 업체들에 도전하겠다는 목표를 세우며, 2027년까지 현재 수준의 3배에 해당하는 글로벌 점유율을 13%로 생산량을 늘릴 계획이라고 발표했다. 그러나 그해 10월에 이런 대규모 반도체 공장 건설 계획은 무산되었다.[134] 2023년 2월, 중국 정부는 미국의 규제에 대응하기 위해 '빅 펀드 II'를 통해 약 129억 위안을 YMTC에 재투입했다. YMTC의 최종 목표는 2027년까지 전 세계 칩 생산량에서 13%의 점유율을 차지하는 것이다. 전문가들은 이와 같은 발전이 중국의 반도체 산업에서 외국 영향력이 줄어들며 중국 기업에 새로운 기회가 생길 것으로 예상한다. 그러나 이런 변화는 삼성이나 SK와 같은 국내 기업들에는 직접적인 타격이 될 수 있다.

미 상무부는 쉬지 않고 2022년 9월, KLA와 AI 및 칩 제조 도구와 관련된 반도체의 중국 수출을 제한하는 새로운 규제 발표를 계획하고 있다고 밝혔다.[135] 이에 따라 재중 미국 상공회의소는 회원사들에게 AI 칩과 칩 제조 도구에 관한 규제의 도입이 임박하였음을 알렸다. 추가로, 중국의 슈퍼컴퓨터 기업들을 무역 블랙리스트에 포함시킬 계획이라고도 전했다. 이렇게 미국은 정부와 기업 간의 소통을 지속적으로 유지하고 있음을 확인할 수 있다.

타격받는 중국의 반도체 공급망

미중 갈등이 단순한 무역 문제를 넘어 지정학적 이슈로 확대되고 있다는 것이 분명해졌다. 이와 관련하여 영국 파이낸셜 타임스는 미국의 반도체 동맹 제안이 한국, 일본, 타이완의 내부적 긴장과 중국의 반대로 인해 어려움을 겪고 있다고 보도했다.[136]

그런데도 중국 정부는 미국의 압박에 대해 무사태평한 태도를 유지하고 있다. 상하이시 정부는 14나노 공정에서 대량 생산을 달성했으며 90나노 리소그래피 기계, 5나노 에칭 기계, 12인치 웨이퍼에서 중요한 진전을 이루었다고 발표했다. 중국 시장에서는 이미 약 2,500억 위안의 시장 점유율을 차지하고 있으며, 1천 개 이상의 핵심 기업이 활동 중이다. 또한, 국가 반도체 분야의 인재 중 40%가 이 지역에 집중되어 있다고 한다.[137]

그러나 중국의 비즈니스 데이터베이스 플랫폼 치차차Qichacha의 통계에 따르면 2022년 1~8월 사이에 '반도체'라는 단어가 포함된 중국 기업 중 최대 3,470개가 문을 닫았다. 이는 2021년의 3,420개 그리고 2020년의 1,397개보다도 더 많다. 간단히 말하면, 최근 3년 동안 중국에서는 1만여 개의 반도체 관련 기업이 폐업했다. 반면, 반도체 관련 기업의 창업은 2020년 23,100개에서 2021년에는 47,400개로 크게 늘어났다.[138]

상하이시 정부의 갑작스러운 14나노 기술 자랑은, 중국 내 반도체 개발의 침체를 우려했던 것이 원인일 가능성이 크다. 일본의 산케이 신문은 시진핑 정권이 '중핵기술' 국산화를 가속화하고 있다고 전하며, 이를 미국과의 지속적인 대립 가운데서 반도체 등을 국내에서 독립적으로 생산하려는 의지로 해석했다. 산케이 신문은 또한, 국가 안보를 우선시하는 시 정권이 외국 제품을 중국 시장에서 배제하고, 해외 기업에는 중국 내에서의 생산을 강요하는 방향으로 움직이고 있어, 중국에서 사업하는 외자 기업, 특히 일본 기업에 큰 영향이 있을 것이라고 보도했다.[139]

2022년에는 중국의 반도체 장비 수입이 2021년 대비 15% 감소한 347억 달러로 기록되어, 3년 만에 처음으로 감소세를 보였다.[140] 중국 세관의 통계에 따르면 2023년 1월부터 2월까지 반도체 장비 수입은 전년 대비 21%, 반도체 수입은 25% 감소할 것으로 보인다. 이는 미국의 제재로 인해 장비들이 중국으로 진입하지 못하고 있기 때문이다. 램리서치는 이러한 수출 규제로 인해 2023년의 영업 이익이 20~25억 달러 감소하리라 전망했다. 2022년에는 전 세계 반도체 공장 투자 증가로 인해 일본과 미국의 반도체 장비 수출이 사상 최고치를 기록했으며, 네덜란드 역시 높은 수준을 보였다. 그러나 중국으로의 수출을 살펴보면, 미국은 25%, 네덜란드는 6%, 일본은 2% 감소하였다.

특히 반도체 회로용 설계 소프트웨어인 EDA의 통제에 대해 일부 전문가들은 '중국의 첨단 반도체 개발이 10년은 늦어질 것'이라고 지적하고 있다. 중국의 첨단 제조 시설에서는 미국의 기술 전문가 참여가 제한되어 있기 때문에, 일본 연구소의 노기 미노루 수석 연구원은 '중국의 타격이 크고 미국 기술을 따라잡는 것은 거의 불가능하다.'라고 말했다.

엔비디아의 설립자 젠슨 황은 중국 시장이 미국 기술 산업의 약 3분의 1을 차지하고 있어, 중국을 부품 공급처나 최종 시장에서 대체하는 것이 불가능하다고 경고했다. 그는 '이론적으로는 타이완 밖에서 반도체를 만들 수 있지만 시장은 중국 시장을 대체할 수는 없기 때문에 어떻게 해야 할지 자문해야 한다.'라고 경고했다.[141]

2023년 3월 중국 환구망의 보도에 따르면, 중국은 세계 최대 반도체 시장이다. 2021년에는 한국 반도체의 매출 중 약 500억 달러가 중국에서 발생할 것으로 예상되며, 이는 한국의 전체 반도체 수출의 39% 이상을 차지할 것이라고 보고 있다.[142] 그러나 2023년 1월, 미국의 규제 강화로 한국의 반도체 매출이 44.5%나 감소하여 48억 달러를 기록했는데, 이 감소 중 절반 이상이 중국으로의 수출 감소 때문이라고 지적했다. 이러한 상황에서 중국의 안정적인 경제 성장과 중국-동아시아 지역 간의 공급망 협력을 보장하기 위해서는 중국의 내순환을 원활히 운영할 필요가 있다고 강조했다. 또한, 환구망은 동아시아 국가들의 기업들에 매력을 느끼게 하기 위해 인내심을 갖고 적극적인 대응이 필요하다고 주장했다. 아마도 이는 한국에게 미중 갈등 상황에서 친중 정책을 취하길 바라는 암시일 것이나, 이를 확실히 알 수는 없다.

중국의 반도체 굴기는 가능한가?

미중의 반도체 기술 공급망 디커플링은 지정학적인 국가 간 경쟁으로, 단순한 무역 문제를 넘어선 지 오래되었다. 중국은 반도체 기술 경쟁을 '핵 경쟁'만큼 중요하게 여기고 있음을 이미 언급했다. 이러한 점을 통해 미중 반도체 디커플링이 사실상의 전쟁이라는 측면을 파악할 수 있으며, 이를 통해 중국의 향후 행동을 예측할 수 있다.

중요한 것은 반도체 시장의 주류는 미중이 경쟁하고 있는 최첨단 기술에 있지 않다는 점이다. 최첨단 반도체 기술은 미래의 경쟁이겠지만, 현재 시장은 주로 14나노나 28나노 같은 더 큰 공정 기술에 집중되어 있다. 대부분의 사람들은 언론의 보도를 통해 이 공정 기술을 하나의 숫자로 이해하기 쉽다. 현재로서, 중국의 기술 수준은 대략 14나노로 알려져 있으며, 미국이 설정한 레드라인(한계선)은 7나노이다.

앞서 언급한 것처럼, SMIC의 생산 라인은 14나노로, 어떤 경우에는 7나노 수준까지 가능하다고 한다. 그러나 확대 재생산에 어려움을 겪고 있어, 완전한 생산 기술 확보가 이루어지지 않았다는 것을 알 수 있다. 중국 기업 SMEE上海微电子가 14나노급 EUV 개발에 성공했다는 보도가 있지만, 그 EUV 장비는 1년 동안 설치되지 않았다. 필자가 조사한 바에 따르면, EUV 장비의 개발은 성공했으나 실제 생산 라인에 통합하기 위해서는 다른 연관 장비들의 업그레이드나 변경이 필요하다. 중국산 부속 장비 중 일부가 14나노급 기술을 지원하지 않아, 주요 중국산 EUV 장비의 도입이 어렵다고 한다.

이런 식이면 반도체 생산 라인 설비 전체를 중국 내에서 독자적으로 제작하지 않는 한, 중국의 반도체 기술 독립은 어려울 것으로 보인다. 그렇지만 일부 기술적 돌파는 확실히 이루어진 상태이다. SMEE는 해당 문제를 극복하기 위해 20나노 장비 개발에 착수하였으며, 그 전망에 대해선 낙관적인 시각을 가지고 있다.[xxxiv] 14나노가 아닌 20나노를 목표로 한다는 것은, 연관된 부속 장비의 기술 수준을 20나노까지 올리려는 방향성을 보이는 것 같다.

그렇다면 우리는 중국의 이 기술 수준을 높게 평가해야 할까? 아니면 TSMC의 1나노, 2나노 수준까지 오려면 멀었다고 저평가해야 할까? ASML의 피터 베니크Peter Wennink CEO는 중국 본토로 DUV

---

xxxiv 2023년 9월, 화웨이는 MATE 60 시리즈 등 7나노 반도체 Kirin9000S 칩을 이용한 제품을 출시했다. SMIC가 제조한 이 칩은 아마도 SMEE가 7나노 장비 개발에 성공했다는 의미일 수 있다.

장비를 계속해서 공급할 수 있다고 언급했다.[143) 그리고 베니크는 중국이 필요한 장비를 구할 수 없게 된다면, 그들은 시간을 들여 스스로 개발할 것이라고 말했다.[144) 더욱이 중국에 대한 제재가 강화될수록 그들의 개발 노력이 더욱 활발해질 것이며, 이는 미국이 원치 않는 중국의 반도체 산업 독립을 촉진할 수 있다는 의견이다.

그렇다면 생산 능력 측면에서는 어떨까? 파텔은 SMIC가 현재 보유하고 있는 장비만으로도 한 달에 10만 개 이상의 칩을 생산할 수 있다고 지적했다. 이 생산량은 삼성과 인텔의 합계보다도 많다. 만약 SMIC가 다른 국내 제조 업체의 하드웨어를 획득한다면, 그 생산 능력은 TSMC를 크게 웃돌게 될 것이다. 중국에서 다른 업체의 하드웨어를 확보하는 것은 그리 어렵지 않다. 따라서 중국의 반도체 생산 능력을 평가할 때는 개별 기업이 아닌 전체적인 규모를 고려해야 할 것이다.

미국의 제재에도 불구하고, 중국 기업들은 글로벌 대기업과의 경쟁에서 차별화된 기회를 발견하고 있다. 해외 경쟁자들에 비해 중국 반도체 기업의 기술력이 뒤떨어져 있을지라도, 외국 기업들이 접근할 수 없는 중국 시장에서 자신들의 위치를 장악하는 기회가 생기고 있다. 중국의 상하이 비렌 지능 기술Biren Intelligent Technology, 上海壁仞智能科技有限公司은 제재 대상인 엔비디아의 A100 및 곧 출시될 H100 GPU에 대한 경쟁력을 지닌 국산 칩 BR100과 BR100을 발표하여 주목을 받았다.[145)

비렌의 칩은 미국의 제재 기준보다 바로 아래 수준으로 설계되었기 때문에 TSMC에서 제조할 수 있었다.[146) 비렌의 케이스는 거대 자본 투하가 요구되지 않는 반도체 니치 시장 위주로 이런 중국의 기술 기업들이 나타날 가능성이 있음을 보여 준다. 엔비디아도 이에 대응하여 미국의 제재 표준 이하 성능을 가지는 중국용 반도체를 맞춤형으로 제조하여 중국에 공급하기 시작했다.

중국은 상대적으로 기술적 난이도가 낮은 반도체 주변 기술을 점차 극복하고 있다. 반도체 CIM 기업 화징신시业华经信息는 반도체 CIM 시스템의 국산화를 완료했다고 2022년 10월 밝혔다.[147] 이들의 핵심 개발팀은 일본 NEC 출신으로 지난 20년 동안 화홍 NEC 华虹NEC 같은 중국 내 여러 반도체 프로젝트에 참여했다. CIM 자체는 높은 수준의 기술을 요구하지 않지만, 반도체에 적용될 때 일부 정보 유출의 위험이 있어 신뢰 없이 협력이 어렵다. 삼성은 정보 및 기술 유출을 방지하기 위해 반도체 MES 협력 업체 전체를 인수하였다. CIM 기술은 생산 라인의 통합 관리에서 중요한 역할을 하므로, 중국의 반도체 생산 기술 체계화에 큰 기여를 할 것으로 예상된다.

화웨이는 미국이 EDA 수출 규제를 강화한 지 8개월 만에 자체 EDA 툴을 성공적으로 개발했다.[148] 쉬즈쥔徐直軍 회장에 따르면, 화웨이와 국내 소프트웨어 회사가 공동으로 개발한 이 EDA 툴은 14 나노급 이상의 반도체 설계에 적용 가능하다. 화웨이는 이 툴의 검증 작업을 계획하고 있으며, 다른 회사들도 해당 툴을 사용할 수 있게 할 예정이다. 미국 정부가 2019년 5월에 화웨이를 엔티티 리스트에 포함시킨 이후, 화웨이는 외부 옵션에 의존하지 않기 위해 총 78개의 툴을 자체 개발하였고, 이 중 화웨이의 EDA 툴이 포함되어 있다.

이와 같이 전반적인 형세를 보면 중국은 EUV 같은 핵심 설비를 아직 돌파하지 못하고 있지만, 상대적으로 기술적 난이도가 낮은 주변 기술들은 점차 극복해 나가고 있다.

그리고 반도체 생산 설비 투자 면에서도 중국은 국력을 집중하고 있다. 2023년 8월, 국유 자본들은 선전 CR 마이크로의 웨이퍼 생산 프로젝트에 대해 126억 위안(약 2조 3천억 원)의 투자를 결정했다.[149] 이 프로젝트는 월 4만 개의 12인치 웨이퍼를 생산하며, 주로 40나노 이상의 칩을 제조할 것이다. 공정은 최첨단은 아니지만, 이는 산업에서 가장 높은 수요를 보이는 제품의 생산 용량을 확대하기 위한 것이다.

중국 국산 반도체 설비

미국의 수출 규제 영향으로 중국의 반도체 제조 장비 수입이 크게 줄었다. 중국 해관 통계에 따르면, 중국은 11월에만 23억 달러 상당의 칩 제조 장비를 수입했는데, 이는 전년 대비 40% 감소한 수치이다.[150] 2023년 1월, 램리서치는 업계 내 메모리 부문의 수요 감소와 워싱턴의 아시아 국가들에 대한 기술 수출 통제로 인하여, 중국 본토에서의 분기별 매출이 줄었다고 발표했다.[151] 램리서치의 최근 실적 보고서에 따르면, 2022년 4분기 중국에서의 매출은 전 분기 대비 17% 감소하여 12억 7천만 달러를 기록하였고, 중국에서의 매출 비중은 2021년 6월에 끝난 분기의 37%에서 24%로 떨어졌다.

미국의 엔지니어링 회사인 어플라이드 머티어리얼즈가 개발한 새로운 패턴 형성 도구는 중국이 첨단 반도체 생산 기술을 따라잡기 어렵다는 것을 잘 보여 준다.[152] 2023년 2월에 발표된 '센츄라 스컬프타'는 최첨단 공정 노드에서 집적 회로 제조 시 EUV 리소그래피 단계를 줄이는 데 사용되며, 이로 인해 복잡성과 비용이 크게 줄어든다. 해당 도구 없이는 7나노 및 5나노 공정은 경제적 가치가 없게 되며, 3나노, 2나노, 그 이하의 공정은 실현 불가능하다는 것이다. 그러나 이처럼 중요한 기술은 중국에는 제공되지 않는다.

서방에서의 EUV 기술의 채택 증가와 효율성 증대로 인해 중국은 스마트폰, 인공 지능, 양자 컴퓨팅 및 기타 첨단 산업 분야에서의 차세대 칩 개발 경쟁에서 더욱 밀려날 가능성이 커졌다. 그러나 이것이 중국의 반도체 산업이 끝나게 될 것이라는 의미는 아니다. 아시아 타임스의 데이비드 골드먼은 '구세대 28나노 칩은 화웨이의 디지털 인프라와 산업 애플리케이션 대부분을 구동하며, 중국은 이를 자체적으로 생산할 수 있다.'라고 지적했다. 즉 주류 제품의 제조에는 큰 문제가 없다는 말이다.

중국 정부는 2023년 반도체 산업 지원을 위해 1조 위안(약 1,430억 달러) 이상의 지원 패키지를 계획 중이다. 이 재정 지원의 대부분은 중국 내 반도체 제조 공장인 팹에서의 국내 반도체 장비 구매를 20% 지원하는 데 사용될 예정이다.[153] 그야말로 죽느냐 사느냐다.

하지만, 많은 업계 관계자들은 중국 기업이 혁신에 어려움을 겪고 가치 사슬의 하단에 갇혀 있을 경우, 단순한 정부 지원만으로는 문제를 해결하기 어렵다고 생각한다.[154] SMEE와 같은 현지 반도체 장비 기업들은 대부분 국내 파운드리에만 제품을 공급하고 있기 때문에, TSMC나 삼성전자처럼 첨단 반도체 제조 공정을 경험하는 기회가 부족하다. 따라서 고급 기술을 습득하기 어렵다. 이것은 반도체 산업에서 인력의 중요성을 잘 나타내 주는 사례다.

중국의 반도체 장비 제조 업체 SMEE는 리소그래피 기술에 대한 경험이 없었고, 중고 장비를 구입해 연구하며 공개 특허와 논문을 통해 첫 기계를 제작했다. 그러나 그 이후로는 해외에서 장비를 구입하는 것이 어려워 큰 발전을 이루지 못했다. 다른 중국 칩 제조 장비 기업의 전직 고위 직원은 장비가 필요하다는 것은 알았지만, 실제 장비 설계 능력에 한계가 있었다고 말했다.

이런 실정에서 중국이 EUV를 확보하는 것은 어려워 보인다. 특히 네덜란드 정부는 2023년 3월에 국가 안보를 이유로 반도체 기술의 수출 제한 계획을 밝혔다.[155]

중국은 이미 반도체에 대한 지원 방향을 정했다. 반도체 제조 업체에 대한 보조금 조건이 완화되고, 해당 회사들이 국내 반도체 생산 시설을 구축하게 하기 위해 무제한 보조금을 제공할 계획이다.[156] SMIC, 화홍 반도체, 화웨이, NAURA 등의 기업들이 이 변경된 정책의 혜택을 받게 될 것이다. 중국 정부는 이들 기업이 국내 웨이퍼 생산 시설의 구축 및 운영에 필요한 자금을 무제한으로 지원할 방침이다.

중국은 과거의 보조금 정책의 한계를 인정하며, 당국은 '환상을 버리고 문제에서 벗어날 수 있는 기업에 가능한 모든 자원을 투자해야 할 때'라고 말하고 있다. 이는 고급 기술을 가진 기업들에게 무제한 지원을 준비하겠다는 뜻이다.

그런데 수입 장비의 감소는 중국산 제조 장비 업체들의 잠재 시장이 커지는 것을 의미한다. 이제는 중국의 반도체 설비 업체들에게 황금기가 도래한 것이다. 중국 제조 장비의 영업 수익은 5년 전보다 6배 증가했고, 대형 반도체 기업들이 사용하는 중국 제조 장비의 비율은 약 30%에 달한다.[157] 주요 제조 장비 및 소재 기업들은 정부의 지원을 받아 500억 위안의 투자를 추진하며, 정부와 함께 미국과의 경쟁에서 발 벗고 나서고 있다.

상하이 실리콘 그룹上海硅产业集团의 치우츠윈邱慈云 회장은 디커플링이 제조 장비 및 소재 관련 중국 기업에 큰 기회라고 언급했다. 중국 최대 반도체 제조 장비 제조 업체인 NAURA의 2022년 영업 수익은 146억 위안으로, 2017년에 비해 6배 이상 증가했다. NAURA는 베이징에 총 38억 위안을 투자해 2024년까지 새 공장을 건설할 계획이다. AMEC中微半导体设备의 2022년 영업 수익도 2017년 대비 약 5배 증가할 것으로 보인다. 앞으로 중국이 반도체 부문에 1조 위안 이상 지원할 것이라는 전망도 제시되고 있다.

중국 정부의 국가반도체펀드 버전2는 반도체 장비 및 재료 공급 업체에 주목하고 있다. 이번 펀드는 중국의 반도체 공급망에서 서방 기술을 대체하는 목적을 가지고 있다. 지방 정부도 이 움직임에 적극적으로 참여하고 있는데, 예를 들어 광저우시는 올해 1,500억 위안의 산업 펀드를 조성하고, 서방 반도체 장비 공급 업체 대신

전략 자원의 공급망 리스크가 밀려온다

중국 내 기업과 핵심 기술 분야에 투자할 것이라고 발표했다.

　그 때문일까? 이런 정책이 효과를 본 것인지, 2023년 4월에 중국의 반도체 생산량은 16개월 만에 월간 증가세를 기록했다.[158] 연간 매출액 2천만 위안 이상의 반도체 회사의 생산 데이터를 보면, 4월에는 전년 대비 3.8% 성장하여 총 281억 개의 반도체를 생산했다. 이는 2022년 1월 이후 첫 월간 증가로, 중국의 반도체 생산이 회복되고 있음을 보여 준다.

제3세대 반도체

　미국의 싱크탱크 란드 연구소Rand Corporation에 따르면, 중국은 최근 몇 년 동안 여러 기술적 과제를 극복하며 미국의 패권에 도전했지만, 이러한 발전의 대부분은 지적재산권 절도, 해외 인수 및 합작 투자의 결과였다고 지적한다. 란드 연구소는 중국이 독자적인 군사 기술 혁신에 성공하지 못했다고 주장한다. 그들은 중국 인민 해방군이 직면한 세 가지 핵심 문제로 고급 반도체, 스텔스 잠수함 그리고 항공기 엔진을 언급했는데[159] 여기서 언급한 고급 반도체는 제3세대 반도체를 지칭한다.

　제3세대 반도체는 생산 기술 자체는 그렇게 난이도가 높지 않아서[xxxv] 중국의 현재 기술로도 가공 및 생산이 가능하다. 이미 감가상

----

xxxv 물론 이는 일반적인 경우이고 경쟁이 격화된 지금의 첨단 제3세대 반도체는 매우 고도의 난이도를 갖는다.

각된 생산 라인을 활용하는 기업이 많기 때문에, 신규 투자로 생산 라인을 처음부터 구축하게 되면 수익성이 감소하게 되어, 진입 장벽이 존재한다. 이런 상황에서는 공적 자금의 투입이 매우 효율적일 수 있다.

게다가 반도체에 사용되는 주요 재료 중 하나는 중국이 글로벌 시장에서 지배적인 위치를 차지하고 있는 희토류이다. 전기 자동차 시장의 주요 선두 주자로 부상한 중국에서 보면, 제3세대 반도체는 국가 차원에서의 핵심 프로젝트로 볼 수밖에 없다. 일단 중국은 이 분야의 최대 시장이자 주요 생산 국가이며, 핵심 재료의 주요 산지로서의 위치도 차지하고 있다.

또한, 중국은 전기 자동차의 충전 및 배터리 교체와 관련된 특허 분야에서도 선두를 달리고 있다. 2010~2022년까지 중국 기업의 전기 자동차 충전 및 배터리 특허 출원 누적 건수 통계에 따르면 2위인 일본의 1.5배 수준인 것으로 나타났다.[160] 이어 독일이 3위(16,340건), 미국이 4위(14,325건), 한국이 5위(11,281건) 순으로 나타났다. 특허는 대개 출원 후 약 1년 반 이후에 공개되며, 2021년 이후의 출원 건수는 아직 공개되지 않았기 때문에, 실제 중국의 특허 출원 건수는 이보다 더 많을 가능성이 있다.

이러한 제3세대 반도체 분야에 전략적으로 진입하고 있는 주요 기업 중 하나는 타이완의 기업들이다. 타이완 남부 지역에 남방우림계획南方雨林計畫을 추진하며 TSMC 등으로 선두에 서게 된 파운드리에서 장점을 확장하려 하고 있다.[161] 지정학적, 정치적 상황을 감안할 때 큰 선택의 여지가 없는 타이완 정부는 자동차용 반도체

전략 자원의 공급망 리스크가 밀려온다

공장을 새롭게 설립하는 등의 적극적인 방향을 취하고 있다.

그리고 유럽의 주요 기업들도 제3세대 반도체에 대한 투자와 연구에 적극적으로 나서고 있다. 인피니온의 요헨 하네벡 CEO는 '논리 반도체와 메모리 반도체는 공급과잉으로 전환되겠지만, 전력반도체 등은 여전히 공급부족 상태에 있다. 그래서 인피니언은 50억 유로라는 사상 최대 규모의 투자를 계획하고 있다.'라고 말했다.[162] 인피니언은 전력 반도체뿐 아니라 아날로그 신호를 디지털로 변환하는 반도체도 생산할 계획이다.

핵심 원자재를 중국이 공급하고, 가장 큰 시장도 중국이 차지하고 있기 때문에, 유럽의 STMicroelectronics NV와 같은 회사는 중국 산안광전三安光电, Sanan Optoelectronics과 함께 전기차용 반도체 장치를 생산하기 위해 충칭에 위치한 공장에 32억 달러를 공동으로 투자하기로 결정했다. **중국과는 협력하지 않겠다는 일본, 한국과는 달리 중국과의 협력에 선별적인 디리스킹을 하는 유럽 기업들이 차이나 리스크를 해결하는 방법 중 하나인 셈이다.** 이 합작 회사에서 생산 예정인 실리콘 카바이드 트랜지스터로 제작된 칩은 고온에도 잘 견디고, 수명이 길며, 에너지 효율이 뛰어나 전기 자동차에 널리 쓰인다. 테슬라, BYD, 니오 등의 전기 자동차 제조 업체들은 해당 장치를 일부 모델에 사용한다.[163] 그리고 이 분야는 미국의 제재도 크게 받지 않고 있다.

SMIC에 비해 상대적으로 낙후한 생산선을 가지고 있는 화홍 반도체华虹半导体도 미국의 기술 제재로 인해 재평가받고 있다. 기존에 제조 설비의 정밀도가 떨어졌던 화홍은 덜 소형화된 칩에 대한 성숙한 노드 제조 기술을 최적화하는 방식으로 차별화 전략을 구축했다. 현재, 화홍의 반도체는 사물 인터넷, 5G 통신 장비 그리고 전기 자동차 시장에서 널리 사용되고 있다. 앞으로 화홍의 생산 라인은 제3세대 반도체의 중요한 생산 거점이 될 가능성이 크다.[164]

글로벌 반도체 공급망 변화

한국의 반도체 세계 수출 비중은 4년 연속 20% 아래로 내려갔으며, 2023년 1~3월 기간에는 13.6%까지 떨어진 상황이다. 중국 언론의 분석에 따르면 세계 반도체 산업에서의 한국의 독보적 위치는 이미 네 가지 이유로 위기에 처해 있다.[165]

첫 번째로, 글로벌 반도체 산업의 순환적인 경기 변동이 영향을 주고 있다. 두 번째로, 한국은 메모리와 파운드리 산업에 주로 집중되어 있으며, 시스템 반도체 공급 역량이 상대적으로 부족하다. 더불어, 한국의 반도체 산업이 일본의 기술 및 원자재에 60% 이상 의존하고 있어, 해외 의존도가 높다. 세 번째로, 한국의 국가 지원은 다른 국가들에 비해서 미흡한 상황이다. 마지막 네 번째 이유는 한국이 중국과 미국 사이에서 보이는 '모호한' 태도이다.

이러한 상황에서 중국이 제시하는 것은, 한국이 중국을 '명확하게' 선택하게 되면 위의 세 가지 문제가 해결될 수 있을 것이라는 점이다. 그렇지만 홍콩의 아시아 타임스는 한국이 중국과 미국 중 어느 쪽을 선택할 것인지에 대한 명확한 답을 내리지 못하고 있다고 지적했다. 현시점에서 한국은 세계적으로 중국에 대한 부정적인 감정이 가장 강한 나라 중 하나로 알려져 있기에, 한국이 중국을 명백하게 선택하는 것은 매우 어려울 것으로 예상된다.

팹리스

중국의 메모리 반도체 분야에서의 글로벌 시장 점유율은 아직 미미하지만, 팹리스 분야에서는 미국과 타이완 다음으로 글로벌 3위를 차지하고 있다. 미국 반도체협회SIA의 전망에 따르면, 2025년까지 중국은 메모리 반도체 디자인 분야의 경쟁력을 확보하여 반도체 디자인 전 분야에서 미국과 한국 다음으로 3위를 차지할 것으로 예상된다.

주요 분야	대표 기업	글로벌 시장 점유율(2022년 기준)
메모리	GigaDevice(兆易创新)	MCU 분야 중국 1위, NORFlash 메모리 분야 글로벌 3위
무선 통신칩	UNISOC(紫光展锐)	SoC칩 중국 1위, 모바일 AP 글로벌 4위
	Maxscend(卓胜微)	RF칩 설계 중국 1위, 글로벌 5위
센서	WILLSEMI(上海韦尔半导体)	중국 CMOS 이미지센서 1위(2019년 옴니비전 인수),글로벌 3위
	Goodix(汇页科技)	지문 센서 분야 중국 1위
	GalaxyCore(格科微)	이미지 센서 분야 글로벌 5위, 중국 2위
전력 반도체	STARPOWER(达半导体)	IGBT 모듈 글로벌 6위(2020년 기준) (점유율 2.8%)

[표 6-1] 중국 주요 반도체 팹리스 기업의 글로벌 시장 경쟁력 현황

중국의 반도체 굴기는 가능한가?

제조/파운드리

중국 해관총서의 최신 통계에 따르면, 2023년 1~4월 기간 동안 반도체 총수입량은 전년 동기 대비 21% 감소하여 1,468억 개를 기록했다.[166] 삼성전자와 퀄컴의 영업 실적 감소와는 대조적으로, 중국의 반도체 제조 업체들은 가속화되는 국유화 과정에서 혜택을 보았다. 지금까지의 추세를 통해 우리 기업들이 중국 메모리 반도체 시장에서 점차 줄어들 것이라는 예상이 높아지고 있다.

따라서 향후 메모리 시장은 크게 동방과 서방 시장으로 나뉠 가능성이 커지고 있다. 이러한 상황에서 우리 기업들의 중국 공장 철수는 합리적인 선택이 될 것이다. 이 공장들에는 한국 기업의 자본뿐만 아니라 중국 정부의 큰 투자도 포함되어 있다. 따라서, 적절한 시기에 자산을 효율적으로 회수하고, 기존의 고정밀 공장은 중국에 맡기는 방안을 검토할 수 있다. 또한, 기술 라이선스의 범위를

순위	기업명	지역	2021년 시장 점유율(%)	최선단 공정
1	TSMC(台积电)	대만	51.6	3nm
2	삼성	한국	17.1	3nm
3	UMC(联电)	대만	6.9	28nm
4	Global Foundation	미국	6.0	14nm
5	SMIC	중국	4.9	14nm
6	PSMC(力积电)	대만	1.8	28nm
7	화홍그룹(华虹)	중국	1.5	28nm
8	VIS(世界先进)	대만	1.4	90nm
9	TOWERSEMI	이스라엘	1.4	40nm
10	Nexchip(合肥晶合)	중국	0.8	90nm

[표 6-2] 글로벌 TOP10 파운드리 시장 점유율 및 최선단 공정 현황

전략 자원의 공급망 리스크가 밀려온다

중국 내로 한정하는 방안도 고려될 수 있다.

파운드리 측면에서 보면, 중국의 SMIC는 14나노 기술로 선두를 달리고 있다. 중국 기업들은 제조 정밀도의 향상뿐만 아니라 생산 능력의 확대에도 집중하고 있다. 트렌드포스의 통계를 보면, 2020년 글로벌 파운드리 시장에서 타이완 기업의 점유율은 63%로, 그 중에서도 TSMC가 54%를 차지하고 있다. 반면 한국 기업의 점유율은 13%, 중국 본토 기업의 점유율은 6%로 나타났다.[167]

한국의 칩 제조 업체들은 제품의 약 60%를 중국에 수출하며, 동시에 칩 관련 핵심 소재의 대략 60%를 중국에서 수입하고 있다. SK 하이닉스는 투자자들에게 제조 다각화에 주력하고 있으며, 필요한 경우 중국 내의 팹을 매각할 수 있음을 밝혔다.

유럽 의회, 유럽 연합 이사회 그리고 집행 위원회는 2023년 4월 EU 칩 법에 관한 내용에 합의를 이루었고, 이를 통해 산업계에 EU 내 반도체 공장 설립을 장려했다.[168] 이미 2022년 3월에 EU 집행 위원회는 430억 유로의 공공 및 민간 투자를 제안하였고, 이를 통해 글로벌 반도체 생산에서 EU의 시장 점유율을 20%로 크게 끌어올릴 계획을 세웠다.

장비

글로벌 반도체 제조 장비 업체들의 실적 악화 추세가 점점 뚜렷해지고 있다. 세계 9개 주요 기업 중 7개 기업이 2023년 46월(일부는 57월)에 영업 이익이 전년 동기 대비 감소했다.[169]

코어마인드 리서치의 자료에 따르면, 2022년 중국의 반도체 설계 산업(팹리스 및 IDM 포함)의 총매출액은 543억 달러로 연간 5.3% 성장하였고, 2027년에는 1천억 달러를 돌파할 것으로 예상된다. 광동성에서만 700억 달러 이상의 반도체 관련 프로젝트가 40개가량 계획되거나 진행 중이며, 상하이, 쑤저우, 베이징 등에서도 투자 활동이 활발하다.

중국 IDM과 파운드리 기업의 반도체 장비 입찰 시 국산화 비중을 살펴보면, 2020년에는 16.8%에 불과하였으나 2022년 1~8월 기준, 35.9%에 달하면서 국산 장비 비중이 급격히 상승하였다(그림 6-8). 중저위 기술 분야인 PR 스트립(약 88%), 세정(58%), 식각(48%) 장비 등의 경우 점유율이 약 50~90%에 이르며, 향후 IDM 및 파운드리의 팹 증설에 따라 그 비중이 더 증가할 것으로 전망된다고 한다.

특히 28나노급 이하 제품에서 중국은 높은 가격 경쟁력을 보유

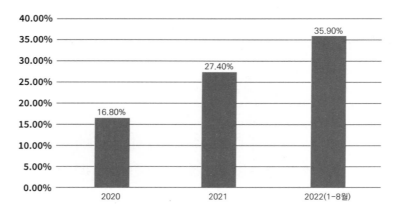

[그림 6-8] 중국 반도체 장비 입찰의 국산화율 변화

하고 있으나, 일본이 이 영역에 제재를 가하며 위협하고 있다는 점이 주목받고 있다. 만약 일본이 중급 제품에 대한 재료 제재를 강화한다면, 미국의 기술 제재와는 달리 중국의 반도체 산업 전반에 큰 타격이 예상된다.

일본 최대 반도체 제조 장비 제조 업체인 도쿄 일렉트론의 실적이 확대되고 있다.[170] 카와이 토시키 사장은 2023년의 수요가 2022년에 비해 20% 감소할 것으로 예상했다고 밝혔다. 또한, 그는 고객인 '반도체 제조 업체'와 함께 앞으로 10년 동안의 4세대 반도체 기술 로드맵을 공유하며 연구 개발을 진행 중이라고 말했다. 1조 엔의 투자도 충분히 회수했다며, '국수주의적 사고를 갖지 않겠다.'라고 강조했다. 이 말은 중국에도 계속해서 장비를 개발하여 공급하겠다는 의지를 나타내는 것으로 해석될 수 있다.

SEMI 통계에 따르면, 2022년 유럽에서의 반도체 생산 장비 지출은 거의 두 배로 증가했으나 전 세계 총액 대비 5.8%에 불과했다.[171] 미국은 9.7%, 중국은 26.3%, 타이완은 24.9%, 한국은 20.0%의 지출 비중을 기록했다. 특히 중국의 경우, 미국의 제재로 인해 큰 영향을 받았다.[172]

중국이 반도체 제조 장비와 소재의 공급망을 개선하기 위해 노력하면서, 중국 제조 장비 회사의 영업 수익은 5년 전보다 6배 증가했다. 중국의 대형 반도체 기업들이 국내에서 도입한 장비의 비율은 약 30%로 추정된다.[173] 대형 제조 장비와 소재 기업들은 정부 지원을 받아 500억 위안 규모의 투자를 계획 중이며, 이를 통해 미국과의 경쟁에서 발을 잘 디딜 수 있도록 정부와 협력하고 있다.

중국 최대 반도체 제조 장비 제조 업체인 NAURA는 2022년 회계 연도의 영업 수익이 146억 위안에 달하는 것으로 발표하였고, 이는 2017년 회계 연도와 비교했을 때 6배 이상의 증가를 보였다. NAURA는 베이징에 38억 위안을 투자하여 2024년까지 완공될 새로운 공장의 건설을 계획하고 있다. 또한, AMEC의 2022년 회계 연도 영업 수익은 2017년 회계 연도 대비 약 5배 증가할 것으로 예상된다. 현재 중국이 반도체 산업에 1조 위안 이상의 지원을 제공할 것이라는 전망이 제시되고 있다.

소재

2022년 기준, 중국의 소재 분야에서의 국산화율은 약 10~15% 수준에 머물며 해외 의존도가 높다. 포토마스크나 포토레지스트와 같은 전 공정 소재에서는 미국과 일본에 큰 기술 격차가 있으며, 이 분야의 국산화율은 10% 미만이다. 그러나 기술 수준이 상대적으로 낮은 후공정 소재에서는 약 30% 미만의 점유율을 확보하고 있는 추세다.

전기 자동차의 배터리처럼 반도체 제조에 필요한 원자재를 중국이 통제 강화할 수 있다는 말도 흘러나온다. 예를 들면 중국이 세계 황린의 80%를 생산하고 있기 때문에 황린의 감산[xxxvi]에 들어갈 수도 있다는 소문이다. 중국이 희토류 기업들을 통합[xxxvii]했고 태양

---

xxxvi 한국 글로벌 공급망 인사이트 35호.
xxxvii 희토류 국유 기업 통합 및 물류 기업 통합.

공정	주요 소재	중국 기업	국산화율
전공정	웨이퍼	NSIG(沪硅产业), TCL중환(中环半导体), CCMC(中欣晶圆)	5~10%
	포토마스크	CRMicro(华润微电子), Upermask(清溢广电)	< 1%
	포토레지스트	통청신소재(同城新型材料), Nata(南大光电) ShanghaiXinyang(上海新阳) Huamao Tech(华懋科技)	< 5%
	프로세스케미칼	Jingrui(精锐化学) ShanghaiXinyang(上海新阳) AnjiTech(安集科技)	23%
	CMP 소재	Dinglong(鼎龙)	< 1.5%
후공정	라미네이트기판	Fastprint(兴森科技) ShennanCircuit(深南电路)	5%
	리드프레임	KangqingElectronics(康强电子), HYCM(兴业投资)	40%

[표 6-3] 중국 반도체 공정별 주요 소재 기업과 국산화율

광 패널 등 물자를 국가 통제에 들어간 것을 보면 아주 가능성이
없는 것이 아니다.

전기차 배터리와
희토류 확보 경쟁

2023년 7월, 중국이 갈륨과 게르마늄의 수출 통제에 나서면서, 그들의 전략 물자 통제 가능성이 다시 주목받았다.[174] 이러한 수출 통제는 중국 정부가 오래전부터 진행해 온 정책이다. 예를 들어, 석탄 같은 경우, 국내 공급이 충분할 때는 수출을 장려하나, 부족한 경우에는 수출 쿼터제를 도입하여 통제해 왔다.

미국 지질조사국US Geological Survey의 데이터에 따르면, 중국은 전 세계 희토류 매장량의 35.2%를 보유하고 있다. 이를 뒤이어 베트남이 17.6%, 브라질과 러시아가 각각 16.8%를 차지한다. 2020년에 중국은 14만 톤의 희토류를 생산했으며, 이에 비해 미국은 3만 9천 톤, 미얀마는 3만 1천 톤 그리고 호주는 2만 1천 톤을 생산하여 4위에 올랐다.

그러나 중국 입장에서 전략 광물[xxxviii] 매장량은 충분하지 않다. 철, 구리, 알루미늄, 니켈, 리튬 등을 포함한 중국의 전략 광물 매장량은 전 세계 전체에서 20% 미만을 차지하는 반면, 코발트, 알루미늄, 구리 등의 자원은 중국에서 전 세계 절반 이상이 소비된다. 또한, 중국은 전 세계에서 사용되는 니켈, 철, 흑연, 리튬 및 기타 11개 광물의 40~50%를 사용한다. 그래서 중국은 2016년에 발표한 국가 광물자원 계획에서 24개의 전략 광물을 지정하여 관리하고 있다. 한때 중국은 소요되는 희토류의 80%를 수입했지만, 현재는 60~70% 수준으로 줄어들었다.[175]

이에 따라 중국은 전략적인 광물 매장량을 확보하고자 하며, 리튬, 코발트, 니켈, 석유 및 가스와 같은 주요 광산 자산의 판매를 늘리기 위한 국내 탐사 활동을 강화할 계획이라고 발표했다. 하지만, 즈진광업紫金矿业의 보샤오추안薄少川 같은 업계 전문가에 의하면 새로운 매장량을 찾더라도 생산에 들어가기까지 평균 15년이 걸린다고 한다. 즉, 새로운 희토류 자원을 발견하더라도 그것을 채굴하기까지 약 15년이 걸릴 수 있다는 것이다. 중국 천연자원부는 광물 탐사에 필요한 더 큰 자본을 확보하기 위해 다양한 투자 주체가 광물 탐사 및 채굴 분야에 참여하도록 장려하는 정책을 모색 중이다.[176]

희토류는 모터, 배터리, 터빈, 초합금 등에 필수적인 소재로, 최근에는 전기 자동차용 배터리의 핵심 재료로서 그 전략적 중요성이 부각되고 있다. 중국에서는 희토류의 42%가 전기 자동차에 사

---

xxxviii 중국은 전략 광물을 '국가 경제 안보, 국방 안보 및 전략적 신흥 산업 발전에 필수적인 요소'라고 정의했다.

용되는 영구 자석 제조에 활용되고 있다. 일본이 동중국해에서 중국과 대치했을 때, 중국은 일본에 대한 희토류 수출을 제한한 바있다.[xxxix] 글로벌 공급망에서의 주요 위험은 단일 국가에 과도하게 의존하거나, 중요한 구성 요소와 프로세스가 특정 국가에 집중되어 있는 것이다. 예를 들어, 코발트의 약 60%는 중앙아프리카에서 채굴되며, 이 중 70%는 중국에서 정제된 후 자동차와 배터리 제조를 위해 배송된다. 이런 상황은 전기 자동차 시장의 공급망이 매우 제한적임을 보여 준다.[177] 2021년에는 중국의 희토류 수입국으로 일본, 네덜란드, 이탈리아, 인도, 미국, 캐나다, 브라질, 한국이 주요 플레이어였다.

그리고 디커플링은 대한민국과 서방 국가에만 어려움을 준 것이 아니다. 세계화의 후퇴, 지정학적 갈등의 고조 및 공급망의 재편은 해외 광산 프로젝트에 투자하려는 중국 기업들에도 장애가 되고 있다. 결국 희토류라는 이름이 시사하는 것처럼 이는 희귀한 자원이기에, 디커플링 시대에서의 확보 경쟁이 치열하게 벌어지는 것은 예상할 수 있는 일이다. 여러분들은 웃을지 모르지만 왕광화王广华 중국 자연자원부장은 2023년 1월에 **'중국은 일부 중요한 광물 자원에 대한 외국 의존도가 높으며 국제 상황이 바뀌면 경제 안보나 심지어 국가 안보에도 확실히 영향을 미칠 것'**이라고 말했다.[178] 희토류와 관련된 국가 안보 문제에 대한 경각심은 중국이나 서방 국가 모두 동일하다.

---

xxxix 일본 정부는 2022년 12월 국내 비축량을 늘리는 '경제안보촉진법'에 따라 희토류 등을 '특정 중요 원료'로 지정하는 한편, 관련 제련소를 짓는 추세다.

전략 자원의 공급망 리스크가 밀려온다

월슨 센터의 벤자민 게단Benjamin Gedan은 강대국들이 에너지 전환에 필요한 광물 경쟁 중이며, 라틴 아메리카가 그 경쟁의 주요 전장이라고 지적했다.[179] 싱크탱크 아틀란틱 카운슬Atlantic Council의 장페이페이张佩佩는 2023년이 남미에 대한 중국의 광산 투자에 부정적인 영향을 미칠 것이라고 분석했다. 그는 '1월에만 볼리비아에 10억 달러를 투자하기로 약속한 중국 기업을 세 개나 보았다.'라고 설명했다.

서방 국가들도 희토류 자원 확보에 큰 관심을 보이고 있다. 스웨덴에서는 유럽의 가장 큰 광석 매장지를 발견하였고, LKAB의 얀 모스트롬Jan Mostrom CEO는 2023년 이내에 채굴에 필요한 면허를 신청할 계획이라고 밝혔다.[180] 이 광산에는 100만 톤 이상의 희토류 산화물이 있을 것으로 추정되지만, LKAB는 어떤 종류의 희토류를 채굴할 예정인지는 구체적으로 공개하지 않았다.

희토류는 그 특성상 서방과 동방 시장 간에 치열한 경쟁이 벌어지는 자원이다. 이런 상황을 우려하여 미국은 핵심 광물 안보 파트너십Minerals Security Partnership, MSP을 주도하여 설립하였다. 이러한 파트너십에는 호주, 캐나다, 핀란드, 프랑스, 독일, 대한민국, 일본, 이탈리아, 노르웨이, 스웨덴, 영국, 미국 및 EU 등이 참여하고 있다.[181] 대한민국은 2022년 2월에 독일, 프랑스, 영국, 호주, 일본과 함께 이 파트너십에 합류하였다.

호주전략금속Australian Strategic Metals은 호주산 원료로 희토류 금속을 한국에서 생산하기 위해 자회사인 KSM과 합작 투자 회사를 2022년 5월에 설립하였다.[182] KSM은 충북 오창에 연간 5천~1만 톤

규모의 희토류 생산 공장을 건립하고 현대모비스에 공급하고 있다.

중국에 대한 견제 조치가 공식적으로 이루어졌다. 캐나다 혁신과학산업부는 2022년 11월 국가 안보 및 정보 기관의 다단계 국가 안보 검토 프로세스를 바탕으로 중국 기업들에게 캐나다 광산 회사 3곳의 지분 매각을 명령하였다.[xi] 중쾅 희토류中矿(香港)稀有金属资源有限公司, Sinomine(HK), Rare Metals Resources 소유의 파워 메탈즈Power Metals Corp., 셩저 리튬盛泽锂业国际有限公司 소유의 리튬 칠레Lithium Chile Inc., 장거 광업藏格矿业投资(成都)有限公司 소유의 울트라 리튬Ultra Lithium Inc. 등이다.[183] 캐나다 투자법에 따르면 해당 장관의 명령은 최종적이며 항소가 불가능하다.

전기차 배터리 분야에서 중국의 우위는 어느 정도인가? 지금까지 유일한 승자는 중국이다.[184] 중국은 전기 자동차용 배터리의 주요 원재료인 코발트 광산의 41%, 코발트 제련의 73%, 양극재의 77%, 음극재의 92%를 통제하고 있다. 또한, 전기 배터리 제조 분야에서 66%의 점유율을 차지하고 있으며 전기 자동차의 54%를 생산하고 있다.

컨설팅 그룹 벤치마크 마이닝 인텔리전스Benchmark Mining Intelligence 의 추산에 따르면, 2030년까지 중국은 다른 모든 국가의 합계보다 두 배 이상 많은 배터리를 생산할 것으로 예상된다. 전기 자동차는 기존 자동차에 비해 약 6배 더 많은 희토류를 사용하게 되는데, 이

---

xi 캐나다 정부는 다음 31개 광물을 희토류로 지정하고 관리하고 있다; 알루미늄, 안티몬, 비스무트, 세슘, 크롬, 코발트, 구리, 형석, 갈륨, 게르마늄, 흑연, 헬륨, 인듐, 리튬, 마그네슘, 망간, 몰리브덴, 니켈, 니오븀, 백금 그룹 금속, 칼륨염, 희토류 원소, 스칸듐, 탄탈륨, 텔루륨, 주석, 티타늄, 텅스텐, 우라늄, 바나듐, 아연.

는 중국이 전 세계 코발트 채굴의 41%와 배터리의 전하 캐리어로 사용되는 리튬 채굴의 절반 이상을 통제하기 때문이다.

배터리의 음극재로 사용되는 흑연은 대부분 중국에서 채굴된다. 미국은 흑연을 합성하기도 하지만, 이는 비용이 많이 들어간다. 배터리 광물 추출에는 상당한 양의 에너지가 필요하며, 강철이나 구리 제련과 비교하여 3~4배 더 많은 에너지를 요구한다. 모든 배터리 재료 중에서, 음극은 제조 과정이 가장 복잡하고 에너지 집약적이다. 그런데도 중국은 이 분야에서 가장 경쟁력 있는 제품을 제공하고 있다.

독일 RWTH 아헨 대학의 하이너 하이머스Heiner Heimers 교수는 중국이 북미나 유럽 국가보다 절반의 비용으로 배터리 공장을 건설할 수 있다고 지적했다. 주된 원인은 중국의 인건비가 상대적으로 낮고 장비 제조 업체가 풍부하기 때문이다. 전략 및 국제 연구 센터의 스콧 케네디 수석 고문은 '중국과의 직접적 혹은 간접적 협력 없이는 전기 자동차 분야에서 성공하기 어렵다.'라고 강조했다.

2022년에는 리튬, 코발트, 니켈과 같은 배터리 원자재 가격의 급등으로 10년 만에 전기 자동차 배터리의 가격이 상승했다. 2021년 한 해 동안 리튬 가격은 434% 상승하였고, 2022년 초기 3개월 동안에 거의 두 배 증가했다.[185] 벤치마크 미네랄 인텔리전스 Benchmark Mineral Intelligence에 따르면, 정제된 제품인 수산화 리튬의 가격은 2022년 3월에는 2021년 초 수준의 8배 이상으로 톤당 거의 7만 달러까지 올라갔고, 이는 사상 최고가에 근접했다.[186] 덕분에 리튬 카본 배터리를 만드는 쟝시특수전기江西特种电机股份有限公司는

2022년 1분기 이익이 전년 대비 829% 증가했고 염호에서 리튬을 추출하는 칭하이 염호공업青海盐湖工业集团股份有限公司은 1분기 이익이 전년 대비 348% 증가했다. 업계 전문가들은 원자재 가격의 상승이 지난 2년간 반도체 부족 때문에 발생한 것과 유사한 장기적인 생산 차질을 야기할 것으로 보고 있다. 이에 테슬라는 상황 개선을 위해 필요한 경우 직접 개입할 것임을 밝혔고, 중국 정부 역시 가격 정상화를 촉구했다.[187]

전기 자동차 배터리 가격의 급등은 배터리 재료인 희토류 가격의 상승을 의미하며, 이는 중국의 영향력 확대를 나타낸다. 2022년 9월을 기준으로 중국은 세계 리튬 이온 배터리의 76%를 생산할 것으로 전망되었다. 특히, 우크라이나 전쟁으로 인한 에너지 가격과 물가 상승의 영향 아래 유럽의 자동차 제조 업체들은 배터리 공급에 중국의 CATL, 한국의 LG화학, 일본의 파나소닉 등 아시아 기업들에 대한 의존도가 높아질 것을 우려하고 있다.[188]

인도네시아는 니켈 자원이 풍부하여 전기 자동차 배터리 제조국이 되기 위한 전략을 세우고 있다. 그러나 2025년, 첫 배터리 공장 건설을 목표로 할 때 리튬 공급이 충분하지 않다는 문제가 있다. 인도네시아는 니켈을 기반으로 배터리 산업 진출을 계획하고 있으나, 리튬 공급과 기술 부족 문제를 아직 해결하지 못하고 있다. 대한민국의 LG 에너지 솔루션, LG 화학, 포스코와 화요우 그룹华友控股集团有限公司 및 HKML로 알려진 국영 인도네시아 배터리 공사IBC와의 11억 달러 규모의 합작 투자 공장 프로젝트는 이미 어려움을 겪고 있다는 소식이다. 전기 배터리 경쟁은 개발도상국만의 노력으로 추진하기 어려운 단계로 진입한 것으로 보인다.

이에 반해 전기 자동차용 배터리 시장에서 주요한 역할을 하는 CATL은 중요한 코발트 생산 업체인 뤄양 몰리브덴洛阳钼业의 지분을 인수하기로 하여 중국 전기 자동차 공급망의 수직 통합을 더욱 강화했다.[189] 뤄양 몰리브덴은 콩고에 위치한 세계 최대의 구리 및 코발트 광산을 포함하여 중국과 아프리카에서 다양한 금속을 채굴 중이다.

이러한 상황 속에서 서방의 전기 자동차 제조 업체들이 중국의 전기 자동차와 경쟁하는 것은 점점 더 어려워 보였다. 골드만삭스의 분석에 따르면, 서방 국가들이 중국의 배터리 기술에서 독립하려면 2030년까지 배터리에 782억 달러, 부품에 604억 달러, 리튬, 니켈, 코발트 채굴에 135억 달러 그리고 정제 과정에 121억 달러 등 총 1,600억 달러 이상의 자본 투자가 필요하다고 추산되었다.[190]

그러므로 이런 상황에서 서방이 중국과 전기 자동차 분야에서 경쟁한다는 것은 매우 어려운 상황이었다. 서방은 중국의 전기 자동차 배터리를 배제하려면 극단적인 디커플링 말고는 다른 대안이 보이지 않았다. 중국이 코발트 공급을 비축하면서 GM은 현재 사용 중인 배터리보다 70% 적은 코발트를 필요로 하는 얼티멈Ultium 배터리 셀의 개발에 착수했다. 오크리지Oak Ridge 국립 연구소는 금속이 전혀 필요하지 않은 배터리를 개발하는 등[191]의 노력을 하였다. 물론 이러한 노력이 진행되고 있지만, 현실적인 문제 해결에는 상당한 시간이 필요하다. 이러한 상황이 바이든 행정부가 전기 자동차 제조 업체에 대해 최대 세액 공제를 제공하는 지침을 발표한

주요 배경이 되었다

그러나 여기서도 지정학적인 이슈와 디커플링 문제가 복합적으로 작용하였다. 미국과 일본은 일본 자동차 제조 업체가 미국의 전기 자동차 세금 공제 혜택을 받을 수 있도록 전기 자동차 배터리의 주요 원료에 관한 무역 협정을 체결하였다.[192] 바이든 행정부의 한 고위 관리에 따르면, 이 빠르게 진행된 협상은 양국이 전기 자동차 배터리의 핵심 원료에 대한 수출 제한을 금지하기 위한 것이었다.

이 협정에 따라 양국은 리튬, 코발트, 망간, 니켈 및 흑연에 대한 수출 관세를 상호적으로 면제하기로 했다. 목적은 당연히 미국과 일본의 중국에 대한 의존도를 줄이는 것이었다. 현재 미국은 EU 및 영국과의 협상을 진행 중이나, 한국과의 구체적인 협상은 아직 진행 중이 아니다.

리튬

우르줄라 폰 데어 라이엔 EU 집행위원장은 전기 자동차 구동 모터에서 필수적인 자석의 원료인 희토류와 자동차 배터리의 주요 원료 중 하나인 리튬의 중요성을 강조하였다. EU 집행위원회의 공동 연구 센터JRC는 2030년까지 리튬 수요가 현재의 18배로, 2050년까지는 60배로 증가할 것이라 예상하고 있다. 미국 국무부 경제 성장 및 에너지 환경부 호세 페르난데즈Jose Fernandez 차관은 미국의 리튬 수요가 향후 몇 년 안에 42배 증가할 것이라고 발표한 바 있다. 이에 따라 리튬은 이제 '화이트 골드'라고 불리고 있다.

미국 지질조사국의 자료에 따르면, 리튬의 확인된 매장량은 볼리비아에서 약 2,100만 톤으로 가장 많고, 그다음으로는 아르헨티나(1,930만 톤)와 칠레(960만 톤)가 이어진다. 칠레는 세계에서 두 번째로 많은 리튬을 생산하는 나라로, 호주 다음에 위치한다. 멕시코의 매장량은 170만 톤(세계 9위)에 그치지만, 미국과 캐나다와의 지리적 근접성 때문에 리튬 공급에 있어 중요한 위치를 차지하고 있다.

칠레 대통령 가브리엘 보릭Gabriel Boric은 국내의 민간 기업이 운영하는 리튬 광산에서 단순히 광물을 수출하는 대신, 배터리와 같은 부가가치가 높은 제품을 국내에서 생산하여 글로벌 공급망에 참여하길 희망한다. 그러나 희토류는 이미 민간 경제 영역을 넘어서 지정학적 요소로 작용하고 있어, 단순한 비즈니스 관점만으로는 문제 해결이 어렵다.

미국 남부사령관 로라 리차드슨 장군은 2023년 3월 하원 군사위원회에서의 연설에서 '중국이 라틴 아메리카와 카리브해 지역에서 경제, 외교, 기술, 정보 및 군사 영역에서 영향력을 확대하고 있다.'라고 지적했다. 그녀는 아르헨티나, 볼리비아, 칠레로 이루어진 '리튬 삼각형'에 주목하면서 중국이 이 지역의 리튬 자원에 공격적으로 관심을 가지고 있다고 언급했다.[193] 이 사실은 미국이 리튬 자원이 풍부한 남미 국가들에 대해 지정학적 그리고 군사적 영향력을 확장하려는 의도를 암시한다.

실제로 중국은 '리튬 삼각형'에 큰 관심을 보이며 적극적으로 진출하고 있다. 볼리비아는 세계 최대의 리튬 매장량을 자랑하지만, 이를 효과적으로 개발할 수단은 거의 없다. 볼리비아에서 중국의 CATL, 광둥방푸广东邦普循环科技有限公司 및 중국 몰리브덴中国钼业이 리튬 프로젝트에 거의 10억 달러를 투입했다. 아르헨티나에서는 치루이자동차奇瑞汽车가 전기 자동차 공장 건설에 약 4억 달러를 투자할 계획이다.

아르헨티나와 중국은 2022년에만 Salta, Catamarca 그리고 Jujuy 지역에서 최소 9개의 투자 프로젝트를 발표하였으며, 이를 통해 리튬 채굴 분야에서의 협력을 더욱 강화하고 있다. 간펑 리튬赣锋锂业은 아르헨티나 광산 그룹인 리테아Lithea를 최대 9억 6,200만 달러에 인수하기로 합의했다.[194] 그리고 칠레에서는 칭산 그룹 등 중국 기업들이 안토파가스타Antofagasta의 리튬 산업 단지 건설에 투자를 약속했으나, 구체적인 투자 금액은 아직 확정되지 않았다.

아프리카는 중국이 적극적으로 관심을 갖고 개발하고 있는 지역 중 하나이다. 아프리카의 짐바브웨, 콩고민주공화국, 가나, 나미비아 그리고 말리에서는 총 438톤 규모의 리튬이 매장되어 있다고 추산된다. 특히 짐바브웨에서는 외국 기업의 독자적인 법인 설립을 부분적으로 허용하고 있어, 중국 기업들의 주요 투자 대상이 되고 있다. 짐바브웨는 아프리카 내에서 가장 큰 리튬 매장량을 보유하고 있긴 하지만, 충분한 투자가 이루어지지 않아 대부분이 아직 개발되지 않은 상태다. 2021년에는 화요우 코발트华友钴业, 중쾅자원그룹中矿资源集团, 선전청신리튬深圳盛新锂能集团股份有限公司, 쓰촨야화그

전략 자원의 공급망 리스크가 밀려온다

룹四川雅化实业集团股份有限公司, 쑤저우톈화苏州天华超净科技股份有限公司의 5개 기업이 짐바브웨의 리튬 채굴 사업에 투자하였다. 그 후 2022년 2월에는 중쾅자원그룹이 짐바브웨의 최대 리튬 광산 지분 74%를 1억 8천만 달러에 인수하였다.

중국에 해외 시장에서 앞서나가는 것을 목격한 서방 국가들은 자국 내의 리튬 자원에 주목하기 시작했다. 프랑스의 주요 광산 회사인 이머리Imerys는 2022년 10월 프랑스 중부 보부아Beauvoir에서 리튬 채굴을 시작한다고 발표했다. 이들은 2028년부터 연간 3만 4천 톤의 리튬을 채굴할 계획을 세우고 있으며, 이런 규모는 대략 70만 대의 전기 자동차의 리튬 수요를 충족시킬 수 있을 것으로 보인다.

한편, 우리나라는 전체 리튬 수입의 대부분, 즉 95%를 중국(64%)과 칠레(31%)에서 수입하고 있다. 국내에서는 하이니켈 배터리 생산이 점점 확대되고 있는 상황이어서 앞으로 중국산 수산화리튬에 대한 의존도가 더 커질 것으로 예상된다.[195] 특히 칠레의 리튬 공급이 중국의 영향 아래 있기 때문에, 우리나라의 리튬 공급은 사실상 중국에 크게 의존하고 있다는 점을 강조할 필요가 있다.

코발트

콩고는 전 세계 코발트의 70% 이상을 차지하고 있으며, 이는 전기차 배터리 제조에 필수적인 자원이기 때문에 큰 관심을 받고 있다. 중국은 코발트의 60%를 콩고에서 조달하고 있다. 2023년 5월, 콩고 대통령 치세케디Tshisekedi는 2008년에 중국과 체결된 62억 달러의 광물 계약을 수정하고 싶어 한다. 전임자 조세프 카빌라Joseph Kabila가 합의한 것보다 더 많은 몫을 요구하고 있는 것이다.[196] 본질은 코발트가 이제 많이 귀해졌으니 돈을 더 내놓으라는 것이 콩고의 요구 사항이다.[xli] 이는 궁극적으로 지정학적 경쟁의 영향을 받는 상황인 것으로 보인다. 그러나 이로 인해 코발트의 가격이 상승하면 서방 국가들 또한, 손해를 볼 가능성이 있다.

중국이 전 세계 코발트 생산량에서 차지하는 비중은 2025년까지 44%에서 50%로 증가할 것으로 예상된다.[197] 중국은 2022년에 5년 전 대비 두 배 이상인 14만 톤의 코발트를 정제했다고 추정되며, 다른 국가들은 대체로 4만 톤에서 정체 상태이다. 이러한 추세로 볼 때, 아시아의 대표 경제 강국인 중국이 전 세계 코발트 정제 능력의 77%를 차지할 것으로 예측된다.

미국은 아프리카에 대한 중국의 상대적 우위를 줄이려는 노력을 계속하고 있다. 2022년 12월 워싱턴에서 개최된 미국-아프리카 정상회담에서 바이든 대통령은 앞으로 3년 동안 아프리카 대륙에 550억 달러를 투자할 것이라고 발표하며 미국의 영향력 확대 의지를 드러냈다. 그러나 지정학적 복잡성, 정권의 불안정성, 민주화 과정과 같은 여러 요인들이 미중의 아프리카 접근을 어렵게 만들고 있다.

콩고의 상황도 이를 반영한다. 2021년 후반, 정부군이 반군 M23의 압박을 받아 큰 위기에 처했다. 이와 관련하여 르완다 정부 대

---

xli 치세케디의 배후에는 미국이 있다는 소문도 있다.

표는 유엔과 서방 국가들이 지난 30년 동안 콩고의 문제를 해결하지 못했다고 지적했다. NYU 상하이와 University of British Columbia의 조교수인 리샤오쥔Xiaojun Li은 중국의 원조가 정치적 조건 부담이 적고, 서방 국가의 원조보다 신속하고 효과적으로 지원되기 때문에 수혜국에서는 중국의 원조가 더 매력적으로 보인다고 언급했다. 이러한 이유로 앞으로 아프리카에서는 중국의 영향력이 서방보다 더 커질 것으로 예상된다.

한국의 코발트 대중 수입 비중은 2018년 53.1%, 2019년 56.3%, 2020년 83.3%로 꾸준히 상승한 후, 2021년에는 64.0%로 다소 감소했으나 2022년에는 다시 증가 추세를 보였다.[198] 대한상공회의소의 '이차 전지 핵심 광물 8대 품목의 공급망 분석' 보고서에 따르면, 한국은 이차 전지 제조에 필요한 8대 핵심 광물 중 5개 품목에서 독일, 일본, 중국과 같은 주요 경쟁국보다 수입 의존도가 훨씬 높았다. 특히, 8개 핵심 광물 중 탄산리튬(칠레 출처)과 황산니켈(핀란드 출처)을 제외한 6개 품목의 경우 중국에 크게 의존하고 있었다. 그러나 칠레가 생산하는 리튬도 중국의 영향을 크게 받을 가능성이 있어, 실질적으로 한국이 중국에 의존하는 핵심 광물 품목은 총 7개로 볼 수 있다.

한국이 중국 이차 전지의 교차 시장

중국 리튬 화합물 제조 업체인 쓰촨 야화 산업四川雅化实业集团股份有

限公司은 모로코에서 한국의 LG 에너지 솔루션과 함께 구미 시장에 적합한 리튬 소재를 생산하기 위한 파트너십을 체결했다.[199] 그러나 세부 사항은 아직 협상 중이다. 야화와 LG 에너지 솔루션은 2021년부터 협력해 오고 있으며, 야화는 2025년까지 매년 3만 톤의 수산화리튬을 LG에 공급하는 계약을 체결하였다.

조선일보는 2023년 5월 한국 기업과 손잡은 중국 배터리 소재 기업의 조(兆) 단위 투자가 이어지고 있다고 보도했다.[200] 포스코퓨처엠과 중국의 화요우 그룹은 1조 2천억 원을 투자하여 전구체[xlii] 생산 라인을 건설한다는 것인데, 원재료의 90%를 중국에서 수입한다. LG화학도 화요우 그룹과 1조 2천억 원을 투자해 전구체 공장을 짓는다. 2023년 3월에는 SK온과 에코프로머티리얼즈가 중국의 거린메이그와 합작하여 1조 2,100억 원을 투자한 전구체 공장 건설 계획을 발표했다. 세계 최대 전구체 기업인 중웨이 그룹 역시 현재 한국의 합작 파트너를 찾는 중이다. 또한, 중국 룽바이容百科技는 한국 자회사인 재세능원을 통해 1조 원 규모의 양극재 공장 확장 계획을 발표했다. 이런 투자를 종합하면, 발표된 투자 총액은 5조 원을 넘어선다.

이는 디커플링 시대에도 역설적으로 한국이 중국에 교차 시장의 역할을 하는 사례를 볼 수 있다. 중국 제조의 배터리를 서방에 직접 수출하는 것이 어려워지면서, 미국의 인플레이션 감축법 기준을 충족시키기 위해 중국 내의 부가가치 부분을 줄여야 한다. 이에 따라 전기 배터리 기술을 보유한 한국 기업과 합작하여 중국 내에

---

xlii 니켈·코발트·망간 화합물로 양극재의 핵심 재료.

전략 자원의 공급망 리스크가 밀려온다

서의 수입품 원가 비중을 줄이는 대신, 합작 기업과의 이익을 공유하여 원재료로부터의 이익을 보충하려는 전략을 취하고 있다.

7장.

대한민국의 선택,
새로운 세계 질서

대한민국은 어떻게 위기를
극복할 것인가?

　필자가 보는 세계는 미중 경쟁을 넘어 언제든 무력 충돌할 수 있는 상황에 진입했다고 판단된다. 세계 각국의 전문가들은 미중 갈등의 심화와 함께 국가주의, 민족주의 및 포퓰리즘의 확산을 예상하고 있다. 이로 인해 국수주의, 배타주의 그리고 국산품 선호 및 외제 제품 회피의 흐름이 강화될 것이다. 윤석열 정부는 이에 옳고 그름을 떠나 서방의 편에 명확히 서 있으며, 중국을 대립 관계로 봄을 분명히 했다. 2023년 8월, 한미일 정상의 소위 캠프 데이비드 선언은 미국의 중국을 겨냥한 인도 태평양 전략의 완성이었다. 이로써 대한민국은 공식적으로 중국의 반대편에 선 것이다. 당연히 중국과의 디커플링은 이제부터 물살을 타고 급류를 지날 것이다.

　이제 디커플링이 초래한 경기 부진은 전 세계로 확산되기 시작했다. 중국의 수출액은 3,149억 달러로 동기 대비 7.1% 증가했지만, 전년 대비 18% 상승했던 것과 비교하면 그 증가세가 크게 둔화된 것이다.[1] 타이완의 수출 증가율은 7월의 14.2%에서 8월의 2%로 급감했다. 대한민국의 대중국 수출은 연속 감소세를 보였으며, 2023년 1월부터 4월까지의 무역 적자는 253억 달러로 집계되었다.

S&P 글로벌의 PMI 지수 조사에 따르면, 2023년 8월 세계 경제 생산량은 2020년 6월 이후 처음으로 감소하였다. ING의 아이리스 팡Iris Pang은 유럽의 에너지 비용 급증으로 인해 사람들이 겨울철 가스 요금을 대비해 저축할 것이며, 이로 인해 중국의 수출 수요가 앞으로 몇 달 감소할 것이라고 전망했다.

선진국의 수요 약화로 인해 중국의 동남아시아 반제품 수출이 위축되어 중국의 대동남아시아 상품 수출이 전년 동기 대비 3개월 연속 감소했다. 중국의 최대 무역 파트너인 동남아시아국가연합(아세안) 회원국으로의 수출은 2023년 6월에 16.9%, 5월에 15.9% 그리고 7월에는 21.4% 감소한 것으로 나타났다.[2] 세계적인 수요 위축으로 중국 경기가 부진하며 아세안 등 개도국 수출도 약화되는 상황이다. 이는 글로벌 경기의 부진을 가져오는 악순환을 만들고 있다.

필자는 대한민국이 디커플링 후 경제와 사업 차원에서 어떻게 발전해 나갈 수 있을지 고민해 보았다. 가장 중요하게 지적하고 싶은 것은 이런 전략을 추구하려면 상위 전략이 필요하다는 점이다. 국가 차원에서 확정된 국가 전략이 있다면, 그 아래에서 기업이나 개인은 자신의 영역에서 최선의 선택을 할 수 있을 것이다. 옳고 그름을 떠나, 국가 전략이 명확히 정해져 있다면 기업이나 개인은 많은 불확실성을 줄일 수 있을 것이다. 국가 전략이 주어진다면 그 전략하에 기업은 자신의 영역에서 최선의 전략을 수립할 수 있고 개인도 국가, 산업, 기업의 전략을 지켜보면서 자신과 자신의 가족에게 최선인 방법을 도모할 수 있다.

그러나 유감스럽게도 현재 우리나라는 거의 무전략 상태에 가깝다고 판단된다. 윤석열 정부는 실질적으로 미일한[i] 군사 동맹의 방향을 따르고 있어, 결국 중국과의 충돌 가능성이 커 보인다. 그렇지만 정부는 아직 이 방향성을 공식적으로 발표하지 않았다. 생존 전략을 구상하는 입장에서는 대한민국에 현재 명확한 국가 전략이 없다는 전제하에 행동할 수밖에 없다. 이는 충분히 현실적인 가정으로 보인다.

그렇다면 국가 전략이 부재한 상황에서 기업은 어떤 전략을 마련해야 할까? 시장 중심의 관점에서 보면 디커플링은 세 가지 옵션을 제시한다.

- 중국에서 철수하고 서방 시장에 주력하는 전략
- 서방의 제재에도 불구하고 중국 시장을 유지 또는 강화하는 전략
- 교차 시장으로 우회하여 중국 시장과 서방 시장을 모두 유지하는 전략

---

i 한미일로 표기하지 않고 미일한으로 표기하는 것은 '미일'이 앞서서 대한민국을 끌어들인다는 의미를 포함하려는 의도이다.

이 세 가지 옵션은 모두 장단점을 가지고 있다. 우선 서방 시장 주력 전략은 명확하며 불확실성이 적다는 장점이 있고, 대한민국 정부의 정책 방향과도 잘 맞아떨어진다. 그러나 중국 시장에서의 현재 이익을 포기해야 하며, 교차 시장 전략을 취하는 경쟁국 기업에 비해 경쟁력이 떨어질 가능성도 있다.

중국 시장 유지 전략은 현재 우리 기업의 중국 시장 편중 상황을 고려하면 대안으로 생각될 수 있다. 하지만, 서방의 각종 제재는 지속적으로 증가할 것으로 예상되기에 압박은 계속해서 커질 것이다. 또한, 중국 시장 내에서의 경쟁력을 유지할 수 있을지도 보장할 수 없다.

물론 서방의 제재 대상이 아닌 사업은 문제가 되지 않는다. 예컨대, 식품이나 화장품과 같은 분야는 서방의 제재 대상이 되지 않을 것이다. 그런 분야에서 사업을 운영한다면, 서방과 동방 시장 중 하나를 포기할 필요가 없다.

기술 중심의 사업이 서방의 제재 대상이 될 가능성이 있다면, 베트남이나 인도와 같은 교차 국가로 생산 기지를 옮기는 것이 가장 효과적인 전략일 수 있다. 그렇지만, 특정 시장에만 전념하는 기업과 비교하면 상대적인 단점도 존재한다. 결국, 각 기업의 상황과 조건에 가장 적합한 방안을 선택해야 한다.

대한민국의 전략적 방향성을
이야기하다

　필자는 《이미 시작된 전쟁》에서 미중 전쟁 시나리오를 이미 다루었으므로 이곳에서 다시 언급하진 않겠다. 그러나 타이완 통일 문제는 시진핑의 개인적 전략이 아닌 중국 정치 체제의 결정이다. 프린스턴 대학의 방문 학자인 자오통Tong Zhao 교수는 중국의 선전 기관들이 반미적 내러티브를 홍보하고 있어, 중국 대중과 정책 엘리트들은 미국을 치명적인 위협으로 인식하며, 미국과의 대결이 불가피하다고 생각하고 있다고 지적하였다.3) 이러한 인식은 중국의 지도자들에게 전쟁 준비의 중요성을 강조할 것을 요구하며, 시진핑의 통제를 벗어난 피드백 루프를 형성하고 있다는 견해도 있다는 점을 지적하고 싶다.4)

레이 달리오[ii]가 언급한 미중의 전쟁 가능성[5]과 전 주미 중국 대사인 추이톈카이崔天凱가 미국 대선 기간 동안 미중 관계에 '충격적인驚濤駭浪' 일이 일어날 수 있다고 경고한 것[6]은 연결되는 맥락이다. 시진핑도 중화인민공화국 건국 100주년이 되는 2049년까지 '조국 부흥이라는 중국몽'을 달성하기 위해 통일을 '불가피한 사항'이라고 한 사람이다.

만일 양안 전쟁이 일어나 미국 및 서방이 이에 개입한다면 어떤 결과를 초래할까? 윤석열 정부는 대한민국을 미국 주도의 미일한 군사 동맹 체계 안으로 이끌어 가고 있다. 이러한 배경하에 타이완 문제에서의 충돌이 발생하면, 중국, 러시아, 북한과 미일한 간의 대규모 전쟁이 일어날 위험이 높아진다. 실제 전쟁이 발발하지 않더라도 양측의 관계 악화는 거의 확정적인 결과로 보인다.

양 진영 간의 경제 협력이 중단되거나 큰 타격을 받게 될 경우, 우리나라를 포함한 전 세계는 기존의 경제 구조가 무너지며, 실제로 공급망의 분리에 직면하게 될 것이다. 공급망의 디커플링은 글로벌 시장이 하나의 통합된 시장으로서 기능하지 못하고, 두 개의 별도의 시장으로 분리됨을 의미한다.

대한민국에서 '시장'이란 우리 제품을 팔 수 있는 장소와 거의 같은 의미로 사용된다. 그러나 시장은 또한, 우리에게 필요한 원자재,

---

ii 레이 달리오는 미국과 중국은 전쟁 직전에 있으며 대화할 수 있는 능력을 넘어섰다고 미중의 전쟁 가능성을 이야기하였다. 그는 근거로 a) 양측이 서로의 레드라인에 매우 가깝고, b) 양측이 서로의 레드라인을 넘을 위험에 처한 상대방을 밀어붙이기 위해 벼랑 끝 전술로 일관하고 있으며, c) 향후 18개월 동안 정치적으로 더 공격적인 벼랑 끝 전술이 일어날 가능성이 높기 때문이라고 하였다. 또한, 지금부터 2024년까지 미국과 타이완의 선거는 미국의 반중 벼랑 끝 전술로 이어질 가능성이 높다고 보았다.

대한민국의 선택, 새로운 세계 질서

부품 및 설비를 구매하는 장소로서의 중요성도 갖는다. 자원이 부족하여 주로 가공 무역에 의존하는 우리나라에서는 수출 시장만큼이나 조달 시장의 중요성이 크다. 앞으로 서방 주도의 공급망 분리가 이루어진다면, 대한민국의 조달 시장에도 큰 영향이 있을 것으로 예상된다.

또한, 공급 시장의 분리는 국가 간의 공급망 확보 경쟁을 촉발시킬 것이며, 이때 대한민국이 어느 정도 성과를 올릴 수 있을지에 대한 우려가 크다. 만약 우리가 필요한 공급망을 충분히 확보하지 못한다면, 가공 무역 위주의 경제 구조를 가진 대한민국은 공급망 문제에 큰 타격을 받게 될 것이다. 그 결과로 물가 상승, 상품 부족, 국제 경쟁력 저하, 기업 도산 및 실업 증가 등의 문제가 발생할 수 있으며, 이는 1997년 IMF나 2008년 리만 브라더스 사태와 같은, 혹은 더 큰 경제 위기를 초래할 수 있다.

대외경제정책연구원은 공급망 재편과 관련하여, 중국이 국내 대순환 전략과 경제 안보를 이유로 기초 자원 및 중간재의 자체 공급 능력을 강화하면서 동시에 수출을 제한할 가능성이 있다고 지적하였다. 간단히 말하면, 중국이 원자재나 중간재 시장에서 대한민국을 포함한 타국을 배제하며, 심지어 수출까지 제한할 수 있다는 것이다. 대외경제정책연구원은 반도체, 배터리, 희토류 등의 주요 자원 공급망 강화나 전기차 배터리 관련 중국 정책 때문에 대한민국 기업의 중국 시장 진출이 어려워진 사례 등을 들며, 탈중국 공급망 전략 및 공급망 다변화 전략의 필요성이 증대되고 있다고 보았다.[7] 이러한 분석에 따르면, 중국 시장에서의 활동을 재고

해야 할 것으로 보인다.

그리고 대외경제정책연구원은 몇 가지 제안도 내놓았다. 미중 간의 기술 경쟁이 심화되고 중국의 공급망 내재화에 따른 대응 전략으로 국가 공급망 종합 전략 수립, 대한민국과 중국의 공급망 안정화를 위한 다층적 협력 플랫폼 구축 그리고 공급망 안정화 채널 구축 등이 포함되어 있다. 이러한 제안이 매우 합리적으로 보이지만, 현 정부에서 적극적으로 반영될지는 의문이다. 특히 최근 싱하이밍 대사와의 사건을 생각하면, 대한민국과 중국 간의 다층적 협력 구축은 쉽지 않을 것으로 보인다.

윤석열 정부는 중국과의 거리를 두는 것을 기정 사실화하며, 미국 및 서방과의 관계를 강화하는 방향으로 나아가고 있다. 이런 선택을 필자는 잘못되었다고 생각하지 않는다. 어떤 시각에서든 대한민국이 중국과 연대하여 서방을 대항한다는 선택은 현실적으로 고려하기 어렵기 때문이다. 그렇지만 윤석열 정부가 표출하는 '대한민국은 미국의 편이며 중국을 거리두기 원한다.'라는 메시지는 꼭 지금 당장 전달될 필요는 없다. 왜냐하면, 가능한 모든 선택지를 검토한 후에, 정말로 다른 대안이 없을 때 그 선택을 하는 것이 합리적이기 때문이다. 보다 나은 선택을 고민하고 결정하는 것이 좋지 않을까?

전략은 기본적으로 방법을 논하는 것이다. 따라서 먼저 목적을 잘 정의할 필요가 있다. 대한민국이 현 상황, 미중 디커플링에 대하여 구체적으로 어떤 목적을 달성하려 하는 것일까? 달성하려는 목적이나 목표가 있기는 한 것일까?

디커플링을 접근하는 우리나라의 목적을 경제적 차원에서 본다면, 주요 목표는 대한민국의 경제적 이익을 최대화하는 것이다. 물론, 다양한 다른 목적들을 설정할 수 있다. 독자 여러분들도 자신이 생각하는 대한민국의 전략적 목적을 한번 구체화해 보면 좋을 것이다.

국부 증대를 위해서는 대량의 생산이 필요하다. 그리고 이런 생산량을 유지하기 위해서는 적절한 시장과 판매처 그리고 필요한 자원의 확보가 필수적이다. 현재, 많은 국가들이 전략적 자원의 확보를 위해 노력하고, 이를 국제 협상의 장에서의 레버리지로 활용하고 있다. 자원을 많이 보유한 국가는 이러한 경쟁에서 상대적으로 유리하다.

그러나 모든 자원을 확보하려는 것은 현실적이지 않다, 그런데도 우리는 중요한 전략적 자원에 주목해야 한다. 특히, 많은 나라가 필요로 하지만, 공급이 제한된 자원에 더욱 집중하는 것이 중요하다. 그 이유는 확보된 자원이 협상 테이블에서의 레버리지가 되기 때문이다. 꼭 많은 자원을 보유하지 않더라도, 희귀하며 중요한 자원을 확보하는 것이 협상에서의 강한 위치를 확보하는 데 큰 도움이 된다.

각 나라가 중요시하는 전략 자원은 다르며, 미국과 중국의 경우도 서로 다른 전략 자원을 가지고 있다. 대한민국이 전략을 세울 때, 우방국보다 중국의 전략 자원이 더 중요한 고려사항이 된다. 필자는 중국의 주요 전략 자원으로 식량, 에너지, 반도체, 희토류 등을 언급하였다. 식량, 에너지, 희토류는 중국이 우리나라에 영향을 줄 수 있는 자원들이다. 반면 우리가 중국에 영향을 미칠 수 있는 분야는 반도체가 대표적이다. 단순히 반도체만이 아니라, 다른 과학 기술 분야도 중요한 영역으로 간주될 수 있다.

디커플링을 피해 가는 방법의 하나로 필자는 '두 번째 기술' 전략을 제안한다. 중국과 서방 간에 디커플링이 진행되는 상황에서, 양 지역이 같은 산업 표준이나 기술 표준을 유지할 필요는 없다. 동방 시장은 서방 시장과 다른 표준을 채택해도 된다. 그렇게 되면 서방에서 동방 시장 제품에 대해 제재를 할 명분이 없어진다. 왜냐하면 그 제품들이 근본적으로 다르기 때문이다. 이 제품들은 서방의 기술이 아니라 동방 특유의 기술을 활용한다.

동방의 독자적인 기술을 증명하는 것은 그들만의 기술 표준 및 산업 표준이 될 수 있다. 미국을 중심으로 한 서방이 문제 삼는 분야에서, 중국과 대한민국이 협력하여 새로운 표준을 만들 수 있다. 예컨대, 인터넷 표준을 동방 특유의 표준으로 만들어 기존 인터넷 표준과 다르게 상호 운용성을 제한한다면, 세계 인터넷은 두 영역으로 나뉘어 각각 내부에서만 소통하게 될 것이다. 양쪽 기술을 모두 사용하는 국가들만이 동방과 서방 국가와의 인터넷 소통이 가능하게 될 것이다. 표준 배터리 전압을 동방 시장에서 1.5V가 아닌 1.75V로 설정하거나, TV 방송 포맷을 변경하는 것도 그 예이다.

물론 이것들은 단순한 예시일 뿐이다. '두 번째 기술'이란 이미 일상에서 사용되는 기술의 표준을 변경한다는 것이 아닌, 보다 발전된, 더 나은 기술을 도입하면서 서방의 기술에 구애받지 않고 독창적인 방식으로 구현하는 것을 의미한다. 화웨이가 5G나 6G에서 제재를 받는다면, 중국은 서방의 기술 표준과는 다른 새로운 통신 표준을 도입할 수 있다. 그 과정에서 대한민국이 그 기술 개발에 협력한다면, 중국의 새로운 표준과 서방의 기존 표준을 모두 만족시키는 제품을 통해 시장을 선도할 수 있을 것이다.

필자는 대한민국이 중국과 협력하여 '두 번째 기술 표준'을 공동으로 개발하면서 교차 시장 국가의 역할을 할 수 있을 것이라고 생각한다. 이렇게 되면, 우리는 서방 시장뿐만 아니라 중국을 중심으로 하는 동방 시장의 기술 패권 경쟁에서도 주요한 역할을 할 수 있을 것이다.

그리고 우리 기업들은 많은 기술을 자체 개발했으나, 글로벌 주도 기술로 인정받지 못한 경우가 많다. 이러한 기술들, 특히 2등으로 소외된 기술들은, 기술적으로 취약한 동방 국가들과 함께 동방 기술 표준으로 발전시킬 기회가 있을 것이다. 그렇게 되면, 우리 기술 기업들에는 새로운 세계가 펼쳐질 수 있지 않을까?

현재 구미와 일본이 중국에 대해 적대적인 태도를 보이는 상황에서, 중국과 기술적으로 협력할 수 있는 국가는 많지 않다. 이런 상황에서 대한민국은 중국에게 이상적인 기술 파트너가 될 수 있다. 대한민국과 중국이 협력을 깊게 이어 나가면 다양한 분야에서의 협력이 가능해지고, 새로운 시장의 문이 열릴 것으로 보인다.

중국의 전략은 비교적 명확하다. 중국은 동방 시장을 통합하며 교차 시장 전략으로 서방 시장에 대항하려 한다. 반면 대한민국은 교차 시장 진입을 정부가 주도하는 것이 아니라 기업들의 개별 선택에 맡기고 있다. 그렇게 되면 산업 가치 사슬 단위로, 집중 산업 단위로, 공급망 전체를 동시에 이동하는 중국의 방식에 경쟁할 수 없을 것이다. 설령 교차 시장에 진출하더라도 현지 및 중국 기업과의 경쟁은 불가피하며, 이 경쟁에서 우위를 점하기는 쉽지 않을 것이다.

현재 상황에서는 많은 대한민국 기업들이 중국 시장에 대한 충분한 정보를 갖추지 못한 채 전략을 수립하기 어려워한다. 이로 인해 기업들은 낙관적이기보다는 비관적인 전망을 기반으로 대책을 마련하는 경향이 강하다. 이러한 흐름은 중국 내 대한민국 기업의 위축 및 철수를 야기할 수 있으며, 한중 간 무역에서 대한민국 제품이 중국 제품으로 대체될 위험이 커진다. 이는 중국이 대한민국에 대한 공급망 영향력을 강화하고, 필요한 경우 대한민국에 경제 제재나 압박을 가하게 될 가능성을 높인다. 이러한 상황을 고려해, 대한민국은 중국에 대한 공급망 종속을 줄이는 전략과 함께 수출 감소에 대한 대응책을 마련해야 할 것이다.

대한민국의 선택, 새로운 세계 질서

우리 기업은
어떻게 대응해야 하는가?

　미국은 자국뿐만 아니라 서방 각국에도 중국과의 디커플링을 촉구하고 있지만, 미국 기업과 마찬가지로 서방 국가들도 비슷한 어려움에 직면하며, 미국의 압박에 대한 반발도 있다. 2022년 9월, 독일의 BASF는 중국 남부 광둥성 '잔장 페어분트Zhanjiang Verbund 산업 단지'에서 첫 엔지니어링 플라스틱 공장[iii] 가동을 시작한다고 발표했다. 이 프로젝트는 BASF의 역대 최대 규모의 외국 투자이며, 중국에서 처음으로 시작되는 중화학 산업 프로젝트이다. 2018년에 계획되어 2019년 11월에 착공된 이 산업 단지는 약 9평방 킬로미터에 달하며, 2030년까지의 총투자액은 약 100억 유로(한화 약 14

[iii] 이 공장은 주로 중국 자동차 및 전자 산업에 공급하기 위해 연간 6만 미터 톤의 엔지니어링 플라스틱을 생산하도록 설계되었다.

조)에 이른다. BASF는 이미 시작된 이런 큰 규모의 투자 사업을 미국 정부의 권고에 따라 포기하기 어려울 것이다.

이렇게 미국이 좋아하든 말든 기업의 이익을 최우선으로 결정하는 것은 기업 차원에서 전략적인 선택이다. 특히 우리나라와 같이 대략적인 방향만 있고 구체적인 방침이 없는 경우에는 우물쭈물 눈치만 보다가 시기를 놓치기 쉬우니 과감하게 결정해 나가는 것이 결과적으로 더 좋을 수 있다. 소위 어떤 결정도 결정하지 않는 것보다 낫다는 말이다.

2023년 2월, 포드는 35억 달러 규모의 새로운 공장을 조만간 건설하며, 이 공장에서는 CATL의 리튬 인산철 배터리 기술을 사용하여 전기화를 추진할 계획이라고 발표했다. 이러한 계약 결정은 전기자동차에 대한 미국의 새로운 세금 공제 제도 시행과 관련한 인플레이션 감축법 때문에 이루어졌다. 가이드하우스 인사이트의 샘 아부엘사미드Sam Abuelsamid는 포드의 발표에 대해 'CATL이 중국 기업이 아니었다면 합작 투자가 되었을 가능성이 높다.'라고 말했다. 즉, 포드와 CATL은 정치적 상황을 고려해 합작 투자 대신 현재의 기술 협력 방식을 선택했으며, 이러한 선택은 정치적 파장을 최소화하기 위한 것으로 보인다.[8] 이는 기업의 목표 방향성을 유지하면서도 지정학적 상황을 고려하여 유연한 협력 전략을 취하는 것을 의미한다.

차이나 데일리China Daily는 상하이에 위치한 ABB의 새 로봇 공장이 시운전의 마지막 단계에 있다고 보도했다. 이 공장은 몇 달 안에 정식 가동될 것이라고 보도했다. ABB의 로봇 및 자동화 부서의 사미 아티야Sami Atiya에 따르면 약 1억 5천만 유로가 투자된 이 공장은 '로봇이 로봇을 만드는 센터'가 될 것이라고 한다. 그런가 하면 프랑스 항공 우주 대기업인 에어버스는 중국의 에어차이나, 중국동방항공, 중국남방항공, 선전항공 등으로부터 받은 292대의 A320 여객기 제작 주문을 위해 톈진에 합작 공장을 건설하기로 결정했다. 이들 기업의 특징은 이러한 투자 배후에 국가의 전략적 지원이 있었다는 것이다.

독일의 문서 누출 사건에서 보듯이 이들 국가는 대중국 투자 규모 총량에 대한 관리를 하고 있고 핵심 이익에 대하여 **국가 대 국가로서 협상과 거래를 하고 있다.** 대한민국의 경우 정부와 산업체가 2인3각으로 뛰는 경우가 없다. 이제 중국에 투자는 그만하라는 것이 대한민국 정부의 공식 메시지이기 때문에 더욱 이런 일은 없을 것이다. 하지만, 유럽 각국의 이런 모습은 미국 정계가 바라는 것처럼 중국과의 디커플링이 쉽게 이루어지지 않을 것임을 시사한다. 대한민국 기업들은 중국 시장에서 철수할 수밖에 없겠지만 그 빈 자리를 유럽 기업들과 교차 시장 국가 기업들이 채울 것이다.

많은 한국인들은 한한령 때문에 대한민국 상품의 판매가 어렵다고 생각한다. 이것이 사실일 수 있으나, 시간이 많이 흘렀다. 우리가 깨달아야 할 중요한 사실은 대한민국 제품뿐만 아니라 다른 나라의 제품들도 중국에서 판매가 잘 이루어지지 않는다는 점이다. 애플의 아이폰이나 테슬라의 전기 자동차와 같은 제품들은 자주 언급되지만, 중국 제품의 경쟁력이 상승함에 따라 많은 외국 기업들이 중국에서의 경쟁력을 잃어 가고 있다. 동시에, 많은 중국 기업들도 국내 경쟁에서 밀려 사라지는 현상도 간과해서는 안 된다.

현대 자동차의 부진에 관해 중국의 인터넷에 게시된 한 중국인의 의견을 인용하여 대한민국과 중국의 시각을 비교해 보려 한다. 해당 글의 중요한 내용은 다음과 같다.

10년 전 중국 시장에서는 대한민국 자동차가 큰 인기를 끌었으며, 특히 젊은 세대는 기아차와 현대차를 선호했다. 하지만, 최근에는 현대차의 대부분이 중국산 차량으로 대체되어, 2022년에는 기아차의 판매량이 중국에서 10만 대 미만으로 추정된다. 현대차와 기아차의 합산 판매량은 35만 1천 대에 불과하며, 이는 2016년의 180만 대와 비교하면 큰 차이다. 그렇다면 왜 대한민국 자동차는 이전에 중국에서 인기가 있었을까? 그 이유는 높은 성능에 비해 저렴한 가격으로 가성비가 뛰어났기 때문이다.

현재의 대한민국 자동차는 낮은 사양에 높은 가격이라든지, 낮은 사양에 낮은 가격을 지닌 차량이 주류다. 일각에서는 사드 사태 때문이라고 말하지만, 핵심 원인은 여전히 대한민국의 문제인 '이중 잣대'에 있다.[9] 현대자동차 임원 C씨도 '중국 소비자들의 불만은 많은 모델이 미국과 유럽에서 먼저 출시되고, 중국 시장은 이들 지역에 비해 상대적으로 뒤처진다는 점'이라고 인정했다. 해외 판매용 대한민국 자동차의 파워트레인과 중국 내 판매용 대한민국 자동차의 파워트레인은 다르다. 동일 모델이라 해도, 미국과 중국 시장에서의 차이는 크다. 예를 들어, 미국에서의 특정 모델은 8AT일 수 있지만, 중국에서는 더

블 클러치를 탑재한다.

이런 모든 문제에도 불구하고 대한민국 차의 가격은 계속해서 상승하고 있다. 한때 고사양으로 유명했던 대한민국 자동차는 이제 가난한 이들의 선택이 되었다. 지난 5년 동안 대한민국의 대표 모델인 쏘나타와 K5의 신형은 발전하는 대신 더욱 뒤처져 있어 보인다.

사실 대한민국 자동차 기업의 더 많은 문제점이 지적되어 있지만, 이 정도로만 요약하겠다. 몇몇 사람들은 대한민국 자동차가 품질, 성능, 가격 모두 우수함에도 중국 소비자들이 구매를 주저한다고 생각할 수 있다.

그러나 중국인들이 국적에 따라 몇천만 원짜리의 자동차를 선택할 것이라고 보는 것은 옳지 않다. 현실은 대한민국 자동차의 경쟁력이 감소한 것이다. 일본 자동차 역시 그 경쟁력을 잃어 가고 있으며, 중국 내 자동차 기업들 간의 경쟁도 치열하여 많은 중국 자동차 브랜드가 어려움을 겪고 있다. 대한민국 자동차만이 어려움을 겪는 것은 아니다.

디커플링 현상이 전 세계를 뒤흔들고 있을 때, 단순히 '국뽕'의 관점으로 상황을 바라보면 정확하게 파악하기 어렵다. 중국의 실상을 정확히 이해하려면 세밀한 관찰이 필요하다. 과대평가도, 과소평가도 하면 안 된다. 우리는 팩트를 근거로 상황을 정확히 평가하고 적절한 대응 전략을 세워야 한다.

서방 시장만 선택하는 전략

기업이 중러 시장을 사실상 포기하고 서방 시장에만 집중하는 경우를 생각해 보자. 이 전략은 일면에서는 매출 감소를 수용하는 안전한 방법으로 보일 수 있지만, 사실 교차 시장의 존재 때문에 간단한 문제가 아니다. 중국이나 러시아 기업의 경쟁력 상승에 따른 교차 시장 진입 기업들의 경쟁력도 함께 고려해야 한다. 만일 이들 기업들과 경쟁하기 어렵다면 신속히 중국 법인을 정리하고 나오는 것이 답이다. 그렇지 않다면 중국의 제조 거점을 교차 시장 국가로 옮겨 시장 변화에 대응하는 것이 유리하다. 이미 많은 기업들이 이 방식을 선택하고 실행한 바 있기에, 자세한 설명은 생략하겠다.

다른 기업들이 중국 시장에서 물러나는 동안 이를 기회로 보고 과감한 투자를 결정하는 기업들도 있다. 팀 쿡과 일론 머스크는 중국과의 관계 때문에 비난을 받고 있지만, 애플과 테슬라와 같이 적대적인 국내 정치 환경 속에서도 중국 시장을 지키려는 서방 기술 기업들은 많다.[10] 워싱턴에서 중국 제조에 대한 의존도를 줄이라는 요청에도 불구하고, 테슬라는 2023년 4월 상하이에 메가팩 에너지 저장 시스템 제조를 위한 공장 건설 계획을 발표했다.[11]

스타벅스는 중국 내의 매장 수를 현재 6천여 개에서 2025년까지 9천 개로 늘릴 계획이며, 2023년에는 쿤산에 1억 3천만 달러를 투자해 아시아 최초의 커피 로스팅 공장 건설을 예정하고 있다.[12] 스타벅스는 2022년에 320억 달러의 글로벌 매출을 기록했는데, 이 중 25억 달러는 중국에서 발생했다. 그러나 2022년 4분기 중국 매장의 매출은 전년 동기 대비 29% 급감했는데, 이는 예상된 팬데믹의 영향보다 4배나 큰 감소였다. 그런데도 스타벅스는 중국 시장에 적극적으로 진출하고 있다. 대한민국 기업 중 디커플링 대상이 아닌 기업들은 중국 시장에 진출을 고려할 수 있겠으나, 현재 한중 감정이 최악으로 악화되어 있어 대한민국 국적을 내세운 사업은 어렵다고 볼 수 있다.

이미 중국에 40개 이상의 공장을 보유한 폭스바겐은 중국 고객의 니즈를 반영한 노래방 기능 등을 포함한 맞춤형 모델을 제공하며, 생산 현장에 수십억 달러를 투자할 새로운 이니셔티브를 발표했다.[13] 독일 지정학 및 경제 이니셔티브 디렉터인 카트린 카민Katrin Kamin은 독일의 중국에 대한 의존도가 매우 높기 때문에 단기간 내에 두 나라 간의 무역 관계를 크게 줄이기는 어렵다고 지적했다.

파나소닉은 2024년까지 3년간 500억 엔 이상을 투자하여 10개 이상의 가전 및 공조설비 공장을 신설하거나 증설할 계획이다.[14] 파나소닉은 중국 시장의 니즈에 맞는 제품 개발을 진행함으로써, 2024년까지의 중국 사업 매출을 2021년 대비 20% 증가한 1조 엔을 목표로 한다. 이번 투자는 2000년 이후 중국 가전 및 공조 사업에 대한 파나소닉의 최대 투자로 평가되며, 18년 만에 중국에서 새로운 가전 공장을 설립하여 2024년 저장성에서의 생산을 시작할 예정이다. 파나소닉은 또한, 전자레인지와 밥솥과 같은 조리 가전의 연간 공급 규모를 20억 위안으로 확대하며, 광둥성에 미용 가전 공장 건물을 새로 짓고 에어컨 공장도 증설할 계획이다.

파나소닉의 중국에 대한 투자는 전략적 관점에서 볼 때 이해가 간다. 디커플링이란 용어는 모든 중국과의 거래를 중단하라는 의미로 해석될 수 있지만, 실제로는 바이든 정부가 집중하고 있는 반도체와 같은 일부 기술 제품을 제외하면 대부분의 사안에는 해당되지 않는다. 많은 외국 기업들이 중국을 떠나는 추세에도 불구하고, 파나소닉은 중국 시장에서의 점유율을 높이기 위한 집중 투자전략을 채택하고 있다. 그러나 중국인들의 대일 감정이 점점 강화되고 있기에, 이러한 투자가 성공적으로 이루어질 수 있을지는 앞으로 지켜봐야 할 부분이다.

두 개의 시장, 두 개의 사업 전략

시장 분리 전략은 회사를 두 개로 분할하여 서방 시장과 동방 시장을 별도로 운영하는 방식이다. 특히 일본과 타이완의 많은 기술 기업들은 미국향과 중국향 생산 법인을 각각 분리 운영[15]하며 리스크 헤징을 하고 있다.

예로 들면, 일본의 반도체 기업인 페로텍Ferrotec은 중국과 미국 고객 각자에게 별도로 서비스를 제공하려고 한다.[16] 미국의 고객들이 중국산 제품을 선호하지 않기 때문에, 페로텍은 중국 외의 지역에서 생산 거점을 확장하며 서방과 동방 시장을 따로 운영하려고 한다. 이 회사는 중국, 일본, 말레이시아에서 제조할 뿐만 아니라 미국에서도 생산을 고려하고 있다.

중국의 자율주행 트럭 스타트업인 투심플TuSimple Holdings도 디커플링 문제에 대응하기 위해 중국 사업 부문을 분사하여 독립적으로 운영할 계획이다. 이 분리될 법인의 가치는 약 10억 달러로 추정된다.[17] 이렇게 중국 하이테크 기업들이 생존하기 위해 중국향과 미국향으로 사업을 분할하는 경우가 점차 보이고 있다.

중국의 산안광전과 유럽의 STMicroelectronics는 충칭 공장에 32억 달러를 공동 투자하기로 결정했다. 이와 관련해 STMicroelectronics는 글로벌 파운드리와 함께 프랑스에 300나노 반도체 팹을 건설하기로 계약을 체결했다.[18] 이봉렬 씨의 말에 따르면, 이들은 자동차, 사물인터넷, 통신 장비에 사용되는 시스템 반도체를 생산할 예정이다. 팹 건설에는 75억 유로가 투자될 예정이며, 이는 유럽 반도체 법의 일부 지원을 받게 된다. 유럽의 목표는 2030년까지 유럽 내 반도체 생산 점유율을 두 배로 늘려 20%까지 증가시키는 것이다. 이러한 움직임을 통해 STMicroelectronics는 대규모로 시장 분리 전략을 실행하고 있다.

2021년, 타이완의 칩 제조 업체들은 자체 반도체 장비 산업을 세우기로 결정했다. 이 결정의 배경은 '서구와 분리될 수 있는 옵션'을 찾는 것이 주된 목적이었다. 2020년 5월에는 당시 트럼프 대통령이 미국 제조 장비 구매자에 대한 미국의 제재에 대응하는 형태로 이루어졌다. 이에 대한 합의를 위해 타이완의 네 개의 주요 무역 그룹과 세 개의 비영리 단체가 서명을 했다. 반도체 연구 그룹 VSLI의 산업 분석가인 댄 허치슨Dan Hutchison은 이러한 움직임을 보고 현재 미국 행정부가 중국을 견제하려는 조치와 중국이 자체 장비 산업을 구축하려는 움직임에 대한 방어적인 대응으로 해석했다.[19]

대한민국에서 기업들 간의 협력이 어려운 것과 대조적으로, 타이완에서는 동종 업계뿐만 아니라 이종 업체들 간에도 원활한 협력이 이루어진다. 타이완 정부는 대한민국 정부와는 다르게 명확한 국가 전략을 제시하기 어려운 상황이지만, 기업과 산업계가 자발적으로 협력하여 생존의 길을 찾아가는 모습은 정말로 부러워할 만하다. 중국에는 대한민국 기업의 다양한 조직들이 잘 구성되어 있지만, 필요한 협력과 협의가 원활히 이루어지지 않아 답답함을 느낄 때가 많다.

교차 시장 국가, 교차 시장 기업, 교차 시장 경쟁

대부분의 우리나라 기업들은 생산 거점을 다른 시장으로 이전하는 전략을 고려하고 실행하려고 한다. 문제는 많은 다른 국가의 기업들도 같은 전략을 채택할 것이므로, 새로운 시장 내에서도 경쟁에 대비해야 한다는 것이다.

먼저 해당 국가의 기업들과의 경쟁을 가장 우선적으로 고려해야 한다. 교차 시장으로 선정된 대부분의 국가들은 개발도상국이며, 자국 기업의 지원과 성장을 중요하게 여긴다. 예를 들어, 인도로 생산 거점을 옮긴다면, 인도 내의 기업들과의 경쟁력을 확보해야 한다. 몇몇 기업인들은 인도에서의 외국 기업 경험이 중국에서의 경험보다 더 어렵다고 언급하기도 했다. 그래서 힘든 상황을 피하려다 다른 어려움에 직면하는 상황을 만들어서는 안 된다.

다음으로 고려해야 할 것은 교차 시장 국가로 진출하는 제3국 기업들과의 경쟁이다. 중국에서 한국 기업들은 언어와 문화가 다르긴 하지만, 외모적으로는 크게 구별되지 않는 아시안 특성을 가지고 있고, 한자 문화권과 유교 문화의 공통점을 찾을 수 있었다. 이런 점들이 중국에서의 기업 활동에 있어서 다른 제3국에 비해 원활한 적응을 가능하게 했다. 그러나 베트남, 인도, 심지어 멕시코 등의 교차 시장 국가에서는 우리 기업보다 해당 국가에 더 잘 적응하고 있는 다른 기업들이 존재한다. 그렇기 때문에 교차 시장 국가에서 제3국 기업에 비해 우리 기업이 경쟁 우위를 가진다고 단정 짓기는 어렵다.

또한, 국가 지원 측면에서도 차이가 있다. 중국은 중앙 정부의 전략과 지방 정부의 지원 아래 이미 중점 도시에서 형성되었던 공급망 산업 사슬을 아세안 지역으로 전략적으로 이전하고 있다. 아직 초기 단계이지만, 중국의 장기적인 비전과 추진력이 발휘될 것으로 예상된다. 중국은 아세안 국가들과 국가 차원에서의 산업 사슬 협력도 추진 중이다. 이런 흐름 속에서 핵심 산업은 중국과 해당 국가의 기업들에 의해 선점될 가능성이 높다.

따라서 우리 기업은 아는 사람이 좋다니까 나도 베트남으로 간다는 식의 접근 방법을 지양하고 신중하게 하나하나 따져 보아야 할 것이다. 베트남은 이미 포화 상태에 가까운 부분이 많고, 인도는 지역별로 인프라가 불균형하다. 그 외 아세안 국가들도 각자 고유한 약점을 가지고 있다. 이러한 상황에서 자사의 공급망이 아직 중국에 집중되어 있다면, 중국과의 무역 및 물류 인프라도 반드시 고려해야 한다.

결론적으로 현재 우리가 직면한 세상은 하나의 시장에서 두 개의 시장으로 디커플링되고 있어, 이로 인해 우리 경제에도 큰 충격이 미치고 있다. 따라서 우리 기업들은 교차 시장이라는 전략적 변수를 반드시 고려해야 하며, 그 고려에는 대한민국은 물론 미중의 지정학적 요소와 교차 시장 국가 그리고 교차 시장 기업 등이 모두 포함되어야 한다. 이런 복잡한 상황을 성공적으로 극복할 수 있도록 우리 기업들이 탄탄한 대응 전략을 수립하기를 바란다. 만약 이 과정에서 이 글이 조금이라도 도움이 된다면, 필자로서는 더 바랄 것이 없을 것이다.

차이나 런을 생각하는 기업을 위한 조언

디커플링이 더욱 심도 있게 진행됨에 따라 한국 기업들의 차이나 런도 이제 쉽게 볼 수 있는 현상이 되었다. 철수를 고려하는 한국 기업들이 가장 먼저 겪는 애로 사항은 본사와의 소통이다.

중국 공장을 책임지는 법인장 입장에서 어설프게 철수를 입 밖에 낼 수 없다. 그랬다가는 직무를 감당하기 어려워한다는 평가를 받고 당장 회사에서 해고를 당할 위험이 있다. 당장 해고되지 않더라도 법인장은 회사 철수보다 자기 고용을 먼저 고민해야 할 수 있다. 또 본사에서 철수 이야기를 먼저 꺼내면 중국 법인은 패닉에 휩싸일 가능성이 크다.

어느 쪽이든 오더를 주는 고객사의 귀에 해당 중국 법인이 철수를 논의하기 시작했다는 말이 들어가면 곧바로 오더가 줄어들거나 심지어 퇴출될 수도 있다. 그래서 중국 법인을 다루는 방식에 대한 논의는 한국 기업 내에서는 쉽지 않다.

어렵게 중국 법인 철수를 결정했더라도 그다음으로 문제가 되는 것이 중국 측 파트너이다. 생산 법인은 중국 법규에 의해 거의 대부분이 일정 지분을 가지는 중국 측 파트너가 있다. 지금까지는 잘 협력하여 지내왔더라도 한국 측이 철수를 하려 한다는 것을 알면 분위기는 달라진다. 중국법상 합자 법인을 정리하려면 한국 기업은 지분을 매각하거나 기업 해산을 해야 한다. 기업 해산을 하는 경우 종업원들에 대한 보상은 물론 기본적으로 모든 관계자와 이해 당사자들의 손실을 보상해야 한다. 반면 지분을 매각하면 일 처리가 간단하고 최단 기간 내에 최소한의 손실을 보고 철수할 수 있다.

하지만, 중국 파트너가 지분 매각이나 기업 해산에 동의하지 않으면 모두 집행이 불가능하다. 한마디로 중국 파트너가 동의하지 않으면 해당 법인은 경영을 지속해야 한다. 그리고 그 순간부터 법인의 주도권은 중국 파트너에게 갈 수밖에 없다. 중국 파트너가 칼자루를 쥐게 되는 것이다.

물론 경영이 잘 되어 이익을 많이 내는데 굳이 철수를 결심하는 기업은 없을 것이다. 대부분 경영이 악화되어 가고 있거나 이익이 줄어들고 있는 경우일 것이다. 그런데도 중국 측 파트너가 반대를 할 수 있는 것은 대개의 경우 공장이 소유하고 있는 부동산 때문이다. 공장의 경우 생산 라인의 설비나 노하우는 공장을 지속할 경우에 필요한 것이지 사업을 중단하는 경우 대부분 가치를 인정받지 못한다. 하지만, 부동산의 경우는 다르다. 한국 기업의 경우 대부분 10년, 20년, 심지어 30년 전에 중국에 진출했고 당시에 구입한 공장 대지와 건물은 이제 엄청난 수준으로 올라 있다. 부동산이 핵심 자산이 된 것이다.

중국 파트너가 계속 강짜를 놓아 결국 한국 기업이 포기하고 빈

손으로 퇴출되면 남은 모든 자산은 중국 파트너의 것이 된다. 그러니 부동산 자산이 크다면 중국 파트너는 욕심을 낼 가능성이 항상 존재한다. 그래서 중국 파트너의 동의를 얻어 지분 매각을 하는 것이 한국 기업 입장에서는 최선이다. 그런데 중국 기업에게 지분 매각을 하게 되면 위안화로 대금을 받게 된다. 상당한 액수가 될 위안화 대금이 중국 정부의 모든 규정을 거쳐 한국 본사의 계좌에 들어올 때까지 상당한 시간과 손실을 보아야 한다. 특히 중국 외환관리국의 일 처리는 악명이 나 있다. 경우에 따라서는 몇 년씩 시간이 걸릴 수도 있다.

필자가 생각할 때 최선의 방법은 중국 법인의 지분을 제3국에 매각하는 것이다. 이 경우 거래 금액은 직접 한국 본사에 도달한다.[i] 그리고 중국 내에서는 지분 명의만 변경하면 되는데 가장 간단한 절차라고 할 수 있다.

어느 경우든 명의 변경이 되면 1년간의 회계 집중 감시를 받게 되고 분기별로 감사를 받아야 한다. 중국은 모든 기업이 12월 회계 연도이기 때문에 명의 변경 신청 일자로부터 최소한 1년 이상, 대부분 2년 정도의 기간을 거치게 된다. 계약이 이루어지기 전에 실사 과정이 있겠지만 실제 이 기간 중에는 공동 경영과 유사한 상황이 되며 돌출 채권이나 공장 운영 중 사고 등 여러 사건이 발생할 수 있다.

필자는 한국의 공공기관이나 금융 기관들이 이러한 기업들을 돕는 서비스를 제공하면 좋겠다고 생각하지만, 실직한 엔지니어에게

---

i 물론 실사와 1년이 넘는 감사 기간 동안 에스크로 상태로 있게 될 것이다.

는 그들을 설득할 충분한 권위나 설득력이 없었다. 그래서 주위의 몇 분들의 협조를 얻어 이 일을 돕는 서비스를 준비하고 있다.

중국 법인을 매각하려는 결정은 대기업들의 경우 이미 내려져 있는 경우가 많은 것으로 듣고 있다. 다만 덩치가 크다 보니 속도가 느리고 난이도가 높은 것이다. 중견 기업들은 이미 상당수가 중국에서 철수해 나간 것으로 듣고 있다. 특히 판단이 빠른 경영주가 있는 기업부터 매각을 했거나 적어도 자산을 반출하고 있다.

하지만, 중소기업들의 경우는 의사 결정도 신속히 하지 못하고 악화되는 경영 환경에서 고민하는 경우가 많다고 한다. 이런 기업들은 결국 마지막 순간까지 고민하다가 더 이상 미룰 수 없는 상황에서 지분 매각을 추진할 가능성이 많은데 안타까운 일이다.

필자가 제3국 지분 매각을 추천하는 이유는 몇 가지 있다. 먼저 앞서 지적한 외환 거래의 신속함이다. 그리고 두 번째로는 중국 내에서 매각할 경우 부동산 가격을 제대로 평가받기 어렵다. 어차피 철수 의사를 표한 이상 그 순간부터 협상에서는 약자가 된다. 한국 기업에게 남은 시한이 촉박할수록 중국 측 구매자나 파트너의 입장은 강해진다. 그러니 협상이 쉬울 리가 없다. 상대도 부동산 가격을 기준으로 얼마나 디스카운트를 받느냐를 판단 기준으로 할 것이다.

필자가 고려하는 제3국은 러시아, 중동 국가 그리고 인도이다. 주변 인맥을 통하여 필자의 생각을 전달해 보았다. 그리고 이들 국가들의 반응은 대체로 양호했다. 이들 국가들은 모두 미국의 제재를 무서워하지 않고 자국 내 제조업의 기반이 약하며 중국으로부터 상품 수입을 많이 하는 국가들이다. 따라서 중국에서 상대적으로 양호한 제품을 양호한 품질로 제조하는 양호한 기술을 가지고 있는 한국 공장에 대한 평가가 좋은 것이다.

그중에서도 의외로 러시아의 반응이 가장 좋았다. 그 이유는 우크라이나 전쟁으로 인하여 상당수 러시아 기업가들이 자산을 러시아 밖으로 내보내고 싶어 하기 때문이다. 그런데 합법적으로 중국 내의 양호한 기업을 인수하면 투자 가치도 있고 러시아에서 필요로 하는 상품 사업을 할 수 있으며 자본이 러시아보다 안전한 곳으로 이동하게 되는 것이다. 중국이 아닌 유럽 같은 경우 오히려 서방의 제재 리스크가 있다. 그래서 이들은 기본적으로 중국 잠재 구매자들보다 평가 가치가 높다.

중동 국가들의 경우 자본가들이 주로 국가 산업이기 때문에 자국 산업 정책에 부합하는 제조 종목[ii]을 선택하려는 경향이 있었다. 반면 인도에서는 전자, IT 등 현재 중국에서 수입하는 상품들에 대한 선호가 있었다.

필자가 생각할 때 우리 한국 중소기업들은 아직까지 뚜렷한 방향을 결정하지 못하고 있는 기업들이 대부분인 것 같다. 아마도 정말 막다른 골목에 다다르고 나서야 급히 지분을 처분하려 할 가능성이 크다고 본다. 필자는 그보다는 사전에 시간의 여유를 가지고 알아볼 것을 권고한다. 이런 계약의 추진은 수개월에서 수년이 걸리는 경우도 많다. 오늘 알아보기 시작한다고 해서 내일이면 잠재 인수자가 나타나는 것도 아니다. 실제로 국내에는 많은 금융 기관

---

ii 주로 에너지 산업이나 조선 등에 관심을 보였다고 한다.

들이 이런 지분 매각을 돕는 서비스를 제공하고 있다. 가까운 금융 기관에 미리 상의하고 서두를 필요가 없더라도 비상 계획은 미리 마련해 둘 것을 당부드리고자 한다. 어쩌면 이 책에서 필자가 하고 싶은 마지막 한 마디가 이 말일 수도 있다는 생각이 든다. 대한민국 기업인 여러분들의 건투를 빈다!

2023년 8월
수목란정에서 이 철

참고 문헌 및 출처

이철의 《디커플링과 공급망 전쟁》의 참고 문헌 및 출처는
QR을 통해 웹페이지에서 확인하실 수 있습니다.